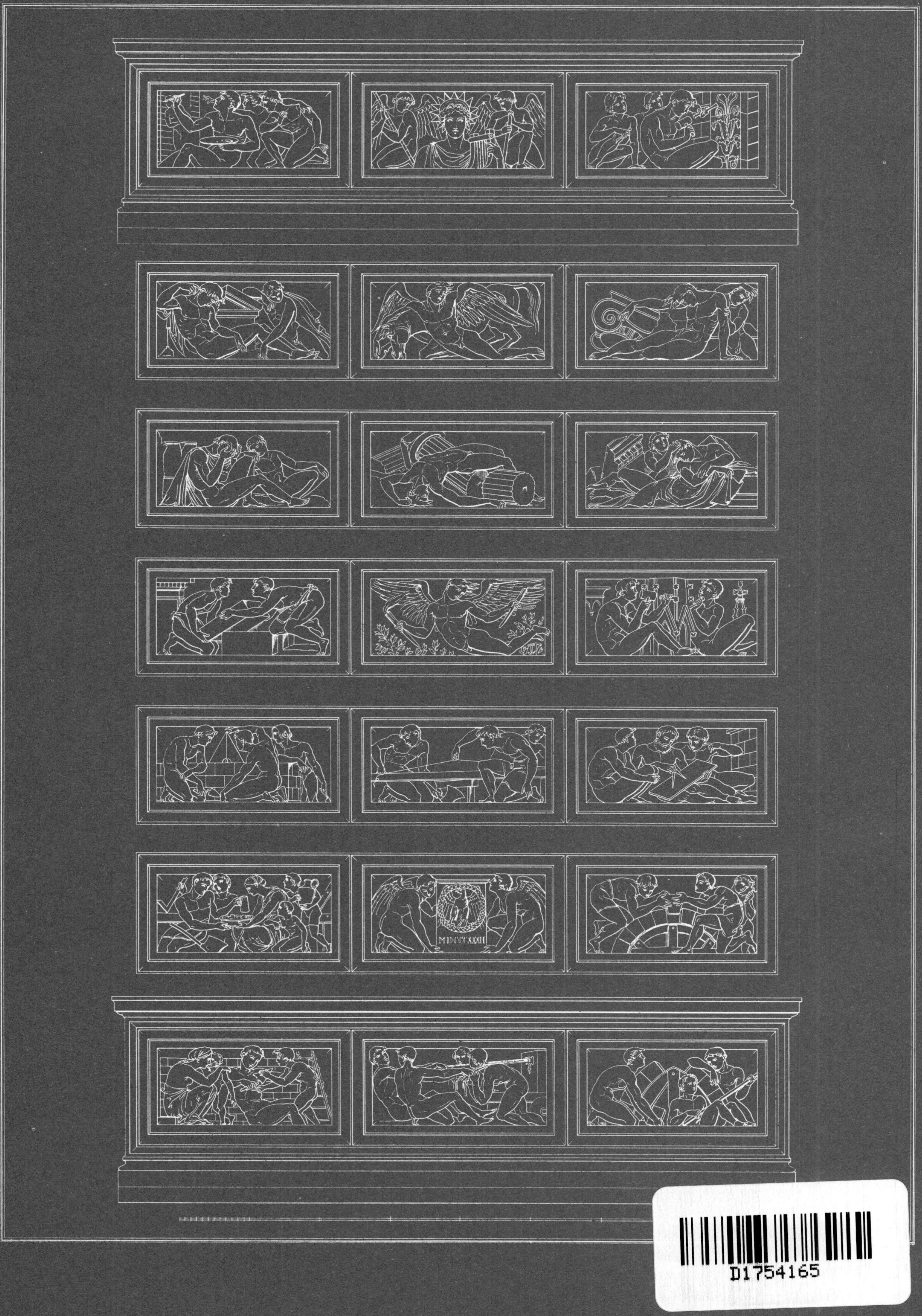
MDCCCXXXII

KARL FRIEDRICH SCHINKEL

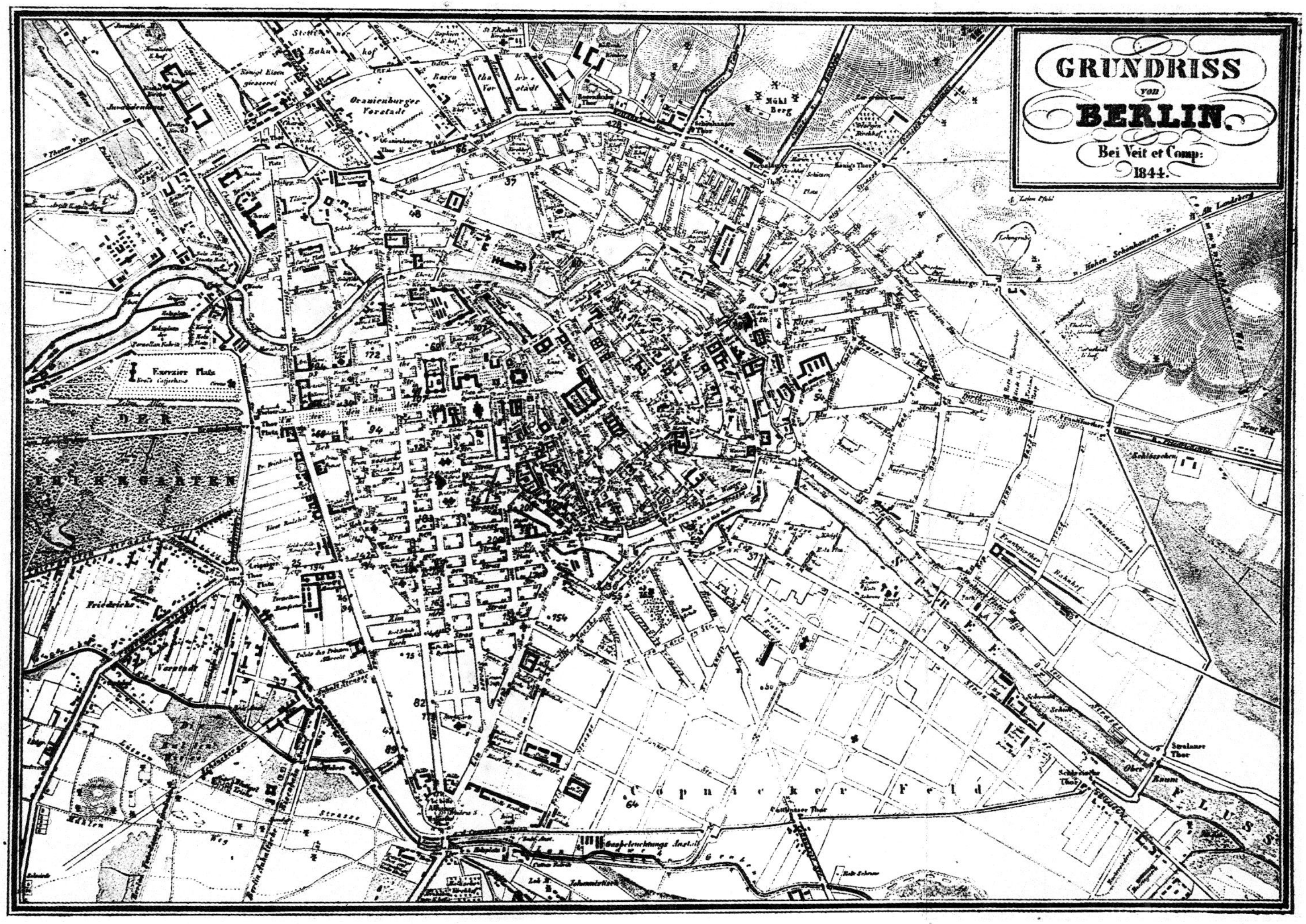

Karl Friedrich

BARRY BERGDOLL

SCHINKEL

Preußens berühmtester Baumeister

KLINKHARDT & BIERMANN

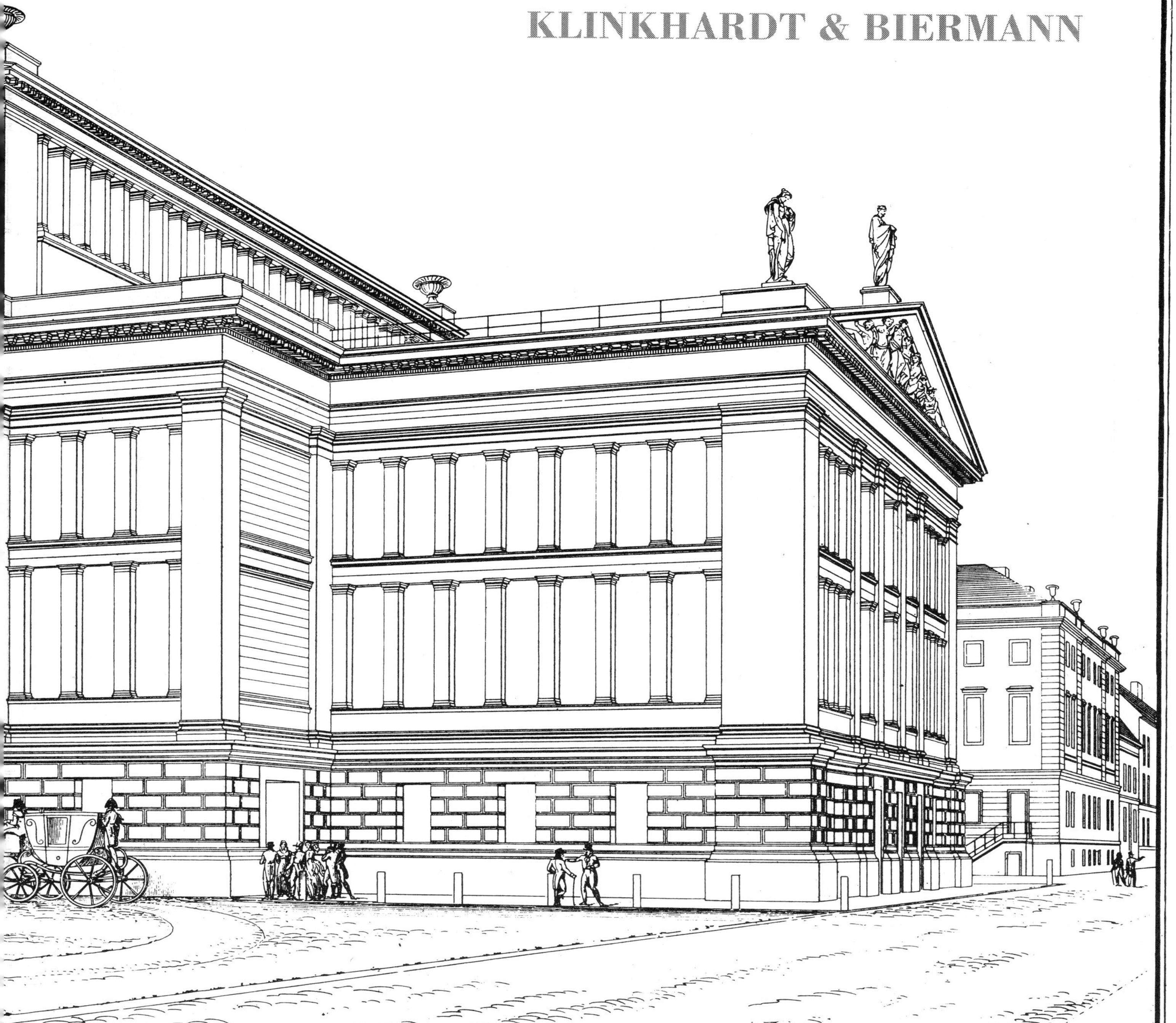

Titel der Originalausgabe
Karl Friedrich Schinkel. An Architecture for Prussia

Aus dem Englischen übersetzt
von Hildegard Rudolph.

Lektorat: Merve Eisinger, Georg Steinbichler
Layout und Schutzumschlag: Abigail Sturges
Satz und Umbruch: Michael Bauer, Weißenfeld
Gesamtherstellung: Sfera SRL, Mailand

Abbildungen auf dem Schutzumschlag:
Schauspielhaus in Berlin von Südosten;
Photo von Erich Lessing
Rückseite: Schauspielhaus Berlin
(siehe S. 63, Abb. 53)
Vor- und Nachsatz: Terrakottaplatten
der Bauakademie, Berlin, Stich aus der
»Sammlung Architektonischer Entwürfe«
Abbildung Seite 1: Berlin nach der Umgestaltung
durch Schinkel, 1842; Photo: Landesbildstelle, Berlin
Abbildung Seite 2/3: Schauspielhaus in Berlin,
perspektivischer Stich von Nordosten aus der
»Sammlung Architektonischer Entwürfe«
Abbildung Seite 7: Friedrich Drake,
Standbild Karl Friedrich Schinkels
im Alten Museum, Berlin, 1876;
Photo von Erich Lessing

Die Deutsche Bibliothek – CIP-Einheitsaufnahme
Karl Friedrich Schinkel
Preußens berühmtester Baumeister / Barry Bergdoll.
[Mit Fotogr. von Erich Lessing]
München : Klinkhardt und Biermann, 1994
Aus dem Engl. übers.
ISBN 3-7814-0369-6
NE: Bergdoll, Berry; Lessing, Erich

Inhalt

8 EINLEITUNG
»Der Veredler aller menschlichen Beziehungen«

11 ERSTES KAPITEL
Schinkels Vision der Architektur

45 ZWEITES KAPITEL
Bilden und Bildung: Schinkels öffentliche Bauten und Humboldts Ideal

103 DRITTES KAPITEL
Schinkels Wohnhausarchitektur und ihre Beziehung zur Landschaft

171 VIERTES KAPITEL
Architektur und Industrie: Schinkel, Beuth und das Aufblühen der preußischen Wirtschaft

211 FÜNFTES KAPITEL
»Nichts weiter als ein schöner Traum«: die Projekte aus Schinkels Spätzeit

226 ANMERKUNGEN

232 AUSGEWÄHLTE LITERATUR

236 REGISTER

240 PHOTONACHWEIS

Dank

Barry Bergdoll dankt allen Mitarbeitern des Department of Art History and Archaeology der Columbia University und der Graduate School of Design der Harvard University, die ihm während der letzten vier Jahre zahlreiche nützliche Anregungen gegeben haben. Sein besonderer Dank gilt Michael Lewis für die sachdienliche, stets willkommene Mitarbeit am Manuskript und Josef Sedlmair für die Beschaffung der Photografien.

Erich Lessing ist Herrn Professor Helmut Börsch-Supan für Rat und Beistand zu großem Dank verpflichtet.

Ferner sei folgenden Institutionen und Privatpersonen für ihre großzügige Unterstützung bei der Beschaffung von Bildmaterial gedankt: Dr. Wolfgang Trautwein, Akademie der Künste, Berlin; Jörg P. Anders; Heidrun Klein, Bildarchiv Preußischer Kulturbesitz, Berlin; The Getty Center for the History of Art and the Humanities, Santa Monica; Dr. Ilse Baer, KPM-Archiv, Berlin; P. Reisterer, Kranich Photo; Landesbildstelle, Berlin; Wiebke Tomaschek, Staatliche Graphische Sammlung, München; Dr. Christina Thon, Kunstbibliothek, Staatliche Museen zu Berlin, Preußischer Kulturbesitz; Dr. Gottfried Riemann, Kupferstichkabinett, Sammlung der Zeichnungen und Druckgraphik, Staatliche Museen zu Berlin, Preußischer Kulturbesitz; Nationalgalerie, Staatliche Museen zum Berlin, Preußischer Kulturbesitz; Evelyn Zimmermann, Stiftung Schlösser und Gärten, Potsdam Sanssouci; Margitta Tretter, Verwaltung der Staatlichen Schlösser und Gärten, Berlin. Außer den hier namentlich genannten gilt ihr Dank auch den vielen anderen Institutionen und Privatpersonen, die auf unterschiedlichste Weise zum Gelingen dieses Buches beigetragen haben.

Ganz besonders zu Dank verpflichtet sind die Autoren und Herausgeber Kevin Lippert und Ann Urban von der Princeton Architectural Press für die Beschaffung der Kupferstiche aus Schinkels »Sammlung Architektonischer Entwürfe«.

»Der Veredler aller menschlichen Beziehungen«

Nur wenigen preußischen Beamten im 19. Jahrhundert wurde die Ehre zuteil, daß ihnen Scharen von Bewunderern ans Grab folgten, Museen noch heute an sie erinnern und alljährlich ihres Geburtstages gedacht wird. Auch kaum einer war eineinhalb Jahrhunderte nach seinem Tod noch Vorbild für seinen Berufsstand. Aber Preußens berühmtester Baumeister, Karl Friedrich Schinkel (1781–1841), der fast alle seiner bekanntesten Bauwerke als Assessor der preußischen Bauverwaltung oder als Architekt der königlichen Familie schuf, prägte sowohl seine Zeit wie auch sein Land so nachhaltig, daß Historiker noch heute seinen Namen benutzen, um eine ganze Epoche der preußischen Kultur heraufzubeschwören, die »Schinkelzeit«. Sie steht für die heroische Ära der Preußischen Restauration, mit einer Führung, deren Ziel es war, ein neues Preußen zu schaffen, das sowohl von der neuen Klasse aufgeklärter Beamter als auch von der Erbmonarchie der Hohenzollern regiert wurde. Berlin und die umliegenden Gebiete Brandenburgs, vor allem Potsdam, wurden zu Schauplätzen, wo das öffentliche Kulturleben und das Ansehen des Königshauses neu in Szene gesetzt wurden.

Vom Zweiten Weltkrieg bis zur Wiedervereinigung Deutschlands waren die meisten noch bestehenden Bauwerke Schinkels nicht zugänglich, in baufälligem Zustand oder in den wiederaufgebauten Vierteln des heutigen Berlins vernachlässigt worden. Zwanzig Jahre nach Schinkels Tod schrieb Theodor Fontane, ein Chronist der brandenburgischen Landschaft um Berlin: »In dieser Welt Schinkelscher Formen leben wir noch«.[1] Peter Behrens, Mies van der Rohe, Philip Johnson und Albert Speer empfahlen jüngeren Architekten eine Besichtigungstour zu Schinkels Bauwerken. James Stirling, Oswald Ungers und Leon Krier sind nur einige der Architekten, die sich in den 1980er Jahren auf den preußischen Meister zurückbesannen. Keiner von ihnen mußte Schinkel wiederentdecken.Im Gegensatz zu anderen Klassizisten waren er und sein Werk niemals in Vergessenheit geraten. Generation um Generation studierte, wie es Schinkel gelang, die Formen Griechenlands, eines Landes, das er nie besucht hat, von Grund auf neu zu gestalten und die Prototypen der öffentlichen Baukunst des 19. Jahrhunderts zu schaffen. Auch die kritische Literatur hat sich ständig mit Schinkel auseinandergesetzt. Die Zahl der Arbeiten über sein Werk wuchs unaufhörlich – nur zu Michelangelo und Frank Lloyd Wright gibt es umfassendere Sekundärlitera-tur. Den Kern bildet das Projekt »Schinkels Lebenswerk«, bisher 17 von voraussichtlich 22 Bänden, in denen jedes Gebäude dokumentiert ist, an dem Schinkel mitgearbeitet hat, als Architekt, Restaurator oder Assessor der preußischen Bauverwaltung, für die er Baupläne aus allen Landesteilen Preußens begutachtete und überarbeitete.

Zu Beginn der nachnapoleonischen Neuordnung Europas erstreckte sich Preußen vom Rheinland im Westen bis zum heutigen Polen im Osten.[2] Schinkels Aufstieg fiel zusammen mit dem Wiedererstehen Preußens als eines der mächtigsten Staaten in einem Europa, das geprägt war von starkem Nationalbewußtsein und Rivalitäten.

Der zweihundertste Geburtstag Schinkels im Jahre 1981 löste eine wahre Lawine neuer Veröffentlichungen, Ausstellungskataloge und Architekturführer aus. Da im wiedervereinigten Berlin Museumssammlungen zusammengelegt wurden, das umfassende Schinkel-Archiv im Kulturforum neue Räume erhielt und viele Bauwerke Schinkels im Osten Deutschlands nun wieder zugänglich sind, ist für die Zukunft mit weiteren Veröffentlichungen zu rechnen.

In diesem Buch sollen Schinkels Entwürfe in ihre städtische und ländliche Umgebung zurückversetzt werden, wie es auch Erich Lessing mit seinen außergewöhnlich einfühlsamen Photographien gelingt. Sie sollen darüber hinaus in das kulturelle und politische Umfeld der »Schinkelzeit«, jener Zeit des preußischen Wiederaufbaus nach einem Jahrzehnt des Krieges, der Besatzung und lähmender finanzieller Defizite, eingebettet werden. Ab 1815, nach der Niederlage Napoleons , versuchte Preußen, sich neu zu orientieren. Der Staat müsse durch geistige Kräfte ersetzen, was er an physischen verloren habe, erklärte König Friedrich Wilhelm III.,[3] und er sollte dabei Unterstützung finden bei einer Gruppe von Politikern, Philosophen, Wissenschaftlern, Schriftstellern und Künstlern, die sich der Definition eines liberalen politischen und wirtschaftlichen Staatssystems verschrieben hatten. Politisch einig mit Kanzler Karl August von Hardenberg und Wilhelm von Humboldt, inspiriert von Fichtes philosophischen Betrachtungen und Alexander von Humboldts Naturforschung und den Spuren Goethes, Ludwig Tiecks, Clemens Brentanos und anderer folgend, strebte Schinkel danach, die Bühne für eine neue preußische Gesellschaft zu errichten, eine Gesellschaft, deren Kind und Schöpfer zugleich er war.

Die wirtschaftliche Lage Preußens war sehr unsicher, und König Friedrich Wilhelm III., Schinkels lebenslanger Gönner, war für seine Sparsamkeit berüchtigt. Doch trotz der Zwänge bei fast jedem seiner größeren Projekte in Berlin und Potsdam gelang Schinkel zweierlei: Er schuf eine neue Formensprache der Architektur und definierte die Rolle des Architekten innerhalb der Gesellschaft völlig neu, als »Veredler aller menschlichen Beziehungen«. Wie seine Gönner und wie die Kaufleute und Fabrikanten, mit denen er zusammenkam und für die er Pläne entwarf, glaubte Schinkel, Berlin könnte ein »Spree-Athen« sein, das es mit dem öffentlichen Leben des griechischen Stadtstaates aufnehmen könnte, und der Sitz einer modernen Monarchie, der den Metropolen London, Paris oder Wien in nichts nachstünde.

Im Mittelpunkt der vorliegenden Arbeit steht Schinkels Werk in Berlin, Potsdam und Brandenburg. Viele Aspekte in Schinkels Werk – seine Arbeit in den weitausgedehnten preußischen Provinzen, seine von anderen Händen ausgeführten Entwürfe, seine zukunftweisende Tätigkeit bei der Restaurierung von Bauwerken, vor allem des Kölner Doms oder der Burg Stolzenfels im Rheintal – können hier nur flüchtig erwähnt werden. Der Schwerpunkt liegt auf den großen öffentlichen Bauten in Berlin und der außergewöhnlichen Symbiose von Architektur und Landschaft, die mit seiner Hilfe in und um Potsdam geschaffen wurde. Auf die reiche Fülle der Innenausstattungen für die königliche Familie in Berlin, die im Zweiten Weltkrieg ausnahmslos zerstört wurden und von denen es keine Farbaufnahmen gibt, kann nur hingewiesen werden. Es waren seine ausgeführten öffentlichen Bauten und eine Reihe von Idealplänen, ein Architekturlehrbuch und Entwürfe für Paläste auf der Krim und der Athener Akropolis, mit denen es Schinkel gelang, der Architektur eine neue Rolle im modernen Leben zuzuweisen. Diese umfassenden Idealvorstellungen und weniger eine komplette Schau seiner Bauten sollen dem Leser in Text und Bild nahegebracht werden.

1 Friedrich Gilly,
Entwurf für das Denkmal
Friedrichs des Großen,
Berlin, 1797.
Perspektivische Ansicht.

ERSTES KAPITEL

Schinkels Vision der Architektur

2 Friedrich Gilly, Entwurf für das Denkmal Friedrichs des Großen, Berlin, 1797. Grundriß.

Ein einziges Bild, könnte man sagen, hat Karl Friedrich Schinkels gesamte Laufbahn geprägt: ein alter dorischer Tempel, der weiß in der Sonne glänzt, nicht in Athen, das er trotz seiner lebenslangen Verehrung des griechischen Ideals nie besuchen sollte, sondern in einem Berlin, das nach den Idealvorstellungen eines Architekten umgeformt war (Abb. 1). Das Bild war Friedrich Gillys dramatische Wiedergabe eines Tempels, der sich vor einem bewölkten nordischen Himmel abzeichnet und die flache Berliner Ebene von einer Akropolis herab beherrscht. In einem Wettbewerb war dieser Entwurf für ein Denkmal Friedrichs des Großen 1796 überhaupt nicht beachtet worden. Auf der Ausstellung der Berliner Akademie im folgenden Jahr erregte er jedoch unter der jüngeren Generation von Künstlern und Intellektuellen großes Aufsehen. Ludwig Tieck und Wilhelm Wackenroder, beide Anfang zwanzig, hatten zu Beginn jenes Jahres zusammen an einem romantischen Bekenntnis gearbeitet, das die heilige Mission der Kunst feierte, an den »Herzensergießungen eines kunstliebenden Klosterbruders« (Berlin, 1797). Sie erklärten den 25 Jahre alten Gilly zu einem Genie, das ebensolche Bewunderung und Nachahmung verdiente wie das Nationalgenie Friedrich der Große, dessen der Baumeister gedenken wollte. Studenten, die es nach Berlin zog, um dort an der privaten Bauschule von Gillys Vater, David Gilly, zu studieren, fertigten grobe Skizzen und exakte Nachbildungen des außergewöhnlichen Entwurfs.[1] Der 16jährige Karl Friedrich Schinkel, damals noch Schüler am Gymnasium zum Grauen Kloster in Berlin, war so bewegt, daß er auf der Stelle, wie er später behauptete, seinen Jugendwunsch, sich mit der Malerei oder der Musik zu befassen, zugunsten einer Ausbildung zum Architekten fallenließ. Binnen eines Jahres war er Schüler der beiden Gillys, Vater und Sohn. Gillys Projekt sollte ihn sein ganzes Berufsleben lang begleiten.[2] Als Friedrich Gilly 1800 im Alter von 28 Jahren starb, erbte Schinkel neben unzähligen anderen Skizzen die großartige Zeichnung. Jahre später, als Schinkel an die Spitze der Baubürokratie in Preußen aufgestiegen war, hängte er sie im Sitzungssaal der Oberbaudeputation auf, die damals in Schinkels letztem großen Werk, der Bauakademie, untergebracht war. Dort diente das nicht realisierte Denkmal der Erinnerung an Gilly und als Bezugspunkt für sein eigenes Vorhaben, einen nationalen preußischen Baustil zu schaffen, der gleichzeitig Darstellung und Instrument einer kultivierten Bürgerschaft unter dem beschützenden Blick eines aufgeklärten Monarchen sein sollte.

Gillys Entwurf war mehr als nur Katalysator für Schinkels Karriere. Er beinhaltete ein umfassendes Architekturprogramm. Doch weder Programm noch Standort waren vorgegeben, als die Königliche Akademie 1796 den Wettbewerb für ein Denkmal des vielgeliebten Königs ausschrieb, der zehn Jahre zuvor gestorben war. Den Bewerbern wurde nur mitgeteilt, daß das Projekt, ein monumentaler Rahmen für eine Statue Friedrichs des Großen, Moral und Patriotismus widerspiegeln sollte. Gilly ergriff die Gelegenheit, ein ganzes Stadtviertel zu planen. Sein Denkmal stellte er auf den Leipziger Platz, genau in das Potsdamer Tor, die Zufahrt nach Berlin über die Potsdamer Straße und die Schwelle nach Sanssouci, dem Landsitz Friedrichs des Großen. Er wollte das verlorene griechische Ideal der Bauordnung und des städtischen Raumes zurückerobern, das er in Alois Hirts Vorlesungen an der Akademie über die Architektur der Antike und in den Vorlagenbüchern Stuarts, Revetts und J. D. Leroys aus der Bibliothek seines Vaters kennengelernt hatte.[3] Gilly war ein Anhänger Johann Joachim Winckelmanns, des Kunsthistorikers und Ästheten, für den der Weg zu moderner Größe einzig und allein im Studium der klassischen Antike lag.[4] Aber sein Entwurf war mehr als nur eine nostalgische Antwort auf Winckelmann. Er zeigte das Ideal griechischer Baukunst als die Anwendung der Materialien und der Gesetze der Statik in höchster Vollendung. Indem das massive Mauerwerk des Sockels mit seinen sechseckigen Mauerblöcken und rohen Wänden dem feinen Mauerwerk des Tempelfußes den Weg bereitete, trat die anmutige, aber streng tektonische Ordnung des dorischen Tempels in Erscheinung. Gleichzeitig war der Entwurf auch eine kurze Zusammenfassung der Geschichte griechischer Baukunst, von den archaischen Lehmbauten der Pelasger bis zum subtilen Ideal des Parthenons, ein Porträt der idealisierten tektonischen Form, die sich aus der einfachsten Bauweise entwickelte. Für Gilly war er eine Verheißung der Erneuerung sowohl der ästhetischen als auch der moralischen Vollkommenheit der alten Kultur. Dem patriotischen Pilger sollte Gillys Denkmal eine Abfolge beschwörender Eindrücke vermitteln, die Ansichten der Stadt, der Umgebung und der elementaren Natur miteinander verbinden wollte. Diese sorgfältig inszenierte architektonische Reise sollte in der Cella des Tempels mit einer kolossalen Sitzfigur Friedrichs des Großen ihren Zielpunkt finden (Abb. 2).

Das Denkmal ist der Höhepunkt einer Seherfahrung, die mit den regelmäßig gepflanzten Baumreihen, die den ovalen Potsdamer Platz jenseits der Stadtmauern rahmen, einsetzt und über die dicht beieinanderstehenden dorischen Säulen der Propyläen fortläuft. Die Säulen sind in heroischem Maßstab und abstrakter Verdichtung einem älteren Denkmal der griechischen Architektur und Kultur nachgebaut, dem von Carl Gotthard Langhans 1789 auf dem Pariser Platz, unmittelbar nördlich von Gillys Standort auf dem Leipziger Platz, errichteten Brandenburger Tor. Die Propyläen öffnen sich zu dem weiten Raum, in dem die Natur der Stadt

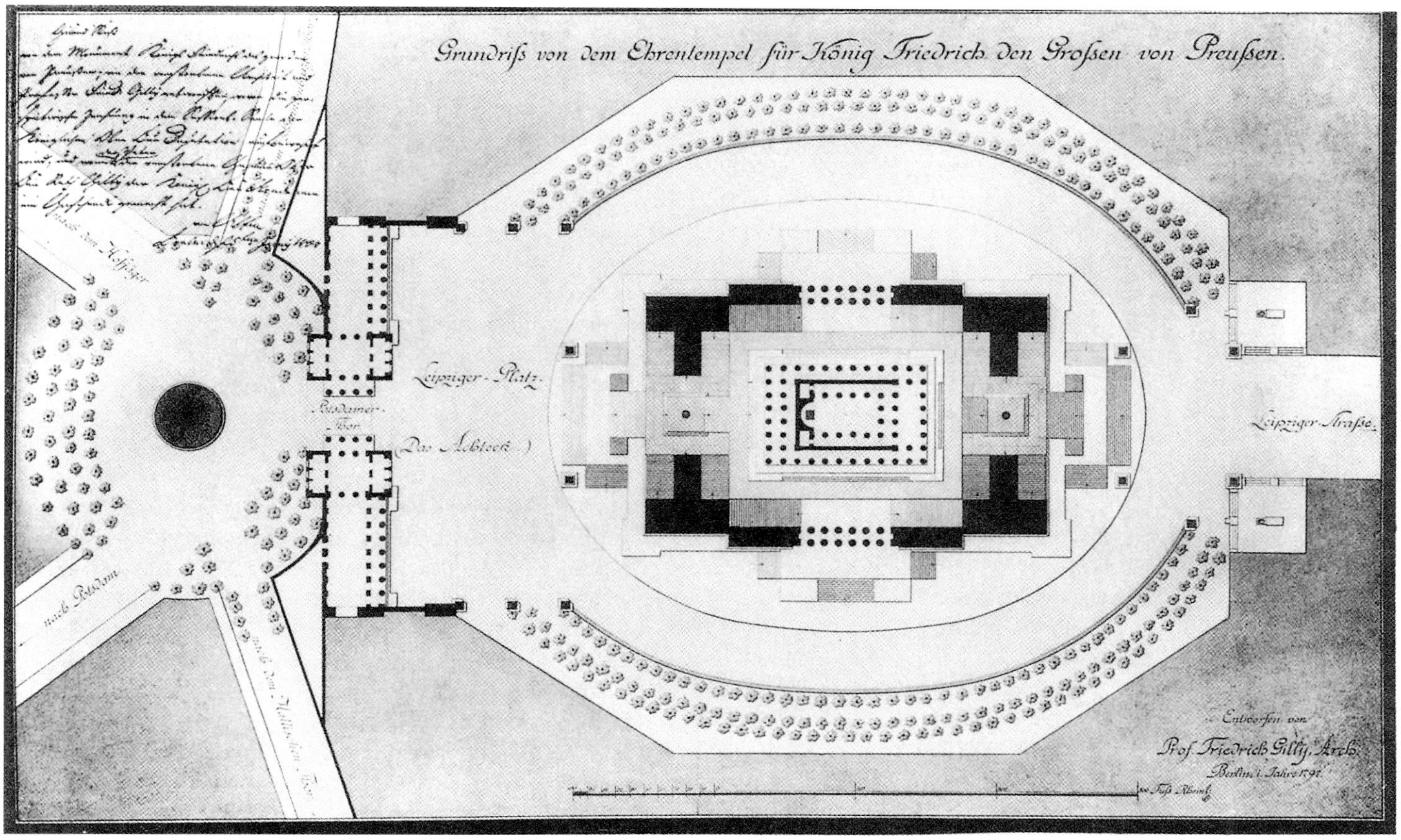
Grundriß von dem Ehrentempel für König Friedrich den Großen von Preußen.
Leipziger-Platz
Potsdamer-Thor
(Das Achteck.)
Leipziger Straße
nach Potsdam
Entworfen von
Prof. Friedrich Gilly, Arch.
Berlin i. Jahre 1797.

weicht, ein herausgehobener Stadtbezirk, der beherrscht wird von einer gewaltigen Akropolis, die über die flache Ebene von Berlin emporragt. Der triumphale Weg setzt sich geradewegs unter der monumentalen Akropolis hindurch fort, den Sockel des Tempels durchschneidend, dort, wo ein Tonnengewölbe eine der Hauptstraßen rahmt, die zum historischen Zentrum Berlins führen. Innerhalb des Sockels führen imposante Treppen in den Ecken ins Freie und zum großen Tempelfuß selbst, wodurch auf abstrakte Weise der Aufstieg von der Ebene des täglichen Lebens auf der Athener Agora zum luftigen Bereich des Parthenons auf dem Gipfel der Akropolis nachempfunden wird. Der Besucher gelangt wiederholt aus dem Dunkel ins Licht, während der Weg ihn an einer Reihe von gerahmten Ausblicken, mal auf die Stadt und mal auf den Himmel, entlangführt. Vor dem letzten Aufstieg erreicht der Pilger eine der beiden breiten Freiluftterrassen, die sich jeweils am Ende des Denkmals befinden, Plattformen, die in die eine Richtung steile Perspektiven freigeben und in die andere ein überwältigendes Panorama der Dächer von Berlin und der umliegenden Landschaft. Im Inneren wird die Sicht auf die große Statue Friedrichs des Großen in der offenen Cella von einem gerahmten Ausblick auf den Himmel ergänzt.

Gillys Entwurf ging über die damals neuesten archäologischen Kenntnisse hinaus. Er verkörperte die zeitgenössische Theorie, daß durch die Manipulation von Masse und Proportion, Licht und Schatten, Rhythmus und Struktur die Architektur eine Formensprache ausbildete, die die Sinne direkter ansprach als die gesprochene Sprache selbst. Gilly war mit vielen Architekturtheorien bestens vertraut, zum Beispiel mit der französischen sensualistischen Ästhetik, wie sie in Le Camus de Mezières' »Le Génie de l'Architecture« [5] beschrieben wurde, oder mit den zeitgenössischen romantischen Theorien, die Kunst als Ausdrucksmittel betrachteten, um private Gefühle der kollektiven Erfahrung anzunähern. Es war, als wollte Gilly einen Baustil erfinden, der den hohen Anforderungen, die Schiller in »Über die ästhetische Erziehung des Menschen« (1795) an die Künstler stellte, gerecht würde. Gilly und einige Freunde hatten sich mit der Schillerschen Ästhetik in ihrem Literaturkreis befaßt, in dem neben Schiller Winckelmann, Goethe und andere Verfechter der Bedeutung der klassischen Kunst hochgeschätzt wurden. Durch Schönheit werde der sinnliche Mensch zur Form und zum Gedanken geführt und in die Welt der Sinne zurückgebracht, schrieb Schiller, womit er seine Auffassung unterstrich, daß durch die Einheit von Material und Ideal die schönen Künste eine entscheidende Rolle in der Gesellschaft spielen sollten. Die Menschen dürften nicht so sehr nach den Zielen der französischen revolutionären Politik trachten, sondern sollten den Pfaden der Ästhetik folgen, denn nur durch Schönheit gelangten sie zur Freiheit. Für Schiller, wie später auch für Schelling und andere idealistische Philosophen, war die Ästhetik eine vermittelnde Kraft zwischen dem rein körperlichen und dem höchsten moralischen Wesen der Menschheit, die für die Entwicklung des Staates notwendige Voraussetzung.

Ein Jahr später, 1798, reiste Gilly nach Paris und besuchte die Stätten der großen Revolutionsfeiern, die er bis dahin nur aus Stichen kannte, vor allem die Champs de Mars, wo ein öder Exerzierplatz in eine Arena zur Demonstration patriotischen Eifers umgewandelt worden war.[6] Die Ereignisse der Französischen Revolution und die Rolle, die kurzzeitige Umwandlungen des städtischen Raumes dabei spielten, bestärkten Gilly in seiner Auffassung, daß der Wiederaufbau der gesellschaftlichen Ordnung einer Nation von der Architektur als wichtigstem Mittel der Veränderung abhängig war. Wie Schiller, der der Ansicht war, daß die ästhetische Verfeinerung unabdingbare Voraussetzung sei für die Einforderung der alten moralischen Freiheiten für die Moderne, betrachtete Gilly die Suche nach ästhetischer Freiheit als vereinbar mit der Verehrung des preußischen Monarchen, der am Hofe Philosophen, Künstler und Architekten gefördert hatte.

Es war kein Zufall, daß Gillys Entwurf hochgradig theatralisch wirkte. Gilly hatte bereits Bühnenbilder entworfen; er war der festen Überzeugung, daß die Perspektive den Traum von einer Architektur ermöglichte, die dazu bestimmt war, den Rahmen für die menschliche Erfahrung zu bilden. So machte er ihr Studium zur Grundlage seines eigenen Zeichenunterrichts. Schiller hatte gefordert, das Theater müsse einer nationalen Kultur Ausdruck verleihen, und er nahm damit die spätere deutsche Einheit vorweg, die angesichts der zerstückelten politischen Landkarte Mitteleuropas ein noch schwer zu erreichendes Ziel war. 1782 gründete Schiller das Deutsche Nationaltheater in Mannheim und machte so die Aufführung von Theaterstücken zum politischen Ereignis und das Schreiben von Dramen zum Ausdruck kulturellen Selbstbewußtseins. Zur selben Zeit, als Gilly sein Denkmal entwarf, kam Schiller nach Weimar, um eine Zusammenarbeit mit Goethe zu beginnen, durch die nicht nur die Theaterliteratur, sondern auch der Raum des Weimarer Theaters selbst grundlegend reformiert wurde.[7] Gilly, der bald die Stelle eines Professors für Perspektive und Optik an der neu gegründeten Berliner Bauakademie übernahm, fertigte eine Reihe von Innenraumperspektiven an, die den Gang durch das Denkmal Friedrichs des Großen festhielten, geradeso, als könnten städtischer und architektonischer Raum ebenso sorgfältig dargestellt und begrenzt werden wie die Szenenfolgen einer Theaterproduktion.[8] Theater beschäftigten ihn auch während seiner Rundreise durch Frankreich und England, und kurz nach seiner Rückkehr im

Jahre 1799 entwarf er ein Projekt für ein neues Nationaltheater in Berlin als Teil eines Planes, das Theater aus dem Umkreis der höfischen Unterhaltung in die Sphäre des öffentlichen Lebens zu verlegen. Obwohl Langhans den Auftrag erhielt und sein Entwurf 1800 bis 1802 zwischen den Zwillingstürmen des Französischen Doms und des Deutschen Doms auf dem Gendarmenmarkt realisiert wurde, arbeitete Gilly seinen Theaterentwurf in den nächsten beiden Jahren weiter aus. Seine Studien für Bühnenhaus und Zuschauerraum enthalten zahlreiche Ansichten, die den perspektivischen Rahmen des Denkmals Friedrichs des Großen auf die Bühnenbilder übertragen und so eine architektonische Erfahrung im Illusionsraum des Theaters ermöglichen. Dadurch konnte eine heroische öffentliche Sphäre auf die Bühne projiziert werden, die tatsächliche Veränderungen im öffentlichen städtischen Leben vorwegnahm, in dem allmählich neue gesellschaftliche und politische Realitäten sichtbar wurden (Abb. 3). Diese Aufgabe sollte späteren Generationen überlassen bleiben, denn Gilly starb 1800 im Alter von 28 Jahren. Schinkel, der Gilly als »den Schöpfer dessen, was ich bin,«[9] vergötterte, erbte nicht nur Gillys Zeichnungen und unvollendeten Aufträge, sondern übernahm auch seine Auffassung von Architektur als einer höheren moralischen und patriotischen Aufgabe.

David und Friedrich Gilly waren mehr als nur Mentoren. Sie nahmen ihre Architekturstudenten als Logiergäste auf, und ihr Haus wurde für Schinkel ein Art Ersatzzuhause. Schinkel kam 1795 mit seiner verwitweten Mutter und seinen Geschwistern aus Neuruppin, einer blühenden königlichen Garnisonstadt nordwestlich der Hauptstadt, nach Berlin. Ein Brand, der seine Heimatstadt 1787 in Schutt und Asche gelegt hatte, hatte auch Schinkels Vater, einen Pastor und Schulinspektor, das Leben gekostet. So verbrachte Schinkel seine Kindheit in einer Stadt im Wiederaufbau, in der die Straßenzüge des mittelalterlichen Neuruppin den auf einem Raster angeordneten geraden Zeilen von Häuserfronten und öffentlichen Gebäuden weichen mußten. Nach nur drei Jahren verließ Schinkel das renommierte Berliner humanistische Gymnasium zum Grauen Kloster, um sich 1798 an David Gillys privater Bauschule einzuschreiben. Ein Jahr später war er auch einer der ersten Studenten an der neu errichteten Bauakademie, die unter der Schirmherrschaft der Oberbaudeputation gegründet worden war. Als Angehöriger der ersten Generation, die vom Staat zu einer Elite hervorragender Architekten für seine Dienste ausgebildet werden sollte, gehörte Schinkel zu den ersten, die die neue Fachprüfung für den Staatsdienst ablegten und den Titel eines Bauleiters oder Baustelleninspektors erhielten. Der Lehrplan der Bauakademie beinhaltete eine breite Fächerskala, von Hydraulik, Mathematik und Karthographie bis zu Stadtbaukunst und sogar Ar-

3 Friedrich Gilly, Entwurf für ein Nationaltheater mit Bühne und Dekoration, Berlin, um 1799.

4 Schinkel, Entwurf für ein Museum mit Portikus, 1800. Perspektivische Ansicht.

5 Schinkel, Entwurf für ein Schloß in Köstritz, 1802. Perspektivische Ansicht.

chitekturgeschichte, ein Fach, das in der Architektenausbildung in Frankreich erst in den 1820er Jahren eingeführt wurde. Unterrichtet wurde nur in den Wintermonaten, denn in den Sommermonaten arbeiteten die Studenten zur praktischen Ausbildung auf Baustellen. Schinkels Ausbildung war jedoch nicht auf den praktischen Lehrplan der Bauakademie beschränkt, mit dem Schwerpunkt Architektur als kodifizierter Technik und Konstruktionslehre als Grundlage der Architektur.[10] Er besuchte auch Vorlesungen an der Akademie der Schönen Künste, wo Alois Hirt, der viele Jahre als »Cicerone« für ausländische Künstler und Gäste in Rom gelebt hatte, über antike Baukunst und Gesellschaft als höchste Verkörperung ästhetischer Ideale las. Der enge Kontakt mit David und Friedrich Gilly zwei Jahre vor Friedrich Gillys Tod hatte jedoch den stärksten Einfluß. Während David Gilly eine pragmatische Auffassung vertrat, nach der die Tektonik des Bauens die grundlegende Ordnung der Architektur sei, befaßte sich Schinkel, angeregt durch Friedrich Gilly, mit der philosophischen Ästhetik und der romantischen Subjektivität der zeitgenössischen Literatur. Das dialektische Verhältnis der beiden sollte Schinkel während seiner gesamten Laufbahn beschäftigen. 1798 gründete Friedrich Gilly mit sieben jungen Architekten die sogenannte Privatgesellschaft junger Architekten, sehr wahrscheinlich angeregt durch die kleine private Bauschule, die David Leroy, A. L. T. Vaudoyer und Charles Percier und Pierre François Léonard Fontaine im Paris der Revolutionszeit gegründet hatten, um die Lehrwettbewerbe der aufgelösten Akademie für Architektur am Leben zu erhalten.[11] Gilly machte den sieben jungen Architekten seine wertvolle Bibliothek zugänglich, in der sich Vorlagenbücher und Stiche, darunter die französischen Grand-Prix-Entwürfe, ebenso befanden wie antike Gemmen und Modelle. Man traf sich einmal in der Woche, um Texte zu diskutieren, sich gegenseitig vorzulesen, wobei die Architektur auf die Ebene eines philosophischen Diskurses erhoben wurde, und um Pläne zu zeichnen und zu diskutieren als Antwort auf die von Gilly formulierten Programme. Zu den Mitgliedern der Privatgesellschaft gehörten viele der prominentesten Architekten der folgenden Generation: Carl Haller von Hallerstein aus Nürnberg, Joachim Ludwig Zitelman, der wie Gilly aus Pommern stammte und Freimaurer war (er und Gilly waren am selben Tag in dieselbe Loge in Berlin aufgenommen worden), Heinrich Gentz, Karl Friedrich Langhans (Sohn des Architekten des Brandenburger Tors) und Schinkel, der Jüngste in der Gruppe. Einige der Programme, wie auch viele von Gillys eigenen Zeichnungen, nahmen einen literarischen Text zum Ausgangspunkt und untersuchten, inwiefern Architektur in der Lage sei, bestimmte literarische Motive umzusetzen, etwa einen Tempel der Einsamkeit, den Gilly als Darstellung seiner eigenen hochromantischen Vorstellung vom Künstler als einsamem Sucher nach höheren Wahrheiten entworfen hatte. Andere Projekte sollten die architektonischen und räumlichen Gegebenheiten öffentlicher Bauten, Theater, bürgerlicher Versammlungssäle, öffentlicher Bäder oder der Börse definieren, die konzipiert waren als Ideallösungen für moderne städtische Bauaufgaben und zugleich als Kritik an den Bauten, die bereits in Angriff genommen waren. Schinkel fertigte einige seiner frühesten noch erhaltenen Entwürfe für diese freundschaftlichen Wettbewerbe an. Sein Entwurf von 1800 für ein Museum (Abb. 4) mit der perspektivischen Darstellung, strengen Abstraktion, elementaren Wucht und der Gegenüberstellung von strengen, praktisch ungegliederten Wandmassen und einem wirkungsvoll geformten Portikus ist eine eindeutige Hommage für Gilly und dessen Überzeugung von den befreienden Kräften öffentlicher Architektur. Gilly hatte die Entwürfe der Gruppe in der Absicht gesammelt, ein Vorlagenbuch für die Stadtbaukunst zusammenzustellen – eine Ergänzung zu den häufig benutzten Handbüchern seines Vaters über ländliche Architektur, Landschaftsgestaltung und Konstruktionstechniken – als Manifest eines neuen preußischen Stils.

Dieses Erbe sollte Schinkel erst in späteren Jahren beschäftigen, denn die unerledigten Aufträge, die der jüngere Gilly seinem Freund und Schüler hinterlassen hatte, waren zunächst wichtiger. Im Jahre 1800 verlor Schinkel innerhalb von sechs Monaten seine Mutter und seinen geliebten Mentor; er mußte nun, im Alter von neunzehn Jahren, mit der praktischen Arbeit eines Architekten beginnen. Zu Gillys Erbe gehörten mehrere Projekte für Güter in der Mark Brandenburg, Aufträge, die Schinkel eine einflußreiche und wohlhabende Klientel für seine spätere Karriere sicherten, im privaten wie öffentlichen Bereich. Am besten dokumentiert sind die Dorf- und Nutzbauten, die er zwischen 1801 und 1803 für Friedrich Wilhelm Bernhard von Prittwitz, Gutsherr auf Quilitz (nach 1814 Neu-Hardenberg), entwarf, wo im Juni 1801 ein Brand das Dorf und einen Teil der Wirtschaftsgebäude des Gutes zerstört hatte. Nachdem der Besitz 1814 an den Staatskanzler von Hardenberg verkauft worden war, wurde Schinkel zurückgeholt, um das Haus und die Kirche umzugestalten und andere öffentliche Gebäude auf diesem typischen Brandenburger Gut zu errichten. Schinkel beherrschte sehr schnell die von David Gilly gelehrte Konstruktionslehre. Selbst die einfachsten Bauten behandelte er mit der Strenge der kompositorischen Abstraktion und der verfeinerten Handhabung des großen Maßstabs, die für Friedrich Gillys scharfkantigen Stil typisch sind (Abb. 6). Schinkels einziger maßstabgerechter Entwurf aus diesen Jahren, ein Landsitz für Graf Heinrich XLIII. von Reuss-Schleiz-Köstritz in Thüringen, kam nie über die 1802 erstellte großartige per-

6 Schinkel, Nebengebäude, Neu-Hardenberg, um 1800. Dieses Wirtschafts-gebäude ist einer der ersten von Schinkel selbständig ausgeführten Entwürfe.

spektivische Skizze hinaus (Abb. 5), doch blieb der Graf sein treuer Freund – ein weiteres Glied in der wachsenden Kette der Verbindungen zu aristokratischen Kreisen – und tatkräftiger Förderer seiner Karriere. Ein Jahr später zeigt sich am Steinmeyer-Haus in Berlin (1892 zerstört) Schinkels persönlicher Stil in den durchweg leichteren Proportionen und Massen und in der Behandlung der Gebäudeoberfläche, die die darunterliegende Struktur widerspiegelt. Darin zeigt sich, daß die Sprache der Konstruktion und die Sprache der Architektur zunehmend als gegenseitige Ergänzung betrachtet wurden. Dieses Haus wurde an einer markanten Stelle der Friedrichstraße von Gustave Steinmeyer, einem berühmten Berliner Bau- und Zimmermeister, gebaut. In ihm wohnte nicht nur seine Familie, sondern es stellte auch Wohnraum in dem immer dichter bewohnten Teil Berlins zur Verfügung. Schinkel fertigte die Entwürfe, aber Steinmeyer beaufsichtigte die Bauarbeiten, denn als die Arbeiten begannen, befand sich Schinkel mit Steinmeyers Sohn Gottfried, einem Studienkollegen von der Bauakademie, auf einer achtzehnmonatigen Reise nach Italien und Frankreich. Mit Steinmeyers Auftrag sollten wohl auch Schinkels finanzielle Mittel aufgebessert werden, damit er die Reise nach Italien unternehmen konnte.[12]

Drei Jahre später verließ Schinkel Berlin. Er hatte gelernt, David Gillys Überzeugung zu achten, daß die Architektur auf guten Kenntnissen der Konstruktionslehre und der Qualität des Baumaterials basieren müsse. Und er war der Aufforderung des jüngeren Gilly gefolgt, das Wesen der Architektur im Verhältnis zu einer zunehmend romantischen Kunsttheorie zu erforschen. Im Hause von Prinz Radziwill und Prinzessin Luise von Preußen wurde Schinkel in einen der lebendigsten Berliner Salons eingeführt. Während Gilly Schinkel mit den ästhetischen Schriften von Wackenroder und Tieck und deren Appell an die Gefühle als wertvollsten Zugang zu höherer ästhetischer Erfahrung bekanntgemacht hatte, sollte Schinkel in den folgenden Jahren Personen begegnen, für die die Ästhetik den Kern ihres Strebens nach universellen philosophischen Systemen bildete. Der Überlieferung nach war es am Grabe Friedrich Gillys in Karlsbad, zu dem Schinkel ein Jahr nach dem Tod seines Freundes reiste, daß er zum ersten Mal mit dem jungen Philosophen und Ästhetiker Karl Wilhelm Ferdinand Solger (1780–1819) zusammentraf, der einer seiner engsten Freunde und geistigen Mentoren werden sollte.

Solger, der an der Universität Berlin Ästhetik lehrte und dessen Aufsätze über die metaphysische Eigenschaft der antiken Kunst den Architekten in den folgenden Jahrzehnten beschäftigten, ermutigte Schinkel, sich eingehender mit dem zeitgenössischen ästhetischen Denken zu befassen. Vor allem lenkte er Schinkels Interesse auf die Schriften Schellings und auf die kritische Betrachtung des Subjektivismus Fichtes.

Schinkels Reise nach Italien und Frankreich von 1803 bis 1805 war von der Dualität spekulativer Philosophie und einfacher empirischer Beobachtung geprägt. Im Mai 1803 brach er mit nur einem einzigen Buch im Gepäck auf. Es war nicht, wie man erwarten würde, Winckelmanns Werk über Kunst und Architektur im Altertum oder etwa ein Führer über Italien, wie ihn Touristen benutzten, sondern ein Buch Fichtes. Sehr wahrscheinlich war es »Die Bestimmung des Menschen« (1800), in der Fichte seine komplexe spekulative Philosophie einem breiteren Publikum zugänglich machen wollte und seinen philosophischen Katechismus erläuterte, der von der Entwicklung des Bewußtseins bis zur Definition eines moralischen Imperativs führte und dadurch den Staat als rationalisierte kollektive Form des individuellen Bewußtseins betrachtete.

Schinkel war fest entschlossen, die Landschaften, Bauwerke und Kulturen unvoreingenommen zu erleben, die zwei Generationen von Architekten vor ihm verherrlicht hatten, die sich auf ihrer Suche nach der antiken Wahrheit der dogmatischen Lehre Winckelmanns verschrieben hatten. »Der größte Teil der Denkmäler alter Baukunst bietet nichts Neues für den Architekten, weil man von Jugend auf mit ihnen bekannt ist«,[13] schrieb Schinkel an David Gilly in einem Brief aus Paris gegen Ende seiner Reise. Er führte darin aus, daß ihn die Verschiedenartigkeit der architektonischen Beispiele aus der Vergangenheit und der Anblick der Bauwerke in ihrer natürlichen Umgebung überwältigt habe. Obwohl er das Forum Romanum besichtigte und die griechischen Tempel in Paestum und Sizilien aufsuchte, war es die historische Mannigfaltigkeit der Architektur und nicht ihre klassische Einheit, die ihn auf seiner ersten Reise über die Alpen so sehr beeindruckte. Schon auf seinen ersten Stationen Prag und Wien war Schinkel vom gotischen Baustil und dem Bild der »deutschen« Stadt bezaubert. In Wien interessierten ihn das reiche Erbe an Barockpalais oder die Gärten des Oberen Belvedere kaum, den Zwinger in Dresden hatte er bereits als vollkommen geschmacklos abgetan. Dagegen erklärte er den Stephansdom zur Hauptschönheit der Stadt, »ein grenzenlos reiches und stolzes gotisches Bauwerk«, und besuchte ihn täglich. Um einen Blick über die ganze Stadt zu haben, stieg er zweimal auf seinen Turm hinauf, und als er Wien verließ, skizzierte er diesen Turm von einer natürlichen Anhöhe aus. Dabei stellte er ihn einem gotischen Fialturm, den er auf dem Lande entdeckt hatte, gegenüber, um herauszufinden, wie die Architektur die Landschaft strukturiert (Abb. 7). Der Kunsthistoriker Gustav Waagen bemerkte in einer frühen Biographie, Schinkel habe nach einer überwältigenden Begegnung mit der großen Sammlung europäischer Kunst in Dresden – eine der wenigen Sammlungen,

7 Schinkel, Ansicht von Wien, im Vordergrund die gotische »Spinnerin am Kreuze«, im Hintergrund der Turm des Stephansdoms, 1803.

die zu Beginn des 19. Jahrhunderts in Deutschland leicht zugänglich waren – das Verlangen gehabt, sich der Landschaftsmalerei mit einer neuen analytischen Strenge anzunähern: »Alle Studien nach der Natur von ihm zeichnen sich durch die glückliche Wahl des Standpunktes, der meist freie, weite Ansichten gewährt, so wie durch eine gewisse architektonische Präzision aus, so daß sie bei dem verschiedensten Grade der Ausführung immer ein bestimmtes Bild geben und häufig eine eigentümliche Stimmung hervorrufen.«[14]

Sobald er die Alpen überquert hatte, war er darauf aus, die Ursprünge der mittelalterlichen Architektur Mitteleuropas zu erforschen. Er verließ die traditionelle direkte Route von Triest nach Venedig, um einen Abstecher nach Aquileia und nach Istrien zu machen. Unterwegs skizzierte er zahllose Beispiele der, wie er sie nannte, »sarazenischen« Baukunst – ein Sammelbegriff, der alles umfaßte, von der Verwendung antiker Spolien im Frühchristentum bis zu den voll entwickelten lombardischen und romanischen Stilen in Norditalien. Er untersuchte die Bauwerke und hatte dabei eine Veröffentlichung über die mittelalterliche Baukunst im Auge, mit der er sich nach seiner Rückkehr nach Berlin möglicherweise einen Namen machen könnte. Friedrich Gilly hatte genau zehn Jahre vorher mit der Publikation einer bemerkenswerten Lithographienserie über die großartige Backsteinburg und -kapelle auf der spätmittelalterlichen Marienburg in Ostpreußen Aufmerksamkeit erweckt. Im Begleittext forderte er die Restaurierung dieses Baudenkmals für die »nationale Baukunst« des »Vaterlandes«. [15] In Briefen an den Berliner Verleger Johann Friedrich Gottlieb Unger schlug Schinkel einen Vorlagenband über die »sarazenische« Architektur in Italien vor mit zahlreichen Einzelheiten über Materialien und bauliche Motive. Diese Motive listete er in einem Brief an David Gilly auf, wobei er diejenigen sorgfältig kennzeichnete, die zur Vollendung der in Preußen bereits üblichen Bauweisen beitragen könnten. Gilly gegenüber erklärte er, daß diese Architektur, die er auch an den aufwendigen Palästen in Venedig entdeckt hatte, des Studiums wert sei, auch wenn sie nicht die einfach zu verstehende Einheit und Ganzheit bilde, die man bei den griechischen Bauwerken bewundere: »Doch läßt sich für die schöne Architektur mancher Nutzen aus diesem Stil ziehn, den man gewöhnlich den sarazenischen nannte, weil er durch die Vermischung morgenländischer und antiker Architektur in der Zeit der Völkerwanderung entstand.« [16]

Fichtes Suche nach einer vom konkreten Lauf der Geschichte losgelösten Kategorie, die die Gegenwart aus einer weiteren Perspektive sah, sollte in Berlin von Schelling bis Hegel Thema der Ästhetik bleiben. Ihre direkte Auswirkung hatte sie in Schinkels Wunsch – von dem er nahezu besessen war –, jeden Ort, den er besuchte, von einem erhöhten Aussichtspunkt aus zu betrachten. In fast jeder Stadt stieg er sofort zum höchsten Punkt, zum höchsten Hügel oder zum höchsten Turm hinauf, um die gewaltigen Kräfte der Natur und der Geographie zu spüren, bevor er Formen und Details der Bauwerke aus unterschiedlichen Epochen in der Stadt erkundete. Dieser Drang spiegelt sich im Nebeneinander seiner in der Regel als Aquarell und Gouache gemalten Landschaftspanoramen und der exakten Zeichnungen von Stadtansichten und Gebäuden wider – ein Stil, der sich von der Art zu zeichnen, die er von Gilly gelernt hatte, grundlegend unterschied. Als er die Alpen überquerte, hielt er den Anblick von Triest und seinem Adriahafen vor den istrischen Bergen in der Ferne genau fest: »Ganz in der Tiefe, am Fuß des Gebirges breitet sich Triest auf einer schmalen Landzunge aus… Lange verweilte ich bei dem großen Anblick dieser mir neuen Welt, bis sich die Sonne ins Meer tauchte. Dann näherte ich mich auf der steilen Straße, die künstlich hin und her am Abhang in die Tiefe führt, der Stadt, die bei der einbrechenden Finsternis erleuchtet aus der Tiefe heraus ein zauberisches Bild malte.«[17]

Schinkel reiste über Venedig und Padua weiter nach Ferrara und Bologna, wo er die unverputzten Backsteinbauten bewunderte, die seiner Meinung nach gefälliger waren als Palladios Architektur und einen größeren Sinn für Festigkeit und Einfachheit zeigten.[18]

Inzwischen hatte er die traditionelle Route nach Rom, über Florenz und Siena, eingeschlagen. Im Oktober 1803 kam er in Rom an und fühlte sich schnell heimisch in der lebendigen Gemeinschaft von Exilkünstlern, die sich mit dem Beginn des Friedens unter Napoleons Herrschaft gerade neu bildete. Schinkel traf sich regelmäßig mit den klassizistischen Malern Joseph Anton Koch und Gottlieb Schick, deren Einfluß auf sein sich entwickelndes Talent als Maler deutlich zu erkennen ist. Obwohl er sich beklagte, daß man ihn während seiner fünf Monate in Rom häufiger für einen vielversprechenden Landschaftsmaler als für einen Architekten hielt, hat er in fast allen seinen Ansichten von Rom und der römischen Campagna versucht, die enge Beziehung zwischen der Architektur und ihrer Umgebung einzufangen. Er teilte diese Einstellung mit Wilhelm von Humboldt, dem deutschen Gesandten in Rom, dessen Salon Schinkel häufig besuchte und dessen Freundschaft und spätere Förderung für Schinkel beruflich wie auch intellektuell wichtig sein sollten.

Als Schinkel zu Beginn des Winters 1803 nach Neapel weiterreiste, war er an den typischen Bauten der Region ebenso stark interessiert wie an den Monumenten der griechischen Antike in Paestum. Die Zeichnung eines Bauernhauses auf der Insel Capri (Abb. 8) ist kennzeichnend für sein Interesse an den noch so bescheidenen Bauten des ländlichen Italiens. Während Schinkel dieses Interesse mit seinen

8 Schinkel, Bauernhaus auf Capri, 1803.

9 Schinkel, italienisches Haus auf Sizilien, 1803/04.

englischen und französischen Zeitgenossen teilte – Percier und Fontaine in Fankreich, John Nash und Robert Lugar in England –, weisen seine Zeichnungen jedoch bereits auf sein großes Interesse für die Spannung zwischen idealer architektonischer Form und deren Anpassung an die Gegebenheiten des Standorts hin. Gillys Kompositionsstil mit seiner Vorliebe für nebeneinander gestellte und sich durchdringende Baukörper von reinster geometrischer Ausdruckskraft hatte Schinkels Blick eindeutig vorgeprägt. Doch als er diese anonymen Bauten festhielt, war es vor allem diese lebendige Beziehung, die er herausarbeitete, wobei sich die reine Form an schwieriges Terrain anpaßt und sich über Außentreppen und den einfachen, regelmäßigen Rhythmus von Spalieren in der Landschaft verankert (Abb. 9)

Schinkel verbrachte den Winter 1803/04 auf Sizilien. Seit frühester Zeit kultureller Brennpunkt, bot Sizilien ein Panorama der unterschiedlichsten Stile, von den dorischen Tempeln in Agrigent, Selinunt und Segesta bis zum sarazenischen Stil der normannischen Bauwerke in Palermo und Monreale, und des modernen Klassizismus, den der französische Exilarchitekt Léon Dufourny dort eingeführt hatte. Wie viele seiner Generation sah er Sizilien als regelrechte Bildungsstätte für Architekturgeschichte, wo die verschiedensten Kulturen aufgenommen und umgeformt wurden. Hier wurde die Idee der Beziehung von Historie und Landschaft erkennbar. Der arabisch-normannisch-byzantinische Stil der Paläste und Kirchen in Palermo zeigt die Architektur als entscheidenden Bereich des Wandels und der Anpassung; er legte Schinkel erstmals den Gedanken an die Möglichkeit einer stilistischen Synthese nahe. Bei seiner Suche nach einer Fichteschen Trennung des Individuums von Natur und Geschichte gelangte er in Sizilien buchstäblich an einen Höhepunkt. Nach mehreren Tagen erreichte seine Gruppe den schneebedeckten Gipfel des Ätna. Man hatte das letzte Stück in der Nacht zurückgelegt, um pünktlich zum Schauspiel des Sonnenaufgangs dort oben zu sein. Das Ereignis ist festgehalten auf einem der wenigen Selbstporträts, die Schinkel aus Italien mitbrachte (Abb. 10), und in der wohl leidenschaftlichsten Passage seines gesamten Reisetagebuchs. Auf einer rauhen und ausgesetzten Plattform sitzend, schreibt Schinkel: »Ich trachte nicht, die Empfindungen darzustellen, die das Gemüt an diesem Platze ergreifen, indem ich unnütz sprechen würde. Nur dies Wort: ich glaubte, die ganze Erde unter mir mit einem Blick zu fassen, die Entfernungen erschienen so gering, die Breite des Meers bis zu den Küsten Afrikas, die Ausdehnung des südlichen Kalabriens, die Insel selbst, alles lag so überraschend unter mir, daß ich mich selbst fast außer dem Verhältnis größer glaubte.«[19]

Sein Tagebuch läßt hier Fichtes Ansicht anklingen, daß alle Wirklichkeit nur subjektive Erfahrung sei. Die Suche nach dem einzigartigen Blick und dem Moment der Erkenntnis sollte Schinkel den Rest seines Lebens begleiten.

Von Rom aus reiste er nach Norden weiter, über Florenz, Pisa und Genua bis nach Mailand. Vom Mailänder Dom blickte er über die Dächer einer der größten gotischen Kathedralen. Entgegen der Meinung vieler Generationen, dieses Bauwerk sei ein spätgotischer Bastard oder lediglich ein unvollendetes Meisterwerk, spricht Schinkel von einem begeisternden Einblick in das organische Ganze der gotischen Konstruktion und des gotischen Stils. So berichtete er an David Gilly: »Die Art der Dachdekkung ist, von oben herab gesehen, in demselben Stil, mit derselben Mühe, mit den Verzierungen derselben Gattung wie die Wände der Kirche außerhalb und innerhalb und wie die Gewölbe unter der Erde. Der Architekt ließ denselben Geist bis in das geringste Detail gehn; alles ist in einer unzertrennbaren Harmonie, und man könnte sagen, wenn ein Ziegel nach einem andern Gesetz läge, als er liegt, so würde das ganze Werk eine andere Gestalt annehmen müssen, um wieder mit ihm in Zusammenhang zu treten.« [20]

Könnte man hinter die äußeren Formen blicken, so behauptete Schinkel, erwiese sich, daß Gotik hier alles mit den Werken der Griechen gemeinsam habe. Diese Vorstellung einer »rein in sich selbst abgeschlossenen und vollendeten« Architektur und die Überzeugung, die Vergangenheit sei ein Abbild der formalen und tektonischen Entdeckung, die ihre Höhepunkte in großen Werken von synthetischer Ganzheit erreiche, dienten in den folgenden Jahrzehnten als Ausgangspunkt für Schinkels Betrachtungen über das Stildilemma.

Nach den historischen Landschaften sah sich Schinkel mit dem modernen Stadtbild im Paris Napoleons konfrontiert, wo er im Dezember 1804 ankam. Bei seiner Ankunft wurde die Stadt gerade für die kaiserliche Krönungszeremonie geschmückt, die von Percier und Fontaine in Notre Dame gestaltet wurde. Napoleons Architekten hatten außerdem damit begonnen, den Louvre in ein Museum umzuwandeln, und Schinkel stattete ihm einen ausgedehnten Besuch ab. Er war beeindruckt, wie schnell dieses neue Museum zum »Rendezvous der höheren und niederen Pariser Welt«[21] geworden war. Er sah sich auch die großen Panoramen an, die entlang den Boulevard gerade eröffnet worden waren, illusionistische Gemälde in großen zylindrischen Bauten präsentiert, eine Technik, die kurz zuvor von England aufs Festland gekommen war. Nach Aufenthalten in Straßburg, Frankfurt und Weimar kehrte er im März 1805 nach Berlin zurück, nur wenige Monate vor Napoleons Sieg in Austerlitz.

Fichtes Beharren auf der Notwendigkeit, das individuelle Bewußtsein in öffentliches Handeln und moralische Berufung umzusetzen, weckte in Schinkel die Vorstellung von der Architektur als einer

10 Schinkel, Selbstporträt, »Blick vom Gipfel des Ätna mit Sonnenaufgang am fernen Horizont über dem Meer«, 1804.

11 Schinkel, »Antike Stadt auf einem Berg«, um 1805.

12 Schinkel, »Landschaft mit gotischen Arkaden«, um 1812.

öffentlichen Mission. Jedoch konnte es wohl kaum einen ungünstigeren Zeitpunkt für den Beginn einer Architektenkarriere in Preußen geben. Die preußische Niederlage bei Jena 1806 und die folgende napoleonische Besetzung Berlins brachten fast die gesamte Bautätigkeit zum Erliegen. Schinkel begann dort, wo er aufgehört hatte, und entwarf für Gilly Gut Tilbein in der Nähe von Stettin (1805–1806), aber nach 1806 gab es keine freien Aufträge mehr. Mit Ausnahme von Innenausstattungen und einigen Denkmälern und Grabmalen, wurde in den nächsten zehn Jahren kein Projekt Schinkels ausgeführt. Immer mehr wandte er sich der Malerei und Druckgraphik zu. Doch ging er über die bloße Umsetzung der aus Italien mitgebrachten Eindrücke hinaus. Seine Pläne für ein Vorlagenbuch über mittelalterliche Architektur in Italien scheiterten, da sein Verleger Unger starb, noch bevor er nach Berlin zurückkehrte. Doch veröffentlichte er viele der seltsamen sarazenischen Motive, die er auf seinen Reisen gefunden hatte, in den Kapiteln über das Mittelalter in Ernst Friedrich Bußlers Handbuch »Verzierung aus dem Alterthum« (Berlin, 1805–1809). Als Maler allerdings wollte Schinkel eine Kunst schaffen, die als Vehikel für jenes starke Erleben der Wirklichkeit, des Ich und der Ordnung der menschlichen und natürlichen Dinge dienen könnte, wie er es in der italienischen Landschaft entdeckt hatte. Seine Bilder aus dieser Zeit sind keine traditionellen Darstellungen von italienischen Landschaften, an die er sich erinnerte, sondern vielmehr Neuschöpfungen, in denen er die Verbindung zwischen Kultur und ihrer Umgebung zu erkunden suchte. Darüber hinaus diente Malerei ihm als Mittel der Erforschung von Beziehungen zwischen Raum und Phantasie, wie er es in seinem italienischen Tagebuch so oft erwähnt hatte. Diese Landschaften zeigen allgemein übliche Kompositionsstrukturen, die Schinkels Bestreben bezeugen, die Technik des perspektivischen Zeichnens umzusetzen in die Entdeckung von Wissen über die Welt. Häufig kombiniert Schinkel einen hochgelegenen Vordergrund – ein Plateau, eine Terrasse, eine Bank – mit einem Blick in die Ferne, ohne räumliche Kontinuität zwischen den beiden. Eine Brüstung oder ein Abgrund unterbricht den Raum, so daß die traditionelle Vorstellung der Renaissance von einem kontinuierlichen, perspektivischen Raum durchbrochen wird (Abb. 11–12). Dem Betrachter wird buchstäblich ein Podium bereitet, von dem aus sein Blick das Wesen von Ort und Zeit erfassen soll, wobei Ansichten antiker und mittelalterlicher deutscher Städte oft einander gegenübergestellt werden. Während sich diese spezielle Auseinandersetzung mit der Landschaft herauskristallisierte, die sich in vielem Caspar David Friedrichs erste Ausstellung in Berlin 1810 als Richtschnur nahm, begann Schinkel, Medien zu entdecken, in denen die bildliche Darstellung von Raum im realen Raum entfaltet wurde. Panoramen, Dioramen, Bühnenbilder und sogar Fensterentwürfe sicherten ihm das in dieser schwierigen Zeit so dringend benötigte Einkommen, denn er hatte 1809 geheiratet, und seine Familie wuchs schnell. Diese Darstellungsformen, die in der freudlosen Zeit der napoleonischen Besetzung Berlins außergewöhnlich beliebt werden sollten, machten Schinkel in der Stadt berühmt. Vor allem jedoch eröffneten sie ihm neue Betätigungsfelder zur Erforschung des Verhältnisses zwischen Vorstellungskraft und Bewußtsein, Betrachter und Anblick, so daß er die Fichteschen Ideen mittels der italienischen Landschaft in ein öffentlich wirksames Medium umsetzen konnte. Es ist bezeichnend, daß er seine Beschäftigung mit Dioramen und Panoramen, die das Festland um 1800 überschwemmten, und mit Bühnenentwürfen auch dann nicht aufgab, als um 1815 seine Karriere als Architekt im Staatsdienst begann. Tatsächlich blieb er während seiner ganzen Laufbahn an beidem interessiert und beteiligt, er entwarf auch dann noch Bühnenbilder, als er mit öffentlichen Bauaufträgen überhäuft wurde. Seinem alten Freund Carl Gropius präsentierte er noch Pläne für ein ausführliches Panorama der Architekturgeschichte, einen Tag bevor er 1840 einen Schlaganfall erlitt, von dem er sich nicht mehr erholte.

Zwischen 1807 und 1815 entwarf Schinkel ungefähr vierzig »optisch-perspektivische« Bilder für das blühende Geschäft seiner Freunde Wilhelm und Carl Gropius, mit denen er bis zu seiner Heirat 1809 im Hause des Berliner Textilhändlers Gabain gewohnt hatte. Ihnen gehörte eines von vielen konkurrierenden Unternehmen, die die beliebten Schaufensterdekorationen für Weihnachten lieferten, bei denen gemalte Ansichten mit Schattenfiguren oder Schauspielern bevölkert wurden, um lebende Bilder entstehen zu lassen. Diese Dekorationen wurden zu einem lukrativen Ganzjahresgeschäft. Einige der Dekorationen ahmten das Panorama nach, bei dem Landschaftsbilder in einem Rund angeordnet waren. Diese Technik wurde 1800 erstmals in Hamburg vorgestellt und hatte einen phänomenalen Erfolg. Das bekannteste der Panoramen Schinkels ist das von Palermo (1808), von dem er später auch einen Stich anfertigte (Abb. 13). Hier setzte er ein Detail aus seinem italienischen Tagebuch recht genau in ein Erlebnis für ein Publikum um. Es ist ein Blick von der Terrasse des exotischen normannisch-romanischen, in Schinkels Worten »sarazenischen« Ziza-Palastes, »eine der herrlichsten Ansichten der Gegend um Palermo. Man übersieht die ganze Stadt, über ihr das Meer, die Gebirge, die sich von beiden Seiten ins Meer ziehn und hinten ein weiteres Amphitheater bilden.«[22] Das Panorama schuf nicht nur die Illusion einer Reise in ferne Länder, wobei für einen Augenblick Topographie und Geographie erfaßt wurden, es machte den Durchschnittsbürger auch zu einem privilegierten Zeugen

13 *Schinkel, »Panorama von Palermo« (Radierung nach dem Original von 1808).*

des Zeitgeschehens. Lebendige Nachbildungen der dramatischen Ereignisse der napoleonischen Kriege zeigten dem Betrachter den Brand von Moskau und die Völkerschlacht von Leipzig. Das patriotische Echo folgte umgehend, da Napoleons Niederlagen in Berlin nacherlebt und die »Befreiungskriege« mit dem Gefühl einer wachsenden deutschen Identität betrachtet wurden. Schinkel wollte noch bedeutendere kulturelle und historische Themen aufgreifen und dadurch die realistische Einheit von Raum und Zeit überschreiten. 1812 schlug er ein Panorama der Sieben Weltwunder vor, eine Art Überblick über Baudenkmäler als Wegmarkierungen der westlichen Zivilisation. Aber das beliebteste Thema blieb erstaunlicherweise die zeitgenössische Stadt, deren Panoramen auf einen Blick mit den schnell wachsenden Stadtzentren jener Zeit vertraut machten.[23]

Obwohl die Kritik den Einfluß von Schinkels Panoramen auf seine spätere Auffassung von Staatsarchitektur betont hat,[24] waren relativ wenige davon tatsächlich Panoramen der Art, wie er sie 1804 in Paris so sehr bewundert hatte. Bald schon begann er, durch die Einführung eines architektonischen Rahmens mit der Beziehung des Betrachters zur Perspektive zu spielen. Viele seiner Panoramen (keines ist erhalten) waren flache Landschaftsbänder, die in einem Rahmen aus Säulen ausgestellt wurden, was eine bewußt irreführende perspektivische Wirkung erzielte. Die »Berlinischen Nachrichten« bemerkten dazu, der Betrachter erlebe die Kolonnade als weitaus länger als sie in der Realität sei.[25] Die Kolonnade rahmte die Sicht, indem der reale Raum des Vordergrundes neben den entfernten Hintergrund gestellt wurde, wobei der Mittelgrund zusammenbrach – eine Art theatralische Verlängerung der Staffelei Schinkels. Anders als beim Panorama, in dem die Architektur des Raumes zugunsten der grenzenlosen bildhaften Darstellung verschwinden soll, greift beim illusionistischen Diorama die Architektur als realer Rahmen ein, der das Bild des Alltags verwandelt. Beide Formen waren jedoch Experimente mit der Fähigkeit von Kunst, einen Zustand höherer Selbsterfahrung hervorzurufen.

Schinkels Bemühungen, die 1813 freigewordene Stelle eines amtlichen Bühnenbildners und Malers am Berliner Schauspielhaus zu erhalten, waren erfolglos. Trotzdem gab er dem Direktor, August Wilhelm Iffland, den er für einen halsstarrigen Verfechter der altmodischen illusionistischen Barockbühne hielt, unaufgefordert Ratschläge zur Umgestaltung des Raumes und der Bühnenausstattung des Berliner Theaters. Im Dezember 1813 sandte Schinkel Iffland einen Vorschlag für die Renovierung des Innenraumes in dem von Langhans errichteten Gebäude. In zwei großen, sehr detaillierten Zeichnungen legte Schinkel seinen Entwurf vor, der sowohl für traditionelle Aufführungen als auch für neuartige Inszenierungen geeignet war und den zahlreiche zeitgenössische Dramatiker befürworteten. Deshalb nahm er die Kontroverse wieder auf, die sich erstmals 1800 entzündet hatte, als C. G. Langhans' Entwurf für das neue Schauspielhaus unter mehreren Projekten ausgewählt worden war, darunter auch eines von Gilly, dessen Zuschauerraum sich am antiken griechischen Amphitheater orientierte. Diese antike Form weckte nicht nur Assoziationen zur moralischen und politischen Autorität der griechischen Kultur, sondern bot auch akustische und visuelle Vorteile, die in der Entwicklung des barokken Guckkastentheaters und seiner kunstvollen Kulissenbühne in Vergessenheit geraten waren. Zahlreiche Dramatiker, besonders Goethe und die jungen Romantiker um Ludwig Tieck, hatten jahrelang die Meinung vertreten, daß das realistische Bühnenbild vom Wesentlichen der dramatischen Handlung ablenke und die ideale Natur der Kunst trivialisiere.[26] Das barocke Theater mit seinem ausgeklügelten System von Flachkulissen versuchte, den realen Raum mit all seinen Abstufungen der perspektivischen Vertiefung wiederzugeben. Das erforderte teure und lästige Bühnenumwandlungen. Im Gegensatz zur Illusion von Wirklichkeit hatte Goethe sowohl in den Produktionen, die er in Weimar leitete, als auch in seinen Werken eine eher symbolische Annäherung vorgeschlagen. Für Goethe war das Schauspiel nicht die Darstellung des realen Lebens in allen Einzelheiten, sondern die Symbolisierung der überzeichnet dargestellten Wirklichkeit. Die Romantiker aus Jena nahmen die Initiative auf. Tieck schrieb nicht nur Abhandlungen über die Neugestaltung der Bühne, er baute die Ideen auch in die innere Struktur seiner Stücke ein. Seine »romantische Ironie« ließ das Stück bewußt als Schauspiel erkennen und nicht als flüchtigen Blick auf die Wirklichkeit. Es war eine Provokation, die die Fichtesche Idee vom erhöhten Bewußtsein in die eigentliche Struktur des künstlerischen Schaffens einbrachte.

Als sich Schinkel 1813 wieder Gillys Plan für ein griechisches Amphitheater zuwandte, verknüpfte er Goethes Bestrebungen mit dem stärkeren Realismus des Dioramas (Abb. 14–16). In seinen Skizzen aus dem Jahr 1813 schlug er vor, das Proszenium des Theaters umzubauen, indem er es verbreiterte und mit vier dicht stehenden korinthischen Säulen flankierte – im wesentlichen dieselben Säulen, die er in seinen Dioramen benutzte, um den Abstand zwischen Betrachter und Illusion aufzuheben. Ein einziges Bild sollte als Hintergrund für jede Szene dienen. Dies hätte den Vorteil, daß es von fast jeder Stelle im Zuschauerraum aus erkennbar wäre, und nicht nur von einem einzigen privilegierten Augenpaar, dem des Monarchen, gesehen werden konnte, auf dessen Platz allein die Wirkungen der barocken Bühne berechnet waren. Die Verwendung eines einzigen Bildes war nicht nur praktisch und kosten-

PANORAMA
VON
PALERMO

sparend, sie entsprach auch Goethes Auffassung von Kunst, die nicht das Leben in seinen vielfältigen und sich ständig ändernden Details darstellen, sondern die Erfahrung auf ihr höheres Wesen hin verdichten sollte. Schinkel bekannte in seinen Aufzeichnungen, daß er von Kindheit an dem Theater zugeneigt gewesen sei, und er fuhr fort: »Im griechischen Altertum war das Theater als ein religiöser Gegenstand ein reines Ideal, was unmöglich machte, daß es wie bei uns in manchem Zweige zum Ärmlichsten und Frivolsten des gemeinen Lebens herabsinken konnte. Selbst das Indezente war damals in der Wiedergeburt durch die Kunst zu einem höheren Leben geworden, welches die gemeine Lust von sich wies.«[27]

Schinkel schlug vor, die traditionellen Bühnenausstattungen und Requisiten durch eine Aufeinanderfolge riesiger gemalter Hintergrundbilder zu ersetzen. Sie würden den Blick und die Phantasie für die entferntesten Länder und Zeiten öffnen und die Aufmerksamkeit nicht von der zentralen Aufführung zwischen den Kolonnaden und dem Hintergrund ablenken. Nach Schinkels Worten sollte die Bühne verstanden werden als eine Art Sammellinse, die die Aufmerksamkeit fortwährend auf die Handlung lenkt und die die Szene nur auf ihrer höchsten Bedeutungsebene und nicht in ihren besonderen Einzelheiten darstellt. Dazu meinte Schinkel: »Eine symbolische Andeutung des Ortes, in dem die Handlung gedacht war, war vollkommen hinreichend, der produktiven Phantasie des Zuschauers eine Anregung zu geben, durch die er imstande war, bei der hinreißenden Kunst in der Darstellung, die Handlung ganz ideal und den angedeuteten Ort um dieselbe herum bei sich weiter fort auszubilden. Daraus erwuchs ihm dann die wahre und ideale Illusion.«[28]

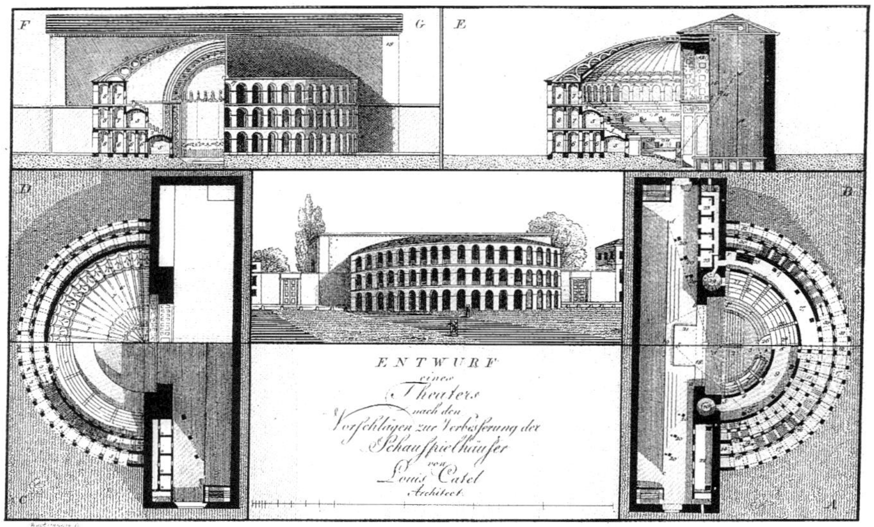

14 Louis Catel, Plan zur Umgestaltung eines Theaters nach dem Prinzip des antiken Amphitheaters, 1800.

15 Schinkel, Plan zur Umgestaltung des Nationaltheaters, Berlin, 1813. Grundriß.

16 Schinkel, Plan zur Umgestaltung des Nationaltheaters, Berlin, 1813. Zuschauerraum und Bühne mit Vorschlag für perspektivische Bilder als Bühnendekorationen.

Schinkel erntete für seinen Vorschlag keine Anerkennung; aber knapp ein Jahr später starb Iffland, und der neue Direktor des königlichen Theaters, Graf Brühl, gab dem Baumeister eine Chance. Zwischen 1815 und 1828 entwarf Schinkel über hundert Bühnenbilder für 45 Stücke im Schauspielhaus – anfangs in dem Gebäude, das nach Langhans' Plänen errichtet worden war, und nach 1821, als es durch einen Brand zerstört worden war, in dem von ihm selbst entworfenen Theater. Viele seiner Bühnenbilder verwendeten den scharfen Kontrast von Vordergrund und entferntem Hintergrund. Der Vordergrund, in vielen Fällen eine Terrasse oder ebenerdige Fläche, wirkt wie eine Verlängerung der Bühne und endet abrupt an einer niedrigen Balustrade. Hinter dieser erhebt sich in der Ferne eine Szene, ohne Mittelgrund, als wäre das Prinzip des versenkbaren Zauns aus dem Gartenbau auf die Komposition der illusionistischen Landschaft übertragen worden (Abb. 17–20). Die ersten Bühnenbilder, mit denen Schinkel beauftragt wurde, sind auch seine berühmtesten, nämlich die Dekorationen für

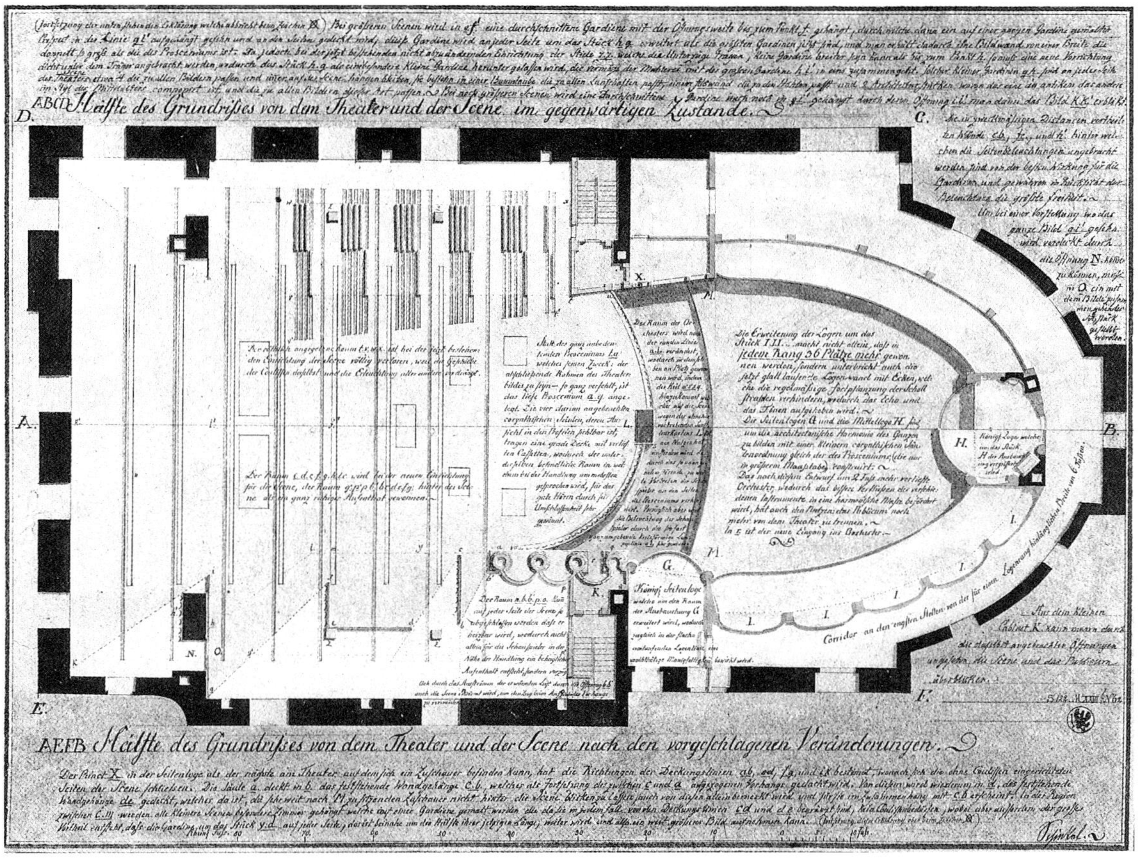
ABCD Hälfte des Grundrisses von dem Theater und der Scene im gegenwärtigen Zustande.
AEFB Hälfte des Grundrisses von dem Theater und der Scene nach den vorgeschlagenen Veränderungen.

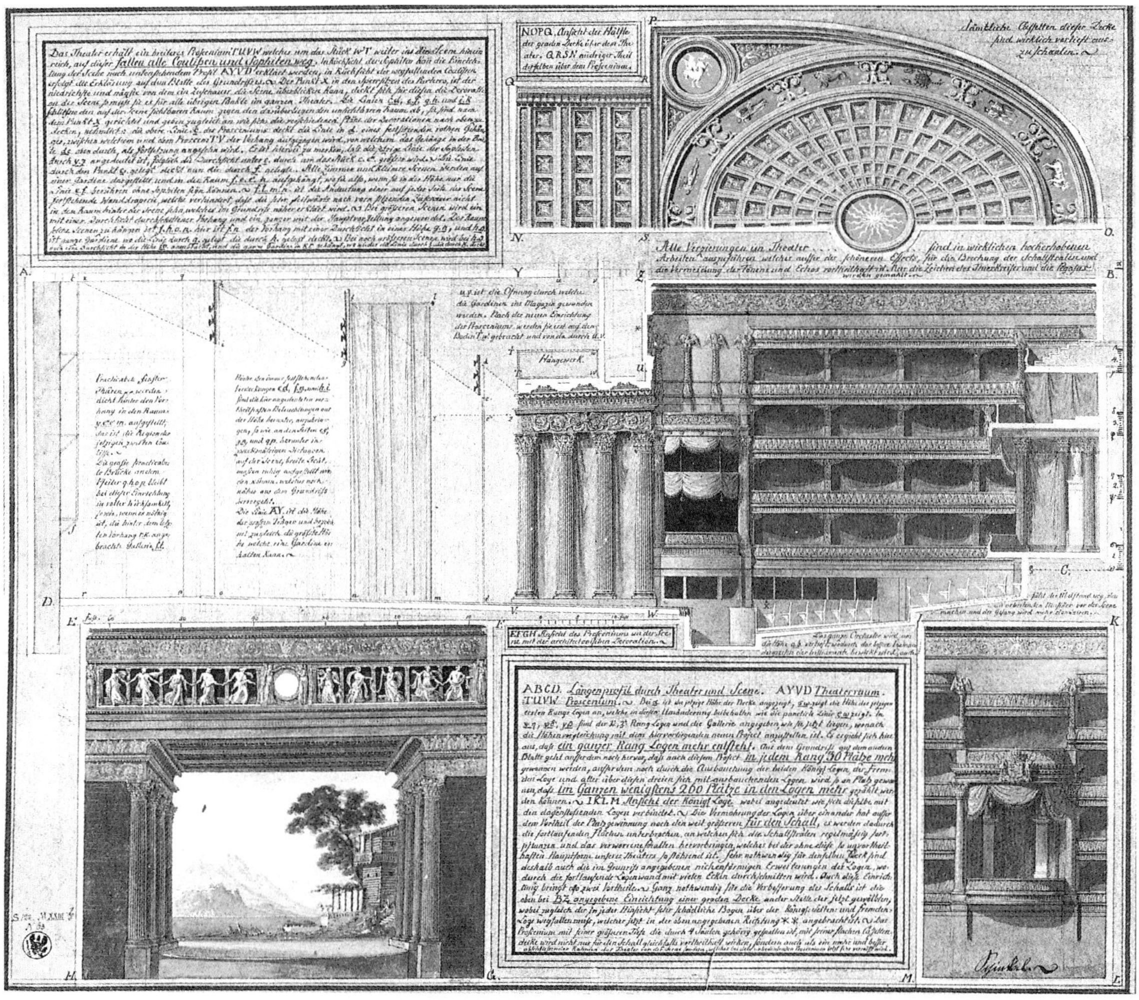
ABCD. Längenprofil durch Theater und Scene.

die Aufführung von Mozarts »Zauberflöte«, 1816. Bei diesen ägyptischen Dekorationen griff Schinkel zu einer übertriebenen Darstellung der historischen Architektur, um ein charakteristisches Bild zu erhalten und so der Aufführung selbst etwas von dem Druck zu nehmen, der durch die Forderung nach archäologischen Einzelheiten auf ihr lastete. Für Urwaldszenen stützte er sich auf Abbildungen, die Alexander von Humboldt soeben über seine Forschungsreisen in Mittel- und Südamerika veröffentlicht hatte. Eines der eindrucksvollsten Beispiele war die Darstellung vom Inneren des Tempels der Vesta für Spontinis »La Vestale«, ein Werk, das die Rotunde des Alten Museums vorwegnimmt, die Schinkel einige Jahre später auf der realen Bühne der Stadt Berlin schaffen sollte.

Seine Dioramen brachten ihm auch die Anerkennung des Königs und der Königin, die eine Privatführung erhielten, als sie 1809 aus dem Exil in Königsberg nach Berlin zurückkehrten. Schinkel bot sogar an, sein Panorama von Palermo im Theatersaal des Königsberger Schlosses aufzubauen.[29] Königin Luise erteilte Schinkel, auf Empfehlung Wilhelm von Humboldts, des Ministers für Kultus und Unterricht, in jenem Jahr den Auftrag, mehrere Innenräume der königlichen Schlösser in Berlin und Charlottenburg umzugestalten (Abb. 22–24). Schinkels romantisches Bildprogramm für Königin Luises Schlafzimmer im Schloß Charlottenburg setzte den malerischen Illusionismus seiner optisch-perspektivischen Bilder fort. Die rosafarbenen Tapeten bespannte er mit weißem Voile, der das Licht so reflektierte und filterte, daß der Glanz eines Sonnenaufgangs entstand, die Grenzen zwischen Natur und Architektur durchbrechend. Dadurch wurde die Fähigkeit der bildenden Kunst, bestimmte Stimmungen, Gefühle und Geisteshaltungen hervorzurufen, konkret ausgetestet, was seine literarischen Freunde in hitzigen abendlichen Diskussion so oft von ihm eingefordert hatten.

1809 hatte Schinkel engen Kontakt zu den führenden Vertretern der zweiten Generation der deutschen romantischen Dichtung, zu Achim und Bettina von Arnim und Clemens Brentano, die in der Wohnung und im Atelier, die Schinkel nach seiner Heirat mit Susanne Berger in jenem Jahr am Alexanderplatz eingerichtet hatte, häufig zu Gast waren. In Wortgefechten, die den Geist der gegenseitigen Befruchtung von Literatur und schönen Künsten erneuerten, erforschten sie die Grenzen von Liedern, Gedichten und Bildern, die Seele zu bewegen, Stimmungen und Gefühle mitzuteilen und den Geist zu Höherem zu lenken. Zu einem vorgegebenen Thema zeichnete Schinkel Entwürfe, und seine Freunde schrieben Verse dazu. Eines von Schinkels ersten lithographischen Experimenten (Abb. 21), »ein Versuch, die liebliche sehnsuchtsvolle Wehmut auszudrücken, welche das Herz beim Klange des Gottesdienstes aus der Kirche herschal-

17 Schinkel, Bühnendekoration für Spontinis »La Vestale«, 2. Akt (Vestalischer Tempel), 1818.

18 Schinkel, Bühnendekoration für Spontinis »Fernando Cortez«, 2. Akt, 1818.

19 Schinkel, Bühnendekoration für Spontinis »Olympia«, 1. Akt, 1821.

20 Schinkel, Bühnendekoration für Mozarts »Zauberflöte«, 1. Akt (Sternensaal im Palast der Königin der Nacht), 1816.

lend erfüllt« (1810), spiegelt den Geist dieser Abende wider. Hier gehen die ausladenden Äste einer deutschen Eiche und die mit Fialen besetzten durchbrochenen Wände der deutschen Gotik ineinander über, um eine schwermütige Stimmung hervorzurufen, wie sie auf einem Kirchhof herrscht. Das Sammeln deutscher Volkslieder bei Achim und Bettina von Arnim und Clemens Brentano hatte seine Parallele in Schinkels erneutem Interesse an der gotischen Architektur der Landkirchen und Schlösser in der Provinz Brandenburg und im preußischen Hinterland. Die patriotische Begeisterung für die Gotik aufgrund von deren Fähigkeit, den altdeutschen Geist wiederzubeleben und die Seele zu rühren, wurde bereits 1772 in Goethes »Von deutscher Baukunst«, bezogen auf das Straßburger Münster, formuliert. Angesichts der preußischen Erniedrigung durch die napoleonische Armee erhielt sie besondere Aktualität. Fichtes »Reden an die deutsche Nation«, 1807 bis 1808, sollten bei seinen Landsleuten Patriotismus und kulturelles Selbstbewußtsein entfachen, um dem französischen Aggressor mit Stärke gegenübertreten zu können. Sie erfüllten Schinkel erneut mit dem Glauben an die nationale Pflicht des Künstlers. Angefangen bei seinen Plänen, die 1809 durch einen Brand zerstörte Petrikirche in Berlin im ursprünglichen gotischen Stil wiederaufzubauen, bis zu seinem großartigen Plan für den Bau einer Kathedrale zum Gedenken an die Befreiungskriege, den er nach der endgültigen Niederlage Napoleons 1815 entwarf, befrachtete Schinkel die Gotik damit, die nationale Sache zu symbolisieren.

Zum ersten Mal geschah dies anläßlich des Todes von Königin Luise am 18. Juli 1810, an dem sich die patriotische Leidenschaft umgehend entzündete. Schinkel entwarf ein gußeisernes Denkmal, dessen Errichtung 1811 durch lokale Spenden in Gransee ermöglicht wurde, genau an der Stelle, wo Luises Sarg auf dem Weg zu ihrer letzten Ruhestätte eine Nacht lang in einem Hain des Sommerschlosses Charlottenburg geruht hatte (Abb. 28). Hier verknüpft er auf brillante Weise die Formen der einheimischen Eisenindustrie, die während des Krieges eine entscheidende Rolle gespielt hatte – der Slogan »Ich gab mein Gold für Eisen« trieb die Berliner dazu, ihren Gold- und Silberschmuck zum Umschmieden in Kriegswaffen herzugeben –, mit einer Wiederbelebung des gotischen Baustils. Auf dem Hauptplatz wurde ein filigraner Baldachin aus Eisen mit gotischen Spitzbögen über einer Nachbildung des königlichen Sarkophags errichtet, auf dem eine vergoldete Krone saß. Der Marktplatz wurde dadurch in eine patriotische Bühne verwandelt, eine Art Altar für das Vaterland. Es war nur eines von zahlreichen neugotischen Denkmälern aus Gußeisen, die Schinkel für die königliche Gießerei entwarf, um auf Kirchhöfen und Stadtplätzen überall in Preußen an die gefallenen Soldaten und die Kriegsanstrengungen zu erinnern. Dazu gehört auch ein Ring aus Speeren, der 1816, am ersten Jahrestag des Endes der Befreiungskriege, auf dem Friedhof in Spandau aufgestellt wurde (Abb. 29).

An Königin Luises Mausoleum (1810-1812) entzündeten sich zum erstenmal die Kontroversen über den angemessenen historischen Stil für ein nationales Denkmal, die die deutsche Architekturdiskussion für den Rest des Jahrhunderts beleben sollten. König Friedrich Wilhelm III. hatte zum Gedenken an seinen Verlust ein Mausoleum in Gestalt eines klassischen Tempels in Auftrag gegeben und sogar eine eigene Skizze für das Innere gezeichnet. Aber Schinkel, der die Form eines Tempels nicht für angemessen hielt, ergriff die Gelegenheit, um dem nationalen gotischen Baustil die ihm gebührende Würdigung zu verschaffen. In der Ausstellung der Königlichen Akademie von 1810 zeigte er eine überwältigende Vielzahl von Aquarellen, die das Projekt veranschaulichten, darunter auch eine dorische Halle, die der König bevorzugte, und seinen eigenen Vorschlag – eine mittelalterliche Halle im dichten Wald des Charlottenburger Schloßparks (Abb. 25–27, 30). An Stelle des geschlossenen antiken Tempels schlug er eine offene überwölbte Halle vor, mit einem Chor aus skulptierten Engeln über den großen Spitzbögen, die den Blick auf einen überwölbten Innenraum freigaben. In einem Begleittext beschrieb er die klassische antike Architektur als kalt und bedeutungslos für ein Bauwerk, das die christliche Feier des Todes als Übergang in eine höhere Sphäre darstellen sollte. Allein die Gotik, so behauptete er, könne den Besucher mit dem Gefühl des »Unendlichen und Ewigen« erfüllen, denn »jetzt ward der Geist völlig Sieger über die Masse und Materie«.[30] Das Innere des Monuments wäre von strahlendem rötlichen Glanz erfüllt, da Licht durch die getönten Fenster in den Apsiswänden am Ende der tiefen dreischiffigen Halle fällt. Das Licht würde die über der ruhenden Gestalt der Königin Luise schwebenden Engel in eine eindrucksvolle Silhouette tauchen. Die Gewölbe sollten wie große Palmenblätter gebildet sein und so im Wald wie ein natürliches Gewölbe wirken. Damit würde nicht nur die Vorstellung von Gotik als natürlichem Stil angedeutet, die durch Schlegels Schriften erst kurz zuvor neu belebt worden war, sondern auch eine von Schinkels Grundüberzeugungen – daß nämlich die Architektur eine Fortsetzung der konstruktiven Tätigkeit der Natur durch den Menschen sei.

Daß das Mausoleum dann als strenger dorischer Tempel gebaut wurde, dessen ursprünglicher Portikus aus Sandstein später durch die noch heute im Charlottenburger Park stehende Fassade aus Granit ersetzt wurde, kam für Schinkel wohl kaum überraschend. Anscheinend hatte er die beiden Alternativen geschaffen, um in die Architektur jene Gegensatzpaare einzubringen, die die Grundlage für August Wilhelm von Schlegels Schriften und Vorlesun-

21 Schinkel, Lithographie, »ein Versuch, die liebliche, sehnsuchtsvolle Wehmut auszudrücken, welche das Herz beim Klange des Gottesdienstes aus der Kirche herschallend erfüllt«, 1810.

22 Schinkel, Schlafzimmer der Königin Luise, Schloß Charlottenburg, 1810. Erster Entwurf, 1809.

23 Schinkel, Schlafzimmer der Königin Luise, Schloß Charlottenburg, 1810.

24 Schinkel, Schlafzimmer der Königin Luise (Rekonstruktion), Schloß Charlottenburg, 1810.

25 Schinkel, Mausoleum für die Königin Luise, Charlottenburger Schloßpark, 1810/12. Außenansicht des gotischen Entwurfs.

26 Schinkel, Mausoleum für die Königin Luise, Charlottenburger Schloßpark, 1810/12. Innenansicht des gotischen Entwurfs.

27 Schinkel, Mausoleum für die Königin Luise, Charlottenburger Schloßpark, 1810/12. Aquarell von Johann Erdmann Hummel nach Schinkels Entwurf, 1812.

28 Schinkel, Denkmal der Königin Luise, Gransee, 1811.

29 Schinkel, Denkmal für die Toten der Befreiungskriege, Pfarrkirche in Spandau, Berlin, 1816.

30 Schinkel, Mausoleum für die Königin Luise, Charlottenburger Schloßpark, 1810/12. Diese ursprüngliche Sandsteinfassade des Mausoleums befindet sich jetzt auf der Pfaueninsel, Berlin.

gen über die Polarität des Klassischen und des Romantischen, des Heidnischen und des Mittelalterlichen bildeten. In seinen Vorlesungen über die schönen Künste behauptete Schlegel, jeder Stil umfasse ein vollständiges System, das es wert sei, untersucht zu werden, und jeder verkörpere eine den unterschiedlichen Umgebungen angemessene Ausdrucksform und Bedeutung.[31] Für Schinkel und für Schlegel waren der heidnische Tempel und die christliche Kirche Symbole für eine auf das Diesseits und eine auf das Jenseits ausgerichtete Architektur, die in striktem Gegensatz zueinander standen. In seinen Entwürfen von 1810 für die Petrikirche, eine mittelalterliche Kirche im Zentrum Berlins, die 1809 durch einen Brand schwer beschädigt worden war, dachte Schinkel jedoch zum ersten Male an eine mögliche Synthese der beiden. Er schlug einen völlig neuen Stil vor, der seine Suche nach der sinnlichen und geistigen Erfüllung, gekennzeichnet durch die antike und mittelalterliche Kunst, beenden würde. Diese Aufgabe könnte die moderne Kultur übernehmen (Abb. 31–32). In seinem langen Memorandum zu dem Projekt, das erste, das er als preußischer Staatsbeamter schrieb, befaßte er sich mit der schwierigen Frage, wie eine Kirche in einer Zeit beschaffen sein sollte, in der die Bindungen zwischen Kirche und Staat lockerer wurden. Der Entwurf müßte die Anforderungen eines Schauplatzes für religiöse Feiern und Meditationen mit den Erfordernissen eines öffentlichen Bauwerks in Einklang bringen, besonders bei einer Kirche, die an einer wichtigen Achse im sich entwikkelnden Stadtbild Berlins stand.

Als 1813 der Patriotismus wiederauflebte, unterstützte die literarische und künstlerische Welt die Bemühungen, Napoleon zurückzudrängen. Die gotische Kirche wurde zum Symbol deutscher Kultur und Tradition. In jenem Jahr schuf Schinkel mehrere Bilder mit gotischen Kirchen, die hoch über die Stadt und die umgebende Landschaft aufragen. In einer späteren Kopie eines verlorengegangenen Originals, die sich jetzt in Berlin befindet,[32] macht der Anblick der von einer Kirche beherrschten mittelalterlichen deutschen Stadt diese patriotischen Werte deutlich (Abb. 33). Die gotische Kirche blieb in der modernen Stadt Leitstern, führende Kraft und kommunaler Mittelpunkt. Sie belebte die Vorstellung, Gotik sei ein spontaner Erguß der deutschen Seele, die bereits in der Dichtung Schlegels und Novalis' ihren Niederschlag gefunden hatte und von Joseph von Görres als religiöses Thema aufgenommen worden war. Diese Herausforderung sollte Schinkel um 1814 annehmen in seinem Vorschlag, einen großen, neuen nationalen Dom als Symbol und Mittel einer nationalen Erneuerung nach dem Sieg über Napoleon zu errichten. Schinkel war einer von vielen, die ein bleibendes Zeichen für eine neue Ära des Friedens, des nationalen Wiederaufbaus setzen und einen patriotischen Mittel-

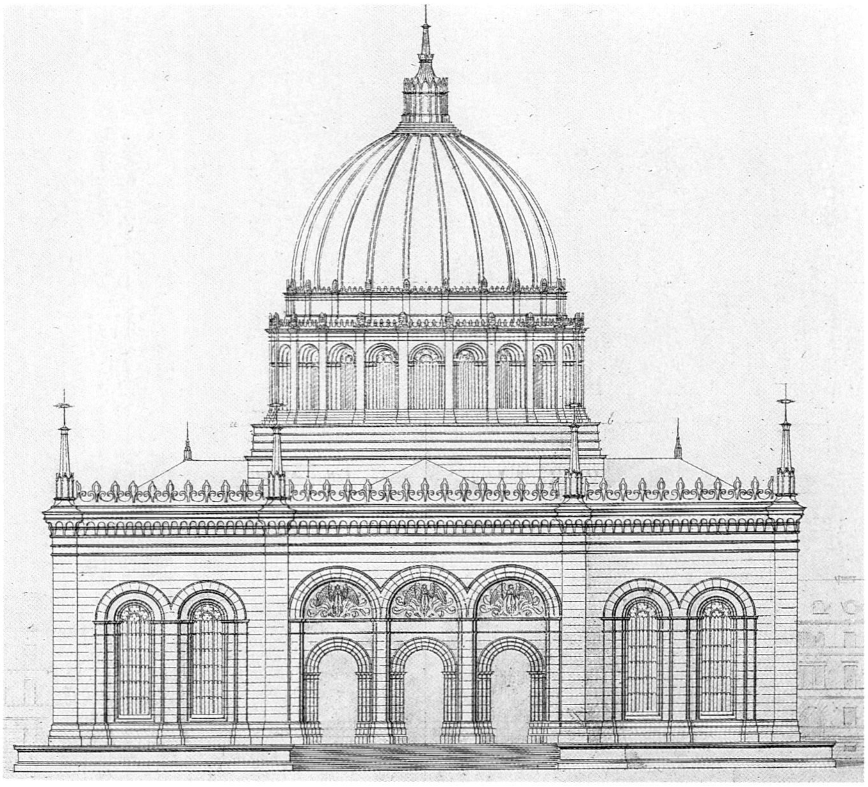

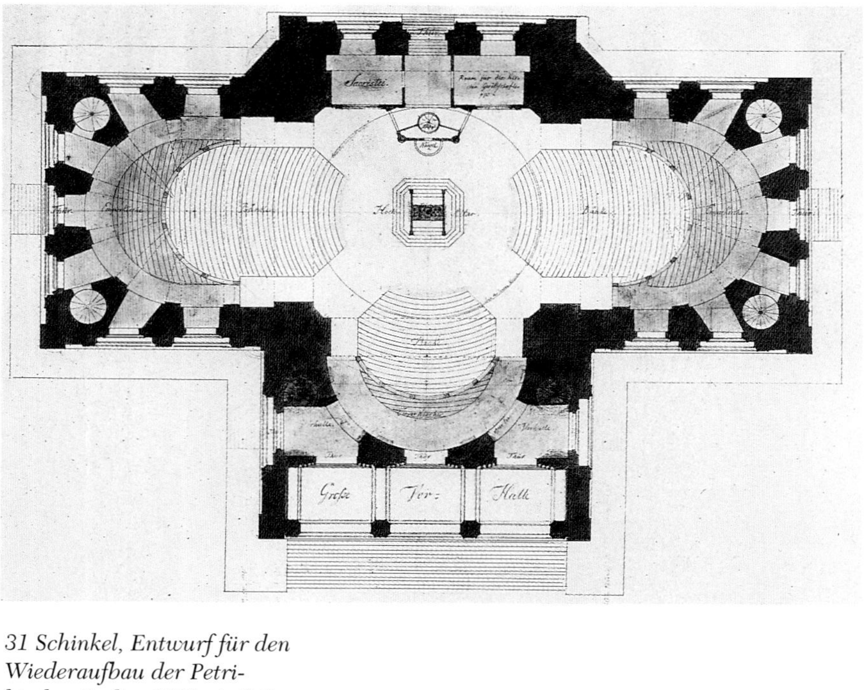

31 Schinkel, Entwurf für den Wiederaufbau der Petrikirche, Berlin, 1810. Aufriß.

32 Schinkel, Entwurf für den Wiederaufbau der Petrikirche, Berlin, 1810. Grundriß.

punkt schaffen wollten. Aus patriotischen Gründen und wegen der historischen Notwendigkeit, eine moderne deutsche Kunst zu schaffen, bestand für Schinkel kein Zweifel daran, daß das Denkmal gotisch sein würde.[33]

Doch schloß Schinkels Vorschlag die gleichzeitige Einbeziehung eines vollendeten klassischen Baustils nicht aus. Für ihn war die Klassik der einzige Weg, dem unvollendeten nationalen gotischen Stil, einem sich ständig entwickelnden Stil, eine neue Vollkommenheit zu geben. Er war überzeugt, daß in einer Zeit, in der man sich über sein Deutschsein unbedingt klar werden mußte, seine stilistischen Überlegungen zur Erneuerung der Nation beitragen würden. Der »Befreiungsdom« war für ihn mehr als nur ein Bauwerk. Er sollte eine neue Institution für die preußische Hauptstadt sein, die sowohl dem König als auch den Bürgern Macht und Pflichtgefühl verleihen könnte. (Abb. 34) Als gewaltiges gotisches Bauwerk würde der Dom mit seinen offenen Arkaden einen großen öffentlichen Platz schaffen. Seine Wände sollten unverputzt bleiben, um den großartigen, normalerweise verputzten preußischen Backstein zu würdigen. Auch Eisen würde verwendet werden, nicht so sehr für die Konstruktion als für die Dekoration, und den Dom sollte eine riesige Figur des triumphierenden hl. Michael bekrönen, der das große Eiserne Kreuz emporhebt, den höchsten preußischen Militärorden, den Schinkel 1813 neben anderen patriotischen Symbolen aus Gußeisen entworfen hatte. Schließlich würde das Ganze einen monumentalen öffentlichen Bezirk an der Berliner Stadtgrenze bilden. Nicht zufällig schlug Schinkel den Leipziger Platz als Standort für das Bauwerk vor, die Stelle, für die Gilly zwei Jahrzehnte zuvor sein Denkmal Friedrichs des Großen geplant hatte. Schinkels Dom war als Gegenstück gedacht sowohl für Gillys unverwirklichtes Standbild als auch für die großen Propyläen des Brandenburger Tors genau nördlich. Es sollte den Punkt bilden, von dem aus eine zeitgenössische preußische Kultur ihren Anfang nehmen würde.

Doch nach dem Krieg wandte sich Schinkel naheliegenderen politischen Zielen zu. Die preußische Regierung beschloß, die Forderungen der Katholischen Partei im Rheinland, das nun unter preußischer Herrschaft stand, zu erfüllen und den Dom in Köln fertigzustellen.Dieses Projekt sollte nicht nur ein Gefühl nationaler Identität und Einheit in ganz Preußen entstehen lassen, das aus den napoleonischen Kriegen mit völlig neuen Grenzen hervorgegangen war, sondern auch als Quelle für die deutsche Neugotik dienen.[34] Schinkel hatte die ersten Berichte über die Arbeiten verfaßt, die er zwar von Berlin aus beaufsichtigte, die aber von seinem Schüler Ernst Friedrich Zwirner ausgeführt wurden. Doch war die eigentliche Fortführung seines Projektes für den Leipziger Platz der gußeiserne gotische Spitzturm, gekrönt vom Eisernen Kreuz, den

33 Schinkel, »Gotische Kirche am Fluß«, 1813 (Kopie von Wilhelm Ahlborn, 1823).

34 Schinkel, Plan für einen Dom als Denkmal für die Befreiungskriege, um 1814.

35 Schinkel, Kriegerdenkmal auf dem Kreuzberg, Berlin, 1818–21. Perspektivische Ansicht und Grundriß.

36 Schinkel, gußeisernes Denkmal für die Befreiungskriege im Kirchhof der wiederaufgebauten neugotischen Kirche, Großbeeren, 1817.

er als Erinnerung an die preußischen Siege in den Befreiungskriegen auf dem Kreuzberg (1818–1821) errichtete, dem höchsten Hügel außerhalb Berlins (Abb. 35). Es war ein Ort, zu dem die Bürger als Huldigung an das moderne Preußen pilgerten. Der Kreuzberg bildete eine großartige Plattform, von der aus man ganz Berlin überblicken konnte – vergleichbar dem Blick, wie ihn Schinkel vor vielen Jahren über Wien und andere Orte auf seiner Italienreise gehabt hatte. Es war ein Berlin, in dem Schinkel versuchte, einer ganzen Reihe neuer Institutionen eine Gestalt zu geben, die von seinen Freunden und Gönnern Humboldt, Hardenberg und Stein in den vorangegangenen Jahren gegründet worden waren. Schinkels Vision sollte nicht auf Berlin beschränkt bleiben, denn der Stellung der Stadt als Zentrum Preußens sollte ein Netz kleinerer gußeiserner Denkmäler Ausdruck verleihen, die in der Nähe eines jeden bedeutenden Schlachtfeldes vorgesehen wurden. In Großbeeren (1817) stellte Schinkel sein Denkmal auf den Vorplatz der Pfarrkirche des Ortes, die er damals gerade im neugotischen Baustil umgestaltete (Abb. 36). Obwohl Schinkel nie wieder ein im engen Sinne gotisches Bauwerk schuf, sollte seine Auffassung, das Gotische trage wesentlich zur Entstehung einer modernen preußischen Kultur bei, weiterhin die Grundlage bilden für seine Auffassung vom Baustil und von der Fähigkeit der Architektur, Bürger und Staat zu veredeln.

37 Schinkel, »Blick in Griechenlands Blüte«, 1825 (Kopie von Wilhelm Ahlborn nach Schinkels verlorenem Original).

ZWEITES KAPITEL

Bilden und Bildung: Schinkels öffentliche Bauten und Humboldts Ideal

»Der Künstler soll den Menschen mit der Natur in die engste und mannigfaltigste Verbindung bringen. Um dies Geschäft zu vollenden, muß er bald den äußeren Gegenstand, bald die innere Stimmung stärker geltend machen. Ja selbst ohne dies zu wollen, kann er es kaum vermeiden. Da er, um einen Gegenstand durch die Einbildungskraft zu erzeugen, zugleich bildend und stimmend verfahren, das Object darstellen und das Subject zubereiten muß.«[1]

Mit einer gigantischen Zahl öffentlicher Gebäude veränderte Schinkel in nur wenigen Jahren das Stadtbild im Zentrum von Berlin. Zwischen 1816 und 1830 entwarf er die Neue Wache, das Schauspielhaus, das Alte Museum, die Friedrichswerdersche Kirche und das Potsdamer Tor und restaurierte den Berliner Dom – Bauten, die bis heute seinen Ruhm begründen. Zehn Jahre lang hatte er sich mit den Möglichkeiten der Architektur beschäftigt, ein privates und kollektives Staatsbewußtsein zu schaffen und den Wiederaufbau des preußischen Staates voranzutreiben.

1815, als der Wiener Kongreß beendet und König Friedrich Wilhelm III. nach Berlin zurückgekehrt war, wurde Schinkel zum Geheimen Oberbaurat befördert. Dieser Titel erweiterte seine Macht bei der Überprüfung staatlicher Bauprojekte, nicht nur in Berlin, sondern auch in den neu hinzugekommenen Provinzen Rheinland und Westfalen, wo preußische Identität und Autorität hergestellt werden mußten. Sechs Jahre zuvor hatte Schinkels Freund Wilhelm von Humboldt für seine Ernennung zum »Assessor für ästhetisches Bauen« gesorgt. Sie fiel mit Humboldts nur kurz währender, aber immens wichtiger Leitung des Amtes für erzieherische und kirchliche Angelegenheiten im Innenministerium zusammen. Zwischen 1808 und 1810 führte Humboldt in ganz Preußen eine Reform des Bildungswesen von der Grundschule bis zur Universität durch. 1809/1810 gründete er die Universität Berlin mit Fichte als erstem Rektor. Humboldt und Fichte holten eine ganze Generation von Philosophen und Wissenschaftlern nach Berlin, die das geistige Leben in der Hauptstadt grundlegend wandelten und den Glauben an die vorbildliche Kraft der klassischen griechischen Kultur gemeinsam hatten.

Friedrich August Wolf (1759–1824), dessen »Darstellung der Altertumswissenschaft« (1807) großen Einfluß hatte, hielt Vorlesungen, ebenso wie der Philosoph Friedrich Schleiermacher, der Sprachforscher Franz Bopp und der Jurist Friedrich Karl von Savigny. Wolfs Veröffentlichung wurde von Historikern als ein Manifest betrachtet, das die Bedeutung der humanistischen Bildung für Deutschlands kulturelle Bedürfnisse in einer Zeit nationaler Demütigung verkündete. Stein, Hardenberg und der Kreis reformwilliger Minister betrachteten sie als kanonische Erklärung. Humboldt nahm sie als Ausgangspunkt, denn sie bestätigte viele seiner eigenen Ansichten über Erziehung und die Bedeutung der Antike, obwohl er einen tiefen Argwohn gegenüber dem Staat in einer anderen Funktion als der eines Hilfsmittels zur Verwirklichung von individueller Freiheit und persönlicher Bildung hegte. Einer der unveröffentlichten Aufsätze Humboldts, »Über das Studium des Alterthums« (1793), zeugt für einen tiefen und frühen Einfluß Winckelmanns und Goethes, mit denen Humboldt in diesen Jahren Hunderte von Briefen wechselte: »Besonders heilsam muß das Studium eines Charakters, wie der griechische, in einem Zeitalter wirken, wo durch unzählige Umstände die Aufmerksamkeit vielmehr auf Sachen als auf Menschen, mehr auf Massen von Menschen als auf Individuen, mehr auf äußern Werth und Nutzen als auf innern Gehalt und Genuß gerichtet ist, und wo hohe und mannichfache Cultur sehr weit von der ersten Einfachheit abgeführt hat.«[2]

Die griechische Kultur sollte als regulierende Grundlage für die Bildung des einzelnen dienen. Das humanistische Ideal, das sie verkörperte, sollte auch die Grundlage für die Definition der öffentlichen Rolle des großen Staatsmannes und für die Bildung der nationalen Persönlichkeit sein. Denn »die Eigenschaften, nach denen der (Athener Staatsmann) zu streben hatte, bezogen sich alle eigentlich auf rein menschliche und allgemeine Bildung, nicht auf die Cultur besonderer Talente oder Kenntnisse. Dieselben Vorzüge, die den Griechen zum großen Menschen machten, machten ihn auch zum großen Staatsmanne.«[3]

Humboldt wandte solche Überzeugungen sowohl auf sich selbst als auch auf das öffentliche Bildungswesen an. Das Studium griechischer Modelle sollte als Anreiz für die höchste Ebene individueller Entfaltung dienen. Die individuelle Freiheit war für Humboldt Voraussetzung für nationale Freiheit, und in seinem Verlangen, die humanistische Erziehung als Sprungbrett zur Erneuerung des modernen bürgerlichen Lebens und der modernen deutschen Kultur heranzuziehen, setzte er die Belange der Identität des einzelnen mit der des Staates gleich. In starker Anlehnung an die Theorien des Schweizer Pädagogen Pestalozzi wollte er die geistige Unabhängigkeit der Deutschen retten und innerhalb einer Generation »den bürgerlichen und militärischen Geist der Nation wecken«. Er war der Ansicht, daß durch Bildung – oder die Entwicklung des einzelnen durch Wissen und Moral – die ganze Nation erneuert werden könne. Keiner sollte einen handwerklichen Beruf ergreifen, bevor ihm nicht eine breite humanistische Erziehung die Möglichkeiten einer gebildeten Existenz aufgezeigt hätte; jeder Bürger sollte die Chance haben, sich bestmöglich zu entwickeln und an der bürgerlichen Gemeinschaft teilzuhaben. Für Humboldt blieb der Staat das Mittel und nicht, wie für Hegel, das Ziel.

Für Wilhelm von Humboldt macht das Erlernen einer alten Sprache, sei es nun Griechisch, Latein oder sogar Hebräisch, den Geist empfänglicher für die grundlegenden Strukturen aller Dinge, vor allem deshalb, weil ihre Fremdartigkeit und ihr Abstand von der zeitgenössischen Kultur und der alltäglichen Sprache ein unvoreingenommenes Verständnis der größeren Strukturen der natürlichen und der menschlichen Welt ermöglichen. So schrieb er seiner Frau Caroline: »..., und das ganze Feld der Gedanken, alles was den Menschen zunächst und zuerst angeht, selbst das, worauf Schönheit und Kunst beruht, kommt nur in die Seele durch das Studium der Sprache, aus der Quelle aller Gedanken und Empfindungen. Sie bleibt immer der Gegenstand, bei dem es am leichtesten wird, in sich selbst zurückzugehen, die Welt nur zu lieben, weil man das Gemüt daran erkennt, und Sehnsucht zu empfangen nach dem Höchsten, was nie als in der tiefen Einsamkeit des Geistes erscheint.«[4]

Das Studium einer Sprache war also Mittel und nicht Ziel – ein pädagogisches Ideal, das Schinkels eigene Suche nach einer Sprache der Architektur, die als machtvolles Werkzeug dem Geist der Bildung dienen könnte, stark beeinflußte. Humboldt war der Ansicht, daß die ästhetische Erfahrung die Parallele zum frühen Erlernen einer Sprache sei, denn die Kunst beziehe gleichzeitig Verstand und Sinne mit ein, in ihr seien beide Aspekte der menschlichen Natur vorhanden. Sein Bestreben war an sich politisch und mit Humboldts aufrichtiger Hoffnung verbunden, daß in Preußen eine konstitutionelle Monarchie gegründet werden könnte. Das Studium der Griechen war für Humboldt das unverzichtbare Mittel, die Grenzen des Staates dem einzelnen gegenüber festzulegen und jene humanistischen Ziele zu unterstützen, die die Französische Revolution durch gewaltsame Änderungen letztendlich nicht erreichen konnte. Die Antike war für Humboldt keine Form der Nostalgie, sondern ein Weg, eine moderne bürgerliche Gesellschaft heranzubilden, die jener alten gleichen würde, ohne die Elemente christlicher Spiritualität oder modernen wissenschaftlichen Fortschritts aufzugeben:

»Gerade im Gegentheil aber ist es nur das Versetzen in jene Zeiten des Alterthums, das unser Herz erhebend und unsern Geist erweiternd uns so sehr in unsre ursprüngliche, minder verlorne, als nie besessene, Menschenfreiheit herstellt, daß wir auch zu unserer so entgegengesetzten Lage mit frischem Muthe und erneuerter Stärke zurückkehren, daß wir nur an jener nie versiegenden Quelle die wahre Begeisterung schöpfen, und gerade die tiefe Wahrnehmung der Kluft, welche das Schicksal auf ewig zwischen sie und uns gelegt hat, uns anfeuert, uns auf unserem Standpunkt mit durch ihre Betrachtung neubeflügelten Kräften zu der uns gegebenen Höhe emporzuheben. Wir ahmen ihren Mustern nach mit dem Bewußtseyn ihrer Unerreichbarkeit; wir erfüllen unsere Phantasie mit den Bildern ihres freien, reichbegabten Lebens mit dem Gefühle, daß es uns eben so versagt ist, als es ihnen das leichte Daseyn der Bewohner ihres Olymps war.«[5]

38 Schinkel, Neue Wache, Berlin, 1816–1818. Photo von 1986.

Schinkels Rückkehr zur klassischen Syntax der Architektur wird im Gemälde »Blick in Griechenlands Blüte« von 1825 gefeiert (Abb. 37). Obwohl er während seiner zehnjährigen Suche nach einer nationalen deutschen Architektur dem Klassischen ausgewichen war, brachte ihn seine Verpflichtung gegenüber den Humboldtschen Idealen zur klassischen Kultur zurück. Einen ebenso großen Einfluß hatte sein Schulfreund Karl W. F. Solger. Schinkel und Solger trafen sich jeden Sonntag für ein paar Stunden, um griechische Texte zu lesen, vor allem Dramen, von denen Schinkel viele als Grundlage für seine Bühnenentwürfe dienten. Ihr Gedankenaustausch spiegelt sich in Solgers »Erwin« wider, einer Darlegung der Ästhetik, die 1815 veröffentlicht wurde und auf Vorlesungen beruht, die er 1811/12 in seinem ersten Semester an der Universität Berlin hielt.[6] Solger vertritt die Meinung, daß es die Pflicht des Künstlers sei, das Ideal durch Manipulation des Sinnlichen erkennbar zu machen; der Künstler sei

39 *Schinkel, Neue Wache, Berlin, 1816–1818. Diese Vase, um 1833, zeigt die Neue Wache mit der Straße Unter den Linden.*

einer der Lehrer des Lebens. Diese Kunstphilosophie bildete die Grundlage für Solgers gesamtes philosophisches System, das Hegels »Ästhetik«[7] stark beeinflussen sollte. Solger legte die spezifischen Merkmale und Möglichkeiten jedes künstlerischen Mediums dar. Im Gegensatz zu vielen Ästhetikern seiner Zeit, die die Architektur in ihrer Abstraktion als der allgemeinen Erfahrung fremd erachteten, sah Solger sie als am leichtesten zugängliche Kunstform, da sie den Stoff der realen Welt und des wirklichen Lebens manipuliere und so versuche, diese geistig zu durchdringen. Dies mache das Drama zum engsten Verwandten der Architektur, denn im ihm seien reale Menschen Darstellungsmittel, so wie in der Architektur die reale Struktur die Kunst mit der Welt des Sichtbaren verbinde. In jedem Fall unterstütze das Wirkliche eine ideale Vision und bereite den Weg für transzendierendes Verständnis. Daraus folge, daß das Drama und die Architektur das Publikum am meisten ansprechen. Diese Ansicht teilte Schinkel bei der Arbeit an seinen Bühnenentwürfen, den »optisch-perspektivischen« Bildern und in der öffentlichen Architektur als Bühne des täglichen Lebens. Er hatte in den Begleittexten zu seinen Entwürfen ähnliche Gedanken formuliert. Als jedoch Solgers Vorlesungen veröffentlicht wurden, hatte Schinkel seine Aufmerksamkeit dem Bau des ersten jener klassischen Entwürfe zugewandt, die die Hauptstadt neu gestalten und den von Wilhelm von Humboldt idealisierten grundlegenden Institutionen des preußischen »Bildungsstaates« neue Form und Kraft geben sollten.

Die rasche Entwicklung der Vorstellung Schinkels von einer modernen Staatsarchitektur für Preußen zeigt sich in den Entwürfen für die Neue Wache Unter den Linden (1817/18), Berlins wichtigster Paradestraße (Abb. 39). Es ist eines der wenigen Bauwerke, bei denen er unterschiedliche stilistische Anspielungen und Annäherungen an den Standort ausprobierte. Insbesondere bemühte er sich, dem preußischen Militär nach einem turbulenten Jahrzehnt der Demütigung und Wiederauferstehung zu neuem Ansehen zu verhelfen. Als die Grundmauern auf dem schwierigen Gelände bereits errichtet wurden, war der Entwurf noch im Entstehen begriffen. Dem Plan nach mußte ein offener Kanal, der an der Nordseite der Straße Unter den Linden durch das sogenannte Kastanienwäldchen floß, überwölbt werden. Das Wäldchen war an beiden Seiten von monumentalen Gebäuden umgeben: dem barocken Zeughaus, dem zeremoniellen Hauptquartier des Militärs, im Osten und im Westen von der Berliner Universität im ehemaligen Prinz-Heinrich-Palais. Trotz ihrer einfachen Bestimmung, den Mitgliedern der königlichen Infanterie, der ersten Truppendivision, die im Schloß patrouillieren sollte, Schutz zu gewähren, sollte die Neue Wache buchstäblich und im übertragenen Sinn die Lücke überbrücken zwischen diesen beiden Symbolen preußischer Ambition und Identität, zwischen der militärischen Tradition und dem Ehrgeiz, das kulturelle und geistige Vorbild Deutschlands zu sein.

Unter der Führung Gerhard von Scharnhorsts war die preußische Armee in den Befreiungskriegen von einem großen Söldnerheer zu einer nationalen Bürgerarmee geworden. Ihre Integration in das öffentliche Leben Preußens und die Entstehung eines nationalen Bewußtseins waren daher vordringlich, und die Neue Wache war ein Monument dieser neuen Rolle des Militärs als Ausdruck von Bestimmung und Schicksal des Volkes. Die Neue Wache war nur eines von zahlreichen militärischen Bauwerken, die Schinkel in den Jahren nach dem Wiener Kongreß, als die Armee neu organisiert und in die Hauptstadt verlegt wurde, entwarf oder veränderte, Nutzbauten, die aus Backstein für die Berliner Seitenstraßen entworfen worden waren.[8] Dagegen bot die militärische Präsenz Unter den Linden Gelegenheit für eine ausführliche Stellungnahme zu Form und Rolle einer vorbildlichen Staatsarchitektur. Lange Zeit hatte auf dem Grundstück eine Wachstube im Schatten des Zeughauses gestanden, ein eigenartiger Würfel mit einem steilen Satteldach. Aber als Friedrich Wilhelm III. das Kronprinzenpalais Unter den Linden dem großen Barockschloß auf der Spreeinsel als Hauptresidenz vorzog, erhielt der kleine Wachposten eine neue Bedeutung. Der König befahl, die alte Wachstube, die er von seinen neuen Fenstern aus ständig sah, zu ersetzen, um dem ersten Regiment ein größeres und besseres Quartier zu geben und um einen Ausgangspunkt für eine Umgestaltung des östlichen Endes der Straße Unter den Linden zu schaffen. Das kleine Wäldchen sollte eine natürliche Verlängerung der Promenade Unter den Linden sein, und der König könnte das alltägliche Schauspiel des Lebens auf den Straßen der Hauptstadt und den Prunk der Militärparaden von einem Logenplatz aus genießen. Der praktische Ansatz, der in Schinkels anderen Militärentwürfen zu beobachten ist, ging unmittelbar auf diese neuen Forderungen ein. Und Schinkel nutzte die Gelegenheit, den von Solger aufgezeigten Unterschied zwischen den funktionellen Anforderungen an Architektur und ihrer höheren künstlerischen Bestimmung zu erproben. Zusätzlich zu seinen praktischen Funktionen sollte das Gebäude ein Monument für Preußens endgültigen Sieg über Napoleon sein und an militärische Wachsamkeit und Pflicht gemahnen.

Die denkmalhafte Dimension des Projektes hatte bei Schinkels Suche nach einer angemessenen architektonischen Form Vorrang. Anfang 1816 schlug er eine mit offenen Arkaden versehene Halle vor, die tief in das Grundstück hineingesetzt war und den Abschluß einer durch die geraden Baumreihen verlaufenden breiten Allee bildete – eine direkte Übernahme des romantischen Waldes, den er als

Standort für das Mausoleum der Königin Luise in Charlottenburg vorgeschlagen hatte (Abb. 40). Plaziert in einem kleinen Wald mit Statuen der Helden aus den Befreiungskriegen, sollte die Neue Wache zum Ziel patriotischer Pilgerfahrten der Berliner werden. Als Modell diente Schinkel die Loggia dei Lanzi in Florenz, ein Renaissancebau, der als Standort für Statuen von Kriegshelden diente, wenngleich Schinkel die Arkaden mehr als Hintergrund denn als Rahmen und Unterstand für die Statuen wählte. Sowohl der König als auch der Kronprinz, den Schinkel in Architektur unterrichtete, erhoben Einwendungen gegen den Entwurf, vor allem gegen den Standort so weit vom Palast entfernt. Schinkel begann einen neuen Plan auszuarbeiten, der die Wache näher an die Straße rückte. Dabei verwandelte er das Gebäude allmählich von einer mit Arkaden versehenen Halle zu einem von schweren Pylonen begrenzten Portikus, wozu ihn vielleicht die griechischen Propyläen angeregt hatten. Obwohl verhältnismäßig klein, würde der Portikus durch sein Vorspringen und seine nüchterne Gestaltung einen monumentalen Charakter erhalten und sich in einem Straßenbild mit viel größeren Gebäuden Respekt verschaffen. Die robuste dorische Wache würde dabei im Dialog mit dem stattlichen ionischen Portikus der von Knobelsdorff gebauten Königlichen Oper Unter den Linden schräg gegenüber stehen. Schinkel entwickelte mehrere Varianten, aber ein Merkmal ist allen Entwürfen gemeinsam: der Portikus ist um einige Meter gegenüber der Gebäudeflucht Unter den Linden zurückversetzt, die durch die angrenzenden Bauten der Universität und des Zeughauses gebildet wird. Auf diese Weise konnte sein viel kleineres Gebäude Beachtung finden, denn es unterbrach die Kontinuität des großartigen Prozessionsweges und schnitt für die tägliche Arbeit der Garde und den gelegentlichen Prunk der preußischen Militärparaden eine schmale Bühne aus, wie er sie sich für das Theater vorstellte (Abb. 41).

Schinkels erster Entwurf für den neuen Standort behandelte den Portikus als eine abstrakte Form aus Pilastern, die die Proportionen der fünf rechteckigen Fenster dahinter wiederholte. Das Gebäude sollte nur von ein paar Köpfen im Fries verziert sein, vergleichbar Schlüters Trophäenköpfen am angrenzenden Zeughaus, und oben auf den Pylonen sollten sich übergroße Trophäen erheben (Abb. 41). Aber als die Arbeiten auf dem Grundstück im April 1816 begonnen wurden, hatte sich Schinkel auf eine strenge, basislose dorische Ordnung festgelegt. Der Bau war jedoch keine reine Nachbildung eines antiken Tempels. Als Ausgangspunkt nahm Schinkel vielmehr das alte römische *castrum*, das Militärquartier am Kreuzungspunkt römischer Garnisonen.[9] Das *castrum*, das er nur aus der Literatur kannte, stellte er sich vor als eine Synthese von Formen der Festungsbauten – der Wachtürme und Brüstungen der Stadtmauern – und des Portikus der Profanarchitektur, in diesem Fall einer basislosen dorischen Ordnung, traditionell die Ordnung, deren »maskuliner« Charakter für militärische Funktionen als angemessen betrachtet wurde. Er gab den Zinnenkranz, den er in einigen Vorentwürfen in Betracht gezogen hatte, auf, hielt aber daran fest, die klassische griechische Architektur im Hinblick auf den doppelten Zweck des Bauwerks als militärisches Gebäude und als Denkmal neu zu deuten. An die Stelle der traditionellen Triglyphen des dorischen Frieses trat ein Relief aus geflügelten, trompetenden Parzen von Gottfried Schadow, in Kupfer gegossen. Auf dem von Schinkel entworfenen Fries sind mehrere antike Kampf-, Sieges-, Reue- und Triumphszenen dargestellt, die an Preußens Verluste und den endgültigen Sieg erinnern. Die Bildhauerarbeiten wurden erst in den 1840er Jahren von August Kiß ausgeführt, der an vielen Bauwerken Schinkels mitarbeitete (Abb. 43). Ebenfalls wichtig war die Zusammenarbeit mit dem Bildhauer Christian David Rauch, der gerade erst aus Rom zurückgekehrt war, wo er eine zentrale Rolle in Humboldts Salon gespielt hatte. Er wurde mit den Statuen Scharnhorsts und Bülows betraut, die den Portikus flankierten. Diese wurden genau an der Straßenkante aufgestellt, so wie die Säulen in einem Bühnenentwurf Schinkels. Den beiden Statuen stand auf der gegenüberliegenden Seite der Straße Unter den Linden im kleinen Park des Königlichen Schlosses ein anderes Paar gegenüber. Schinkel hoffte, diese Statuen über die ganze Länge der Straße fortsetzen zu können und diese so zu einer *via triumphalis* zu machen, wie er sie sich bereits für die Festdekorationen zur Feier des endgültigen Sieges über Napoleon am 7. August 1814 vorgestellt hatte.[10] 1819 wollte Schinkel diese Reihe fortführen, um seinen Entwurf für eine neue Brücke damit zu schmücken, die die Straße Unter den Linden mit der Spreeinsel verbinden sollte, wo das alte Schloß und der Dom standen. Gilly hatte bereits einen Ersatz für die alte hölzerne »Hündebrücke« an jener Stelle vorgeschlagen; sein Entwurf sah sowohl eine funktionelle Verbindung als auch ein zeremonielles Monument vor. Für Schinkel, der Gillys Staatsideal wiederaufleben ließ, war die zwischen 1821 und 1824[11] gebaute Brücke nur der Anfang eines umfassenden Projekts zur Schaffung eines rein repräsentativen und zeremoniellen Zentrums für Berlin (Abb. 44). Gemeinsam mit einigen ihm wohlgesonnenen Fürsprechern in den Ministerien hoffte er, daß man die Handelsschiffahrt auf diesem Abschnitt der Spree einstellen, Zoll und Docks verlagern und so für Preußen eine Bühne schaffen könnte, auf der die Szene von einem höheren nationalen Ziel beherrscht werden würde.

Der endgültige Plan für die Neue Wache wurde noch vor ihrer Fertigstellung als zweite Vorlage in Schinkels »Sammlung Architektonischer Entwürfe«

40 Schinkel, Neue Wache, Berlin 1816–1818. Vorschlag für eine Wache mit Rundbogen, 1815.

41 Schinkel, Neue Wache, Berlin 1816–1818. Perspektivischer Stich des ersten Entwurfs, an der Straße Unter den Linden.

42 Schinkel, Neue Wache, Berlin, 1816–1818. Stich des letzten Entwurfs.

43 Schinkel, Schloßbrücke, Berlin, 1821–1824. Ausschnitt des Geländers aus Gußeisen.

44 Schinkel, Schloßbrücke, Berlin, 1821–1824. Im Hintergrund Raschdorffs Kirche von 1893.

aufgenommen und veröffentlicht. Das Gebäude ist dort in einer perspektivischen Sicht gezeigt, die annähernd den leicht erhöhten schiefen Winkel wiedergibt, aus dem der König es sehen würde (Abb. 42). Die »Sammlung«, mit deren Veröffentlichung 1819 begonnen wurde, war eine fortlaufende Dokumentation von Schinkels Werk. Überall in Preußen diente sie als Manifestation des neuen Berlin sowie als Muster für Architektur. Der Entwurf für die Neue Wache hatte viel mit dem Auftrag gemein, den Schinkel viele Jahre später vom sächsischen Königshaus für den Bau der Hauptwache gegenüber dem Dresdner Schloß erhielt. Dort entwarf Schinkel 1831/32 einen ionischen Flügelbau, den er der stärker mit Dekor versehenen Architektur des Schlosses und des Dresdner Zwingers gegenüberstellte.

45 Christian David Rauch, Sockel des Standbilds General Scharnhorsts, mit einem Flachrelief der Pallas Athene, vor der Neuen Wache.

Die Neue Wache selbst diente als Muster für die strenge tektonische Ordnung der klassischen Architektur. Der dorische Portikus sollte als sichtbarer Höhepunkt eines regelmäßigen Rasters verstanden werden, der die Architektur insgesamt ordnet. Die Struktur als solche erhielt größere Regelmäßigkeit und einen stärkeren Ausdruck, auch wenn die verschiedenen Elemente innerhalb des Rasters asymmetrisch angeordnet waren (Abb. 46), wie es in Schinkels veröffentlichtem Plan deutlich zu erkennen ist.[12] Ursprünglich hatte er nach einer echten Glaswand zwischen den Säulen der zweiten Reihe verlangt, nicht nur um die Silhouetten der Säulen zu verstärken, sondern auch um die Kontinuität der tektonischen Ordnung des Gebäudes von innen nach außen sichtbar zu machen. Es war die Verwirklichung seiner Philosophie von architektonischer »Anschaulichkeit«, nach der nicht so sehr die Eigenheiten besonderer Materialien oder die Erfordernisse des Programmes sichtbar gemacht werden sollten, sondern die strukturelle Ordnung eines Gebäudes und ihre Beziehung zu den höheren Gesetzen architektonischer Ordnung. Schinkel war der Ansicht, daß die klaren statischen Beziehungen in der Architravarchitektur an sich ästhetisch leichter zu würdigen seien als die komplexe bauliche Statik des Backsteinbaus. Trotz Ablehnung durch den König und das Militär, kämpfte Schinkel, selbst als die Bauarbeiten bereits im Gange waren, noch heftig, aber erfolglos darum, diese bauliche Transparenz zu erreichen, die ebenso praktische wie ästhetische Vorteile hatte. Sie würde einen besseren Ausblick auf die Straße von innen her ermöglichen; ohne sie dagegen wäre die Säulenhalle »schwerfällig ... etwas unheimliches und ängstlich geschlossenes«.[13]

Während es Schinkel gelang, die militärische Wachsamkeit Preußens mit griechischer Würde darzustellen, indem er das Gebäude mit den anderen Bauwerken und Symbolen Unter den Linden verband, wurden seine Versuche zunichte gemacht, es mit einem Gesamtplan für das Berliner Zentrum zu verbinden. Der Plan, den er zur Neuordnung des

46 Schinkel, Neue Wache, Berlin, 1816–1818. Hauptfassaden, Erdgeschoßgrundriß und Ausschnitte.

47 (umseitig) Schinkel, Schauspielhaus, Berlin, 1818–1821. Gendarmenmarkt (heute Platz der Akademie) mit der Französischen Kirche, einer der beiden Kuppelkirchen auf dem Platz.

48 Carl Gotthard Langhans, Nationaltheater, Berlin, 1800. Zeichnung Schinkels.

städtischen Raumes 1817 ohne Auftrag gezeichnet hatte und in dem die Neue Wache einen Knotenpunkt bilden sollte, wurde von der Krone, deren Finanzen erschöpft waren, nie ernst genommen. Der Plan sah neue Krankenhäuser, Kaufhäuser, Märkte, Straßen und die für das preußische Verkehrsnetz so lebenswichtigen Kanäle vor. Schinkel konnte einzelne Teile davon verwirklichen, wie die schöne, wohlgeordnete Fassade der preußischen Handelskammer in der Wilhelmstraße (Abb. 164), die 1819 von der Privatwirtschaft gebaut wurde, um eine bessere Verbindung zwischen der Straße Unter den Linden und den Docks an der Spree nach Norden hin herzustellen. Der Gesamtplan fand jedoch nie die Unterstützung des Königshauses.[14] An seinen Zielen hielt Schinkel weiterhin fest, doch sollten sie nur fragmentarisch verwirklicht werden, indem er jedes neue Projekt als Bindeglied von neuen visuellen Mustern und Verkehrssystemen betrachtete, wodurch er das Stadtbild Berlins subtil und allmählich veränderte.

Schinkel dürfte von keiner geringen Schadenfreude erfüllt gewesen sein, als in der Nacht des 29. Juli 1817 Langhans' Königliches Theater am Gendarmenmarkt ein Raub der Flammen wurde (Abb. 48). Das zurückhaltende Gebäude mit seinem großen hölzernen Walmdach war erst 15 Jahre zuvor gebaut und in Berlin niemals besonders bewundert worden. Schinkel dürfte es schon seit langem bedauert haben, daß Langhans' Entwurf mit seiner zaghaften klassischen Ordnung und seiner Rücksicht auf die strengen geometrischen Formen und die beherrschende Präsenz der Kirchen mit ihren beiden Kuppeln, die den Platz flankierten (Abb. 47), dem Entwurf Friedrich Gillys mit seiner kraftvollen Geometrie vorgezogen worden war. Das Theater wurde als »Sargdeckel« verspottet, obwohl es unter der Leitung Ifflands und seines Nachfolgers Graf Brühl zum Brennpunkt des kulturellen und gesellschaftlichen Lebens in der Hauptstadt geworden war. Iffland und Schinkel hatten sich nie persönlich kennengelernt. Der Theaterdirektor hatte alle Angebote des Architekten zurückgewiesen, Bühnenbilder lediglich zu Materialkosten anzufertigen. Iffland wußte genau, daß Schinkel erpicht war, theoretische Bühnenentwürfe und praktische Bühnenarbeit zu erproben, die mit Ifflands eigenem volkstümlichen Stil eines realistischen Theaters nicht übereinstimmten. Brühl, der 1815 die Leitung übernommen hatte, hatte ein offenes Ohr für Schinkel und gab ihm zahlreiche Aufträge, womit ein Jahrzehnt des fieberhaften Entwerfens von Bühnenbildern begann, zunächst für Langhans' Gebäude und dann, nach 1821, für das neue Theater, das er selbst schuf.

Nur wenige Tage nach dem Brand bat Brühl den König um Erlaubnis – das Theater unterstand direkt der königlichen Verwaltung –, Entwürfe für seinen

Wiederaufbau einzuholen. Viele Architekten unterbreiteten ihre Pläne, einschließlich Langhans' Sohn Karl Ferdinand, der bereits als Experte für Theaterentwürfe und Akustik bekannt war.[15] Aber alle wurden rasch zu Schinkels Gunsten abgewiesen, dessen Entwurf am 28. April 1818 dem König zur Genehmigung vorgelegt und zwei Tage später angenommen wurde. Angesichts der beschränkten finanziellen Mittel des Staates befolgte Schinkel genau Brühls Empfehlungen. Er benutzte die alten Fundamente, wobei er den ursprünglichen Grundriß des Theaters an der Westseite des Gendarmenmarktes mehr oder weniger beibehielt. Und er erklärte sich bereit, auch die nicht zerstörten ionischen Säulen, die einzigen steinernen Elemente des ursprünglichen Baus, in seinen neuen Entwurf zu übernehmen. Doch obwohl bestimmte Teile wiederverwendet wurden, war das Bauprogramm für das Theater im wesentlichen neu, denn auf Wunsch des Königs sollte das neue Gebäude einen Konzertsaal und Probenräume sowie Werkstätten und Lagerräume für die Bühnenausstattungen beherbergen. Außerdem sollte die Theaterbühne ungefähr zehn Meter tief sein, eine Ausdehnung, die Schinkels Hoffnungen zunichte machte, den Bühnenraum nach seinen eigenen früheren Vorschlägen und jenen der Weimarer Bühnenschriftsteller, vor allem Ludwig Tiecks, neu zu gestalten. Das neue Gebäude sollte den populären, traditionellen illusionistischen Stil der von Iffland bevorzugten Barockbühne berücksichtigen, wenn auch in geringerem Maße als die alte Bühne.

Trotz dieser Zwänge lag Schinkels Hauptinteresse in der allgemeinen Form des neuen Gebäudes, und er änderte das Äußere und die städtebauliche Rolle des Theaters grundlegend. An Stelle von Langhans' Bauwerk im eher seriösen palladianischen Stil wurde das Schauspielhaus als monumentales freistehendes öffentliches Theater in einem entsprechend zurückhaltenden städtischen antiken Gewand neu gestaltet. Es trat zudem in einen Dialog mit den benachbarten Gebäuden, den Zwillingstürmen des Französischen und des Deutschen Doms, um ein dramatischeres städtisches Ensemble und einen attraktiven Hintergrund für die Rituale des Stadtlebens zu schaffen, das sich auf dem neuen Platz entfalten sollte. Obwohl es zwischen Schinkel und Brühl später zu Streitigkeiten über den Bühnenentwurf und die Innenausstattung kam, arbeiteten sie von 1818 bis 1819 eng zusammen. Schinkels Entwurf entsprach genau der Absicht Brühls, die Bedeutung und Seriösität des Schauspielhauses stärker hervorzuheben, indem man sich auf Stücke vor allem von Goethe, Schiller und Tieck konzentrierte. Opern und Singspiele sollten von nun an nur noch in Knobelsdorffs Opernhaus Unter den Linden und Komödien auf anderen Bühnen, die ebenfalls der Verwaltung Brühls unterstanden, aufgeführt werden. Dadurch wurde eine Hierarchie der Schauspielkunst vorgegeben, die für den Rest des Jahrhunderts das Berliner Theaterleben beherrschte. Das neue Theater sollte dem Ethos der Bühnenkunst als Nährboden für eine erneuerte einheimische Kultur dienen.

Trotz schwieriger programmatischer Anforderungen und finanzieller Beschränkungen war Schinkel entschlossen, dem Gebäude eine harmonische und einfache bauliche Gestalt in Form eines Musentempels zu geben. Dieser stand unter der Ägide Apollos, dessen zweirädriger Streitwagen den oberen der beiden Giebel krönt und so Zuschauerraum und Bühnenhäuser in der Mitte der pyramidenartigen Komposition gegeneinander abgrenzt. In den symmetrischen niedrigeren Flügeln – wegen des besseren Brandschutzes in Wirklichkeit eigenständige Gebäude – befanden sich links ein Konzertsaal und Empfangsräume und rechts Werkstätten, Probenräume sowie die Heizungsanlage und Versorgungseinrichtungen des Theaters.[16] Während bei Langhans' Gebäude der Eingang auf der kurzen Südseite lag und der übergiebelte Portikus am Gendarmenmarkt nur eine Verzierung war, drehte Schinkel das ganze Theater um neunzig Grad, so daß man es vom Platz selbst aus betreten konnte. Der ionische Portikus betonte den Eingang und lag nun erhöht auf einem hohen Podium am oberen Ende einer steilen, breiten Treppe, die auf den Platz führt, so wie der Portikus eines römischen Tempels in den Bereich des Forums. Das wuchtige, mit Bossenwerk verzierte Podium, auf dem das Gebäude sitzt, hatte seine funktionelle Berechtigung als Ort, an dem Bühnenbilder entstehen und untergebracht sind. Doch Schinkel war der Meinung, daß es auch von ästhetischem Nutzen war, indem es nämlich das neue Gebäude über das »gewöhnliche Niveau der Stadtarchitektur« erhob, also über das alltägliche Leben auf der Straße und über die Wohnhausarchitektur des Viertels.[17]

Der großartige Portikus schuf einen strafferen und dramatischeren Dialog mit dem Portikus der benachbarten Kirchen. Er erhöhte das Hauptgeschoß des Theaters und schuf einen zweigeschossigen Eingang – eine Kutschenzufahrt zu ebener Erde im gewölbten Unterbau der großen Treppe und einen direkten Eingang für die Fußgänger am oberen Ende der breiten Treppe (Abb. 50). Gleichzeitig wurde das »Schauspiel« eines Theaterbesuchs vom Vestibül direkt auf den öffentlichen Platz verlagert. Da der Platz vor dem Gebäude nicht sehr groß war, mußte Schinkels Treppe notgedrungen ziemlich steil ausfallen. Aber er glich diesen Nachteil aus, indem er eine breite Treppenflucht anlegte, auf der sich auch heute noch die Theaterbesucher wenige Minuten vor dem letzten Aufruf verteilen. Vom Treppenabsatz unter dem Portikus blickt der Theaterbesucher auf den Platz und die Silhouette der Stadt, ein Blick, der durch die Steilheit der Treppe dramatisiert wird, denn da die Treppe selbst vom

Absatz aus nicht zu sehen ist, hat man das Gefühl, die Stadt von einer künstlichen Klippe aus zu überblicken. Ähnlich wie in Gillys Entwürfen für sein Denkmal Friedrichs des Großen auf dem öffentlichen Platz am Potsdamer Tor (Abb. 1) befindet sich der Theaterbesucher hier an einem Aussichtspunkt, von dem aus er einen vorzüglichen Blick auf die Stadt, auf das Schauspiel der unten ankommenden Wagen und auf die über den Gendarmenmarkt schreitenden Menschen hat.

49 Schinkel, Schauspielhaus, Berlin 1818–1821. Stich der Grundrisse von Erdgeschoß, Hauptgeschoß und Obergeschoß.

Der Zuschauerraum war so angelegt, daß er sowohl die Öffentlichkeit als auch die Bühne dramatisierte und dadurch jenes Bewußtsein hervorrief, das Fichte, Humboldt und Solger als das Wesen der ästhetischen Erfahrung betrachtet hatten (Abb. 52–53). Obwohl es Schinkel nicht gelang, die flache Bühne zu bauen, die er für erforderlich hielt, um eine größere schauspielerische Wirkung der Silhouetten der Akteure vor einem starren Hintergrund zu erzielen, konnte er einen Zuschauerraum bauen, der von der halbrunden Anordnung des griechischen Amphitheaters inspiriert war, einer Form, bei der man von sehr vielen Sitzplätzen aus eine gute Sicht auf die Bühne hatte und bei der jeder Zuschauer, in Schinkels Worten, »die Stimme des Schauspielers überall gut verstehen und von seiner Mimik nichts verlieren« konnte[18]. Es bildete sich ein Gefühl der Vertrautheit, da die Zuschauer sowohl optimal sehen als auch gesehen werden konnten. Zwar behielt Schinkel die in herkömmlichen Hoftheatern hinter jedem Rang übliche Logenreihe bei, doch errichtete er vor jeder einen Balkon, der auf unvorstellbar dünnen schmiedeeisernen Säulchen ruhte. Diese hybride Form spiegelte etwas von der preußischen Gesellschaft wider, die von der Förmlichkeit des Landadels und der Sehnsucht nach einer engagierteren demokratisch-bürgerlichen Kultur gekennzeichnet war. Schinkel erkannte, daß der Wunsch, gesehen zu werden, ebenso wichtig war wie das Schauspiel. Sein Zuschauerraum schuf die Illusion eines antiken Freilufttheaters unter einem großen »Stoffvelarium«, das Wilhelm Wach an die Decke gemalt hatte und auf dessen tortenförmigen Abschnitten, Schinkels Anweisungen folgend, die neun Musen dargestellt sind. Das Trompe-l'œil-Gemälde eines strahlend blauen Himmels verstärkte die Illusion ebenso wie den Bezug zur Mittelmeertradition.

Die wirkungsvollste Manipulation der Beziehung zwischen der wirklichen und der künstlerischen Erfahrung entfaltete sich bei Einbruch der Nacht. Aus Enttäuschung über seine fehlgeschlagenen Bemühungen, die Bühne an sich umgestalten zu können, hatte Schinkel eine Bühne geschaffen, die entweder als tiefe Bühne mit progressiven Bildern oder als flache Bühne mit einem einzigen Hintergrund benutzt werden konnte, eine Veränderung, die durch einen mechanischen Schnürbodenturm und eine wogende Vorbühne ermöglicht wurde und die von Ludwig Tiecks jüngsten Untersuchungen über das Shakespearesche Theater inspiriert war. Schinkel war Goethes Ansicht durchaus bekannt, daß sich die Schauspieler gegen einen Hintergrund abheben sollten und die Handlung auf einen schmalen Streifen beschränkt bleiben sollte. Im Sommer 1820 verbrachten er und seine Freunde, die Bildhauer C. D. Rauch und Friedrich Tieck, der am Schauspielhaus vielfältig mitarbeiten sollte, einen Nachmittag mit Goethe in Jena. Goethe war, nach Rauchs Worten, von Schinkels Sicht des neuen Berliner Theaters begeistert und bat den Architekten, für ihn den Grundriß zu zeichnen. Obwohl Goethe schließlich an der Eröffnung des Schauspielhauses im folgenden Frühjahr nicht teilnehmen konnte, schrieb er den Prolog für diesen Anlaß, und er, der Architekt und der Bildhauer müssen über dieses Ereignis gesprochen haben. Denn Goethe schrieb später so lebendig und treffend darüber, daß einige Historiker annahmen, er sei bei der Eröffnung dabeigewesen. Er beschrieb, wie sich der Vorhang hob und den Zuschauern, in einem monumentalen Gemälde von Gropius, die Sicht freigab auf eine realistische Darstellung des Gebäudes, in dem sie saßen. Dieses Ereignis, das auf einer der ungewöhnlichsten perspektivischen Ansichten in der »Sammlung Architektonischer Entwürfe« (Abb. 53) festgehalten ist, erfüllte Schinkels Traum, seine Architektur als Rahmen für die Veränderung der Beziehung der Berliner zu ihrer eigenen täglichen Umgebung zu verwenden. Auf dem Eisernen Vorhang malte er aus erhöhter Perspektive eine Ansicht des gerade fertiggestellten Gebäudes, dessen Lage im größeren Zusammenhang von Platz und Stadt deutlich zu sehen war. Es war sicherlich kein Zufall, daß der Standpunkt eine idealisierte Version jenes Blickwinkels war, wie er sich aus den Gemächern in den oberen Geschossen des Königlichen Schlosses bot.

Auf diesem Bild kann man genau die Gestaltung der von Schinkel neugebauten Bühne erkennen: In der Mitte des tiefen Proszeniums hängt sie in den Zuschauerraum über; sie bildet eine Plattform für die Handlung und ist von korinthischen Kolonnaden gerahmt; und hinten auf der Plattform wird sie von einer niedrigen Brüstung begrenzt, die den nahtlosen Übergang des perspektivischen Raumes in einen Vordergrund und einen Hintergrund unterbricht und dadurch ein stärkeres Gefühl der Nähe für die Gegenstände im Hintergrund entstehen läßt, die den Ort der Handlung eher symbolisieren als darstellen sollen. Durch diese unterbrochene Perspektive erschienen die Gestalten auf der Bühne unverhältnismäßig groß gegen einen fernen, aber detaillierten Hintergrund, der an die atmosphärische Perspektive keine Zugeständnisse macht.

Am Eröffnungsabend, dem 26. Mai 1821, wurde eine neue Inszenierung von Goethes »Iphigenie auf Tauris« gegeben, die von seinem neuen Prolog eingeleitet wurde. Vor der Stadt als Hintergrund erschien eine einzelne Muse und begann ihren Monolog: »Der ganze Hofstaat muß versammelt sein.« Es war eine Einladung zur Reflexion, die Goethes Schauspiel und Schinkels verändertes Stadtbild deutlich in den Bereich des Fichteschen Bewußtseins und der Rolle der Kunst als Provokation brachte. Fast wie bei Ludwig Tiecks Vorstellung von der »romantischen Ironie«, bricht Goethes Muse die Illusion der Bühne, indem sie dem Publikum dankt. Das Ziel wurde mehrere Reime später unterstrichen, als die Muse erklärte: »Denn das ist der Kunst Bestreben/Jeden aus sich selbst zu heben«.[19]

Schinkel wandte sich eben diesen Fragen auch in der abstrahierten klassischen Syntax zu, die er für das Äußere des Gebäudes wählte. In einem in der »Sammlung Architektonischer Entwürfe« abgedruckten Seitenaufriß gestikulieren im Vordergrund zwei kleine Gestalten und zeigen auf das Gebäude (Abb. 51). Zwar sind sie realistisch gezeichnet, doch wirken sie im Verhältnis zur Größe des Gebäudes unverhältnismäßig klein, als ob in dieser Darstellung – anders als auf der Bühne – der Bau plastisch hervortreten soll. Drei Türen im Rustikageschoß führen in den Konzertsaal, was bereits angedeutet wird durch die Skulpturen im Giebelfeld, die, wie das gesamte Bildprogramm im Konzertsaal, dem mythologischen Bildprogramm entnommen sind: Eurydikes Befreiung aus der Unterwelt durch Orpheus' Gesang. Die tektonische Ordnung soll ebenfalls die Bedeutung des Gebäudes widerspiegeln, denn Schinkel glaubte, daß öffentliche Bauwerke, über die banalen Funktionen von Konstruktion und Programm hinaus, auch die höheren Funktionen der tektonischen Ordnung und des institutionellen Zwecks zum Ausdruck bringen sollten. Deshalb erfand er ein System, das er sowohl in seinen Bauten als auch in den Vorlagen seines geplanten architektonischen Lehrbuches weiterentwickeln wollte;[20] es geht davon aus, daß das Wesentliche der griechischen Säulenordnung in einer Reihe harmonischer und baulicher Beziehungen zu finden sei und nicht in der detailgenauen Nachbildung des Gesimses und der Schmuckformen griechischer Bauwerke. In Abkehr von den festen geometrischen Kompositionen des frühen deutschen Klassizismus und selbst von denen seines Lehrers Gilly entwickelte Schinkel ein Netzwerk aus vertikalen Lisenen und horizontalen Gebälken, das den Gebäudekomplex vereinheitlichte. Dieser Raster löste mit seinen ununterbrochenen Fensterreihen die Wand in eine Projektionsebene auf, die die strukturelle Reinheit der Säulenordnung zeigte. Obwohl der abstrahierte Klassizismus Schinkels auf einem wenig bekannten antiken Vorbild beruhte, dem im dritten Band von Stuarts und Revetts »Antiquities of Athens« abgebildeten choragischen Monument des Thryssalos in Athen, ist er für ihn keine archäologische Disziplin, sondern vielmehr die Suche nach einem grundlegenden sichtbaren Ordnungssystem. Das System

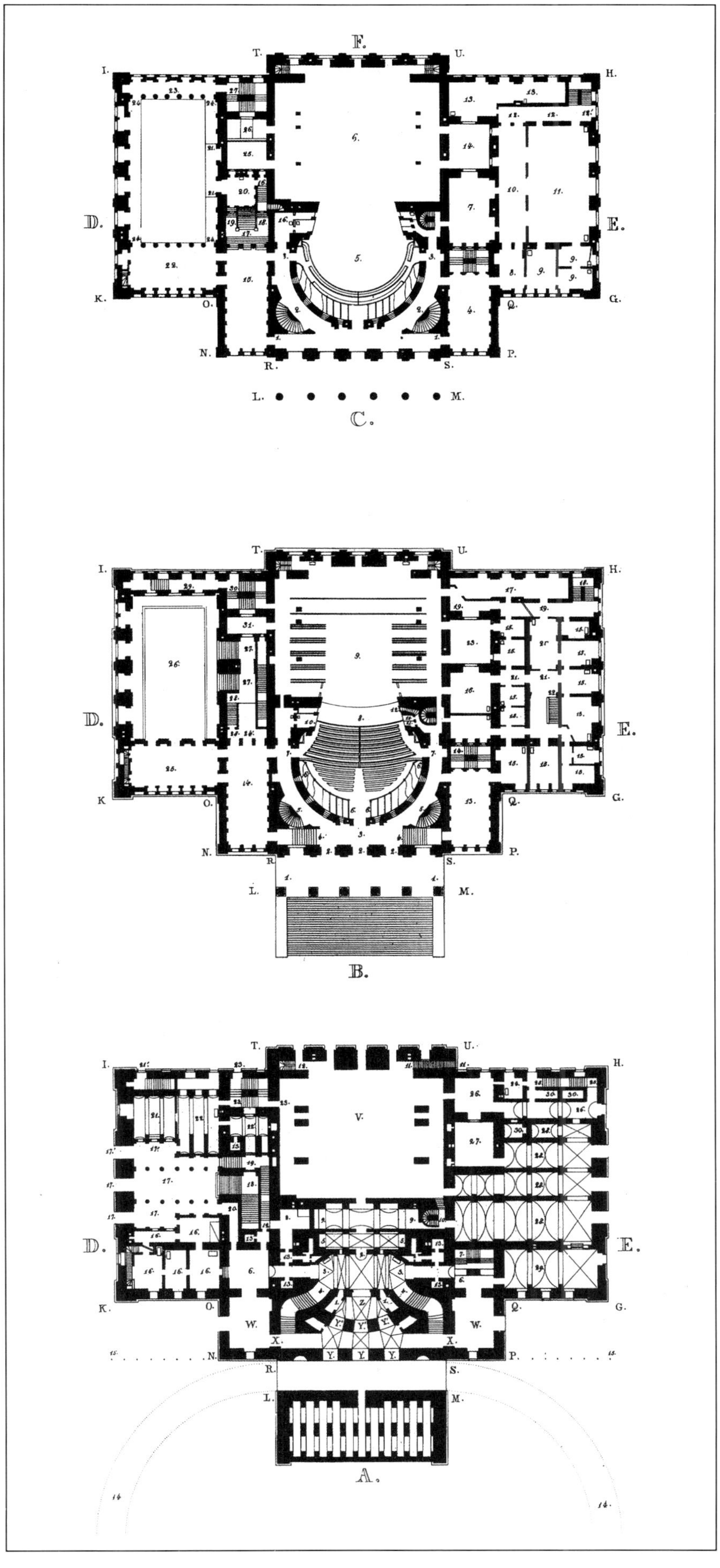

50 Schinkel, Schauspielhaus, Berlin, 1818–1821. Perspektivischer Stich.

51 Schinkel, Schauspielhaus, Berlin 1818–1821. Perspektivischer Stich des Seitenaufrisses, von der Behrendstraße aus gesehen, mit dem Eingang in den Konzertsaal.

52 *Schinkel, Schauspielhaus, Berlin, 1818–1821. Stich des Zuschauerraums, von der Bühne aus gesehen.*

53 *Schinkel, Schauspielhaus, Berlin, 1818–1821. Blick vom Zuschauerraum auf Bühne und Premierenvorhang (mit einer Ansicht des neuen Theaters in seiner städtischen Umgebung aus der Vogelperspektive).*

verknüpft die beiden unterschiedlichen Maßstäbe des Gebäudes miteinander, den kolossalen Maßstab seiner größeren Mauermassen und den kleineren Maßstab der wie in einen Rahmen gesetzten einzelnen Geschosse. Ohne die einzelnen Funktionen des Gebäudes erkennbar zu machen, bringt das System seine elementare Ordnung zum Ausdruck und schafft ein vollständig harmonisches Bild des Theaters, das seine höhere Bedeutung dem Verstand direkter näherbringen kann, in Schinkels Worten: »Hierbei ist zu bemerken, daß die Schönheit eines Gebäudes nicht in dem angebrachten Schmuck zunächst bestehe, sondern vorzüglich aus der Wahl der Verhältnisse erwachse, die aber ihren ersten Grund in der Verteilung und Anordnung des Planes haben, aus dem die Verhältnisse der Profile und Fassaden erst bestimmt werden können. Der Plan daher muß schon ein regelmäßiges ästhetisch geordnetes Ganzes sein, unerläßlich ist es aber auch, daß der Charakter des Gebäudes sich von außen vollkommen ausspreche und das Theater durchaus nur für ein Theater gehalten werden kann.«[21]

Fast alle Entwürfe Schinkels aus den 1820er Jahren befaßten sich mit der Idee einer klaren tektonischen und visuellen Ordnung der Architektur, obwohl die Lösungen so unterschiedlich waren wie die Bauaufgaben – von kleinen öffentlichen Gebäuden, wie dem nicht verwirklichten Konzertsaal der Singakademie, bis zu Landhäusern für die königliche Familie sowie die führenden Mitglieder der Reformregierung und seinem nächsten großen Bauwerk in Berlin, dem Alten Museum. Von all diesen Entwürfen stellte keiner eine direktere formale und thematische Verbindung zwischen dem Schauspielhaus und dem Alten Museum her als Schloß Tegel, der Landsitz, den er für Wilhelm von Humboldt entwarf (1820–1824).

Nach dem Inkrafttreten der repressiven Karlsbader Beschlüsse von 1819 mußten Humboldt und seine liberalen Kollegen von ihren Regierungsämtern zurücktreten. Durch die Beschlüsse wurde die Autorität der Krone wieder gestärkt und jedwede Hoffnung auf die Einführung repräsentativer Institutionen in Preußen zunichte gemacht. Während Kanzler Hardenberg zahlreiche Konzessionen machte, entschlossen sich die meisten Reformpolitiker in der Regierung, darunter auch Humboldt, zum Rücktritt. Humboldt blieb loyal und ein aufrichtiger Patriot, doch zog er sich vom öffentlichen Leben zurück, um sich der Forschung und dem Schreiben zu widmen. Er bezog eine Wohnung an der Ecke Behrend-/Charlottenstraße, von wo aus er einen hervorragenden Blick auf das im Bau befindliche Schauspielhaus hatte. Sein Leben konzentrierte sich jedoch zunehmend auf den kleinen Familiensitz im Dorf Tegel, westlich von Berlin, wo er einen Großteil seiner Kindheit verbracht hatte und wo er nun seine Familie wiedervereinen wollte, denn seine Frau Karoline und die Kinder waren während der Zeit seines diplomatischen Dienstes überwiegend in Italien geblieben (Abb. 54–56). In Tegel wandte er sich immer mehr historischen Studien zu, denn er war, wie er 1823 schrieb, überzeugt, daß »die Erweiterung unseres Daseins und unseres Wissens historisch nur möglich ist durch die Betrachtung des früheren Daseins«. Für ihn waren die Betrachtung der Menschheit und die Betrachtung der Natur die beiden Pole, durch die sowohl der einzelne als auch die Nation ein höheres Verständnis von sich selbst und von der Welt entwickelen könnten.

In der idyllischen Landschaft am Ufer des Tegeler Sees wollte Humboldt, gemeinsam mit seinen Künstlerfreunden, einen Ort für seine Kunstsammlungen und einen Landsitz bauen, wo er in ständigem Kontakt mit dem Land bleiben und wohin er sich auf der Suche nach der Synthese der Naturschönheiten und der Kunst zurückziehen könnte. Die Landschaft selbst schien ihm mit dem Gegensatz von hohen Kiefern und Weingärten den deutschen Norden und den mediterranen Süden zu vereinen, die für ihn universelle und individuelle Idealkräfte von Kultur darstellten.[22]

Sechs Jahre zuvor, im Sommer 1820, lud Humboldt, nachdem er über eine Rückkehr in sein geliebtes Rom nachgedacht hatte, Schinkel und C. D. Rauch zu sich nach Tegel ein und bat sie um ihre Vorstellungen, wie man das Haus renovieren und vergrößern könnte. Rauch schlug Humboldt vor, die prächtige Parkanlage und seine Sammlung antiker Kunst, zu der etwa hundert echte und in Gips nachgegossene Skulpturen gehörten, die er in Rom zusammengetragen hatte, an bestimmten Tagen für die Allgemeinheit zu öffnen. Das Haus war schon seit langem als malerisches Element in der Landschaft bewundert worden, und Humboldt wollte, daß zwischen dem neuen Landhaus und seiner natürlichen Umgebung eine größere architektonische Harmonie geschaffen und es zu einem Ort der ästhetischen Betrachtung der Natur und der Kunst werden sollte. So schrieb er seiner Frau aus London nach seiner ersten Begegnung mit den dorthin verbrachten Parthenon-Giebelfiguren (Elgin Marbles): »Daher hat man auch sehr unrecht, wenn man sagt, daß die Kunst von der Nachahmung der Natur ausgeht, man könnte richtiger sagen, daß sie von der Mathematik, als der Urharmonie der Gestalten, ausginge. Der Künstlersinn muß von diesem reinen Sinn für Gestalt und Eurhythmie anfangen, sich durch die Natur bis zu dieser durcharbeiten... In den griechischen Bildwerken ist dieser Sinn äußerst sichtbar.«[23]

In diesem Sinne machte sich Schinkel daran, ein Gebäude zu entwerfen, dessen Form zwischen der Natur und der Sammlung griechischer Skulpturen im Inneren vermittelte. »Schinkel hat einen Plan und eine Zeichnung gemacht, der wirklich an Ingeniosität alles übertrifft, was man hätte erwarten können«, schrieb Humboldt an Caroline am 14. Juli

1820 über die Entwürfe für das Landhaus in Tegel. »Er hat eine Manier erfunden, in der das ganze noch gute Vordergebäude des Hauses stehen bleibt, die Seite, die jetzt den Flügel macht, etwas kürzer wird, und zwei neue Seiten hinzukommen, so daß das Ganze ein massives Karree wird mit vier kleinen Türmen und einer höheren Gloriette in der Mitte, nach Art der römischen Loggien.« Die kennzeichnenden Merkmale der Eingangsfassade aus dem 16. Jahrhundert, vor allem die Runderker, wurden beibehalten. Aber in der neuen Umgebung waren sie so grundlegend verändert, daß sie nun wie eine Anspielung auf die deutsche Tradition im Zusammenhang mit einer im wesentlichen italienischen Villa wirkten. Der Geist des Plinius, des Politikers und Gelehrten aus dem 2. Jahrhundert, der in berühmten Briefen seine eigenen Landsitze beschrieben hat, regierte in diesem Lehrstück. Schinkels Hauptbemühen war es, die Vorlage des Plinius zu modernisieren. Das architektonische Vorbild fand Wilhelm von Humboldts volle Zustimmung, der sich selbst durchaus als eine Art modernen Plinius gesehen haben mag, der sich von seinen Regierungsaufgaben zurückgezogen hat, um sich dem höheren Studium der Kunst, der Natur und der Menschheit zu widmen.

Nach seiner Umgestaltung verbindet Tegel die alte römische Villa, die deutsche Burg mit ihren Wehrtürmen und einen an Humboldts sprachtheoretische Vorstellungen erinnernden architektonischen Grundwortschatz. Die Eingangsfassade des ursprünglichen Gebäudes, mit ihrem schrägen Dach und den Fenstern ihrer Eckerker, ist von zwei Türmen eingerahmt, von denen einer die renovierte Fassung eines bereits vorhandenen hohen viereckigen Turmes ist. Die Aufrisse der Schmalseiten und die Gartenfassade, die auf diesem dicht bewaldeten Grundstück niemals gleichzeitig mit der »einheimischen« Eingangsfront gesehen werden konnten, wurden in eine rasterartige Pilasterordnung aufgelöst, die vom tektonischen System des Schauspielhauses abgeleitet war. Im ursprünglichen Gebäude befanden sich die meisten Wirtschaftsräume des Hauses. Die Empfangsräume der Familie, die gleichzeitig als Galerie für die antiken Skulpturen und als Humboldts Arbeitszimmer benutzt wurden, lagen alle im neuen Teil hinter der mit vielen Fenstern versehenen Gartenfassade. Mit ihren Skulpturennischen macht die Gartenfassade das Haus zu einem Heiligtum der schönen Künste und zeugt eher von der idealen Ordnung als von den im Inneren untergebrachten unterschiedlichen Räumlichkeiten und Funktionen.

Die Vignette, auf der Schinkel Tegel aus der Vogelperspektive darstellt, ist einzigartig unter den perspektivischen Ansichten in der »Sammlung Architektonischer Entwürfe« (Abb. 57). Mehr als die anderen Architekturbilder erinnert sie an seine Landschaftsgemälde dieser Jahre und zeigt, wie sehr das Gebäude selbst als ein Kunstwerk gedacht war, das in der Natur zu entdecken war. Aber Schinkel hat mehr als eine einfache visuelle Harmonie beabsichtigt, denn das Gebäude sollte auch Gedanken über die größere natürliche und historische Ordnung des Ortes wachrufen. Humboldt glaubte, daß der Ort jahrhundertelang bewohnt und einst ein Jagdhaus der preußischen Kurfürsten gewesen war. Er wollte etwas von der Geschichte des Gebäudes einfangen und gleichzeitig in dem Gebäude die Entwicklung des menschlichen Denkens über die Natur deutlich werden lassen, ein Anliegen, das er mit seinem Bruder Alexander teilte. Fasziniert von der griechischen Mythologie, mit der er ungewöhnlich gut vertraut war, schlug er vor, die vier Ecktürme mit Flachreliefs der Windgötter zu verzieren, ähnlich wie am Turm der Winde in Athen, den er aus den detaillierten Stichen im ersten Band von Stuarts und Revetts »Antiquities of Athens« kannte. Diese Reliefs wurden von Rauch ausgeführt. Für Humboldt verkörperten die griechischen Mythen die Kräfte der Natur, und die vier Ecktürme, die in die vier Himmelsrichtungen ausgerichtet waren, spiegelten diese Kräfte wider.

Obwohl Alexanders exotische Reisen zu einer weit komplexeren wissenschaftlichen Sicht der Naturgeschichte beitrugen, waren beide Brüder Humboldt überzeugt, daß das naturwissenschaftliche Verständnis die Kenntnis der Geschichte des Menschen niemals verdrängen werde. In seinem berühmtesten Werk, »Kosmos«, legte Alexander von Humboldt später dar, daß die Geschichte der Natur und die Geschichte der menschlichen Wahrnehmung und Würdigung der Natur untrennbar miteinander verbunden seien. Kunst und Wirklichkeit, so Wilhelm von Humboldt, seien im Kern nicht grundlegend gegensätzlich, wohl aber in der Erfahrung. »Die Wirklichkeit ist gewiß um nichts unedeler, als die Kunst... Aber die Wirklichkeit ist nicht das Gefäß, in welchem ihr Wesen uns überliefert werden kann; oder vielmehr ihr Wesen offenbart sich in ihr nur in seiner ursprünglichen Wahrheit, und ist in dieser unzugänglich für uns.« Die Kunst hingegen mache uns diese ursprüngliche Wahrheit zugänglich, »weil sie uns das Wesen der Natur nicht an sich, sondern auf eine unsern Organen faßliche, für sie harmonisch vorbereitete Weise darstellt.«[24]

Für Schinkel war die tektonische Ordnung die Möglichkeit, sichtbar zu machen, daß die Architektur die Fortsetzung der baulichen Tätigkeit der Natur durch den Menschen sei. Er war überzeugt, daß die Architektur die Natur zwar nicht nachahme, wie es bei Laugiers Mythos von der primitiven Hütte der Fall war, daß sich aber durch die grundlegenden Gesetze der Tektonik eine bauliche Syntax entwickelt habe, die die höhere Wahrheit der Natur sichtbar mache. Historisch habe diese in der griechischen Ordnung ein Moment der unübertroffenen Vollkommenheit erreicht. In diesen Jahren begann

54 Schinkel, Schloß Tegel, 1820–1824. Eingangsfassade mit Teilen des früheren Gebäudes.

55 Schinkel, Schloß Tegel, 1820–1824. Gartenfassade.

56 Schinkel, Schloß Tegel, 1820–1824. Gartenseite.

57 *Schinkel, Schloß Tegel, 1820–1824. Perspektivische Ansicht und Grundrisse.*

58 *Schinkel, Schloß Tegel, 1820–1824. Stich des Vestibüls.*

er, die Elemente des architektonischen Wortschatzes zu erforschen, die er in historischen und taxonomischen Sequenzen für ein späteres Lehrbuch darstellte, auf der Suche nach einer universellen Sprache der Architektur, so wie Humboldt versucht hatte, in den vielen Sprachen der Welt universelle Elemente zu finden. Diese sprachtheoretischen und künstlerischen Ziele wurden in Tegel gleichermaßen verfolgt.[25]

Das Landhaus ist um ein streng klassisches Vestibül angeordnet, das das Gebäude entlang der kurzen Achse halbiert. Vom Eingang aus hat man einen Blick über die Wiese, die sich hinter dem Haus bis zu dem dicht bewaldeten Ufer des Sees in der Ferne erstreckt. Zwei basislose dorische Säulen deuten ein antikes Atrium an, dessen Ordnung von den geometrischen Mustern auf dem Fußboden und an der Decke verstärkt wird (Abb. 58). Diese Säulen stehen auf einer Linie mit der von Fenstern durchbrochenen Gartenfassade, wodurch die geometrische Kontinuität des zugrundeliegenden Rasters sofort deutlich wird, dasselbe Thema, das Schinkel zuvor im Portikus der Neuen Wache entwickelt hatte. Das Vestibül war gleichzeitig der Mittelpunkt des Wohnbereichs – Schinkel hatte Korridore eingeplant, die die beiden Haushälften über den Keller verbanden, so daß das Dienstpersonal niemals das Vestibül durchqueren mußte – und der Zugang zur Antikensammlung, dem Herzstück des Bauwerks.

Die noch immer fast in ihrer ursprünglichen Anordnung zu besichtigende Sammlung ist über mehrere aufeinanderfolgende Räume hinter der Gartenfassade verteilt. Von diesen Räumen aus hat man einen Blick auf Park, Bäume und Weingärten; sie sind in helles Licht getaucht, um die Silhouetten der großen Statuen und Figuren hervorzuheben, denn Humboldt war der Meinung, daß der Gesamtumriß und die Harmonie der Konturen für den ästhetischen Genuß der Skulpturen besonders wichtig seien. Da die Räume zu klein waren, um darin alle Stücke in einem Kreis aufzustellen, entwarf Schinkel besondere Drehsockel, damit der Besucher die größeren Skulpturen drehen und sie so von allen Seiten jeweils in natürlichem Licht betrachten konnte. Diese Räume, die an mehreren Nachmittagen der Woche für die Allgemeinheit in Begleitung ausgewählter Führer geöffnet waren, bildeten auch den Schauplatz für einen gern besuchten Salon, mit Freunden wie etwa Schleiermacher, Savigny, Achim von Arnim und Clemens Brentano, ganz zu schweigen von Humboldts Bruder, der 1827 nach jahrelangen Reisen und einem Aufenthalt in Paris nach Berlin zurückgekehrt war. Die Wände waren bald mit Gemälden und kleinen Skulpturen von Künstlerfreunden gefüllt, darunter einige mythologische Szenen, auf denen einzelne Figuren die Züge von Humboldts Kindern aufwiesen. Und als Karoline von Humboldt 1829 starb, entwarf Schinkel im Park von Tegel ein Grab für sie (Abb. 59). Am Ende der Wiese hinter dem Haus wurde ein großes antikes Stibadium, eine halbkreisförmige Bank, aufgestellt, das einen geschützten Ort für die Familiengräber und gleichzeitig einen Sitzplatz darstellte, von dem aus man das Haus sehen konnte. Das vom Mammia-Grab an der Straße nach Pompeji abgeleitete Stibadium war ein Lieblingsmotiv von Schinkel, wann immer eine Aussicht, bei der Architektur und Natur zu höherer Wahrnehmung lenkten, Gelegenheit zu vertrauten Gesprächen mit Freunden bot.[26] Auf eine von Schinkel entworfene einzelne Säule stellte Rauch die Kopie der Statue der »Hoffnung«, die Karoline einige Jahre zuvor bei Bertel Thorvaldsen in Rom in Auftrag gegeben hatte.

Die Öffentlichkeit hatte ab der Fertigstellung Zutritt, doch sollte Tegel auch ein Ort der Versöhnung zwischen der Krone und Humboldt sein. Der König äußerte seinen Wunsch, das Landhaus zu besichtigen, nachdem andere Mitglieder der königlichen Familie, die zu jener Zeit mit Schinkel an der Umgestaltung einiger Landsitze in den Potsdamer Wäldern, südlich von Tegel, arbeiteten, es in den höchsten Tönen gelobt hatten. Kurz nach seinem Besuch am 3. November 1826 gab Friedrich Wilhelm III. Humboldt die Erlaubnis, im preußischen Landtag einen Platz unter den anderen Vertretern des Landadels einzunehmen. Humboldt schätzte diese Ehre, denn seine Auffassung war ja, daß durch die Struktur der traditionellen preußischen Ordnung die Bedingungen für eine höhere Form des bürgerlichen kulturellen und städtischen Lebens gefördert werden könnten. Aus persönlicher und aus politischer Sicht war Tegel ein Schritt zu diesem idealistischen Ziel. Drei Jahre später tauchte Humboldt aus seiner Zurückgezogenheit wieder auf und übernahm die Leitung der Kommission, die die Werke aus den königlichen Sammlungen für Schinkels gerade fertiggestelltes Neues (später Altes) Museum auswählen und aufstellen sollte. Die Grundlagen für das Ethos sowie für viele Aspekte des Aufbaus dieses Museums waren in Tegel gelegt worden.

Die Forderung nach einem öffentlichen Kunstmuseums in der preußischen Hauptstadt war seit Schinkels Jugend immer wieder erhoben worden. Der Plan für einen monumentalen Museumsbau und die Wahl eines herausragenden Standortes, gegenüber dem Königlichen Schloß im Herzen Berlins, entstand jedoch ganz plötzlich und soll, soweit bekannt ist, Schinkels eigene Initiative gewesen sein.[27] Als die Entwürfe im Spätherbst 1822 gezeichnet wurden, arbeitete Schinkel bereits seit zwei Jahren mit Alois Hirt, Professor an der Akademie der Schönen Künste, an Plänen für ein Kunstmuseum, das eine Erweiterung des Akademiegebäudes Unter den Linden sein sollte. Das Projekt, das Hirt seit 1798 unermüdlich verteidigt hatte,[28] war bereits in vielen Einzelheiten geplant und hatte schon die Zustimmung des Königs gefunden, als die

ANSICHT VON DER LAGE UND DER UMGEBUNG DES SCHLÖSSCHENS TEGEL.

Entworfen und gezeichnet von Schinkel.

gest. von Wittich.

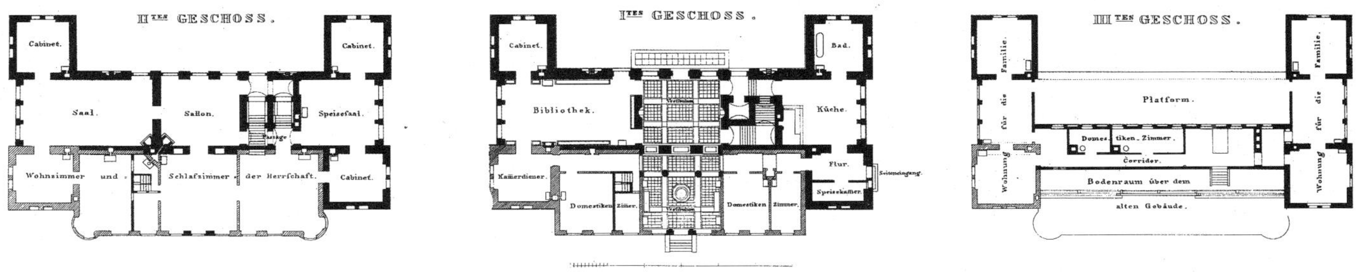

VESTIBULUM IM SCHLOESSCHEN TEGEL.

Ereignisse plötzlich eine unerwartete Wende nahmen. Während sich der König im Herbst 1822 in Begleitung Alexander von Humboldts mehrere Monate lang auf dem Kongreß von Verona aufhielt und die täglichen Staatsgeschäfte vom Kronprinzen, Schinkels Förderer und Schüler, der in der Angelegenheit durchaus eine Rolle gespielt haben könnte, wahrgenommen wurden, zeichnete Schinkel mehrere Entwürfe für ein völlig neues Museumsgebäude an einer Stelle, die er bis dahin noch nie in Erwägung gezogen hatte. Am 8. Januar 1823, nur vier Tage nach der Rückkehr des Königs, erhielt Schinkel eine königliche Audienz und legte detaillierte Pläne vor. Er führte an, daß der Bau eines Gebäudes an einer schwierigen Stelle über einem bestehenden Kanal nicht nur zahlreiche Vorteile für die Umgestaltung sowohl des Lustgartens als auch der Schiffahrts- und Zolleinrichtungen am Nordende der Insel mit sich bringen würde, sondern daß es letztendlich weniger kosten würde als die Renovierung und Erweiterung der Akademieräume. Der König ernannte eine neue Kommission unter der Leitung Karl von Augsteins, um den Vorschlag prüfen zu lassen, denn das Vorhaben war ein direkter Auftrag der Krone und nicht ein Projekt der Ministerien. Schinkel und Hirt wurden ebenfalls in den Ausschuß gerufen, der sich wegen der gegensätzlichen Ansichten über Wesen und Zweck eines Museums rasch in ein Forum heftiger Diskussionen verwandelte. Die aufkommenden Feindseligkeiten können nur im Lichte der früheren Zusammenarbeit Schinkels und Hirts verstanden werden.

59 Standort für Humboldts Familiengrab, Tegel, mit Schinkels Säule und Exedra und Thorvaldsens Statue »Hoffnung«.

Seit seinem ersten Vorschlag für ein neues Museum im Jahre 1797 hatte Hirt eine Reihe von Galerien im Auge, wo den Mitgliedern der Akademie und den Studenten die schönsten Modelle der stetig wachsenden königlichen Sammlungen methodisch vorgestellt werden sollten. Obwohl er vorschlug, die Galerien an bestimmten Tagen für die Allgemeinheit zu öffnen, war sein Hauptziel eine Art Lehrmuseum, das zur klassizistischen Reinheit des Geschmacks führen sollte, die er durch eine Erneuerung der zeitgenössischen Kunst zu erreichen hoffte. Dieses Vorhaben schien 1797 eine gewisse Dringlichkeit zu besitzen, denn Reisen nach Rom waren durch den Krieg mit Frankreich unmöglich geworden. Als Antwort auf Hirts Vorschlag hatten Gilly und seine Schüler Museen entworfen, eine der letzten Aufgaben, mit der sich die Gesellschaft junger Architekten vor Gillys Tod befaßt und die Schinkel in seiner Jugend zu einem Museumsentwurf veranlaßt hatte (Abb. 4). Das vieldiskutierte Projekt eines Museums, zu dem sich viele Berliner Künstler äußerten, gewann schließlich als direkte Folge der napoleonischen Besetzung Berlins die Unterstützung des Königs. Während der Friedensverhandlungen in Paris war Friedrich Wilhelm III. überwältigt von der großartigen Anlage des französischen Nationalmuseums im ehemaligen Louvre-

Schloß, vor allem von der sorgfältigen Einrichtung Vivant Delons, die als Kriegsbeute auch viele Stükke der preußisch-königlichen Sammlungen enthielt. Der Rückkehr des Königs nach Berlin folgte bald die triumphale Rückkehr der preußischen Sammlungen, die im Oktober 1815 vorübergehend im Zeughaus ausgestellt wurden. Mit den Eintrittsgebühren wurde ein Fonds für verwundete Soldaten eingerichtet. Über Nacht verwandelten sich diese Kunstwerke vom Eigentum der Krone in nationale Schätze. Wilhelm von Humboldt unterbreitete erneut einen erstmals 1809 gemachten Vorschlag, ein öffentliches Kunstmuseum unter der Schirmherrschaft der Universität Berlin zu errichten; er war davon überzeugt, daß die ästhetische Erfahrung für die Ziele der Bildung wesentlich sei. Am 18. November 1815 ordnete der König schließlich die Renovierung des Akademiegebäudes an, das einen Teil der Sammlungen aufnehmen sollte. Unter der Aufsicht des Hofarchitekten Friedrich Rabe wurde erst 1818 mit den Arbeiten begonnen, und auch dann schritten diese nur langsam voran, da die Mittel für öffentliche Aufgaben knapp waren und es bei der Verteilung der Funktionen der Akademie und des Marstalls, die bereits im Akademiegebäude Unter den Linden untergebracht waren, zu Schwierigkeiten kam. 1820 bat man Schinkel, die Arbeiten im Auftrag der Oberbaudeputation zu inspizieren. Er entdeckte Fehler in Rabes Schätzungen und Berechnungen und stellte fest, daß die Bauausführung schlecht war.[29] Die Arbeiten wurden unterbrochen, und Schinkel und Hirt wurden mit einem neuen Plan beauftragt. Im Frühjahr 1822 legte Schinkel seine Vorschläge für eine Erweiterung des Gebäudes vor; es sollte doppelt so groß werden und zwei Innenhöfe für die Akademie der Wissenschaften und die Akademie der Künste sowie für das Museum erhalten, jeweils mit einem eigenen Eingang. Die Kunstwerke sollten chronologisch angeordnet werden. Im Erdgeschoß wurden die Skulpturen und im Obergeschoß die Gemälde an eingehängten Wänden vorgesehen, um das reichlich einfließende Tageslicht in den über beide Geschosse reichen-den Galerien auszunutzen (Abb. 60). Die Gemäldesammlung war durch den Erwerb der Sammlungen Giustianis und Sollys beachtlich vergrößert worden. Dagegen waren Schinkels Bemühungen fehlgeschlagen, die berühmte Sammlung Boisserée mittelalterlicher Kunst als Ergänzung zu den Werken des Klassizismus und der Renaissance in der königlichen Sammlung zu erwerben.[30] Wegen ungelöster administrativer und finanzieller Probleme verzögerte sich der Beginn der Arbeiten bis zur Abreise des Königs nach Verona. Zuvor war Schinkels Plan unter der Bedingung genehmigt worden, daß sein Budget um ein Achtel gekürzt würde.

Angesichts der spärlichen finanziellen Mittel ist es überraschend, daß Schinkel ein neues Gebäude an einem anderen Standort als Alternative zur Renovierung vorschlug. Aber er glaubte, seine Vorstellung von einem monumentalen freistehenden öffentlichen Museum verwirklichen zu können, indem er Einsparungen und praktischen Nutzen als Argumente anführte. Ein neues Museum[31] vis-à-vis dem Lustgarten verkörperte Schinkels Verpflichtung gegenüber einer monumentalen öffentlichen Architektur als Instrument Humboldtscher Bildung, doch noch mehr würde es dem städtebaulichen und wirtschaftlichen Wiederaufbau des historischen Zentrums von Berlin Vorschub leisten. Gebäudetyp und Standort müßten neu erfunden werden. Schinkels Geniestreich war die Idee, einen Kanal am Rande des Lustgartens, des Parks vor dem Schloß auf der Spreeinsel, auffüllen zu lassen und dadurch einen völlig neuen Standort für das Gebäude zu schaffen. Der in der Spätrenaissance als Ziergarten angelegte Lustgarten war im 18. Jahrhundert allmählich zu einem militärischen Exerzierplatz heruntergekommen. Als Schinkel seinen Entwurf für die Schloßbrücke anfertigte, die die Straße Unter den Linden mit der Insel verbinden sollte, hatte er bereits das größere Problem ins Auge gefaßt, wie nämlich der Schiffsverkehr im Zentrum Berlins anders geregelt werden könnte. An der Spree waren im Laufe der Jahrhunderte planlos Kanäle, Schleusen sowie Docks und Zolleinrichtungen entstanden, die zwischen den majestätischen Gebäuden der Stadt verstreut lagen. Durch die Neue Wache war einer dieser Kanalarme bereits in einen Tunnel verlegt worden, und Schinkel wollte diese Umleitungen fortführen; er wollte den Schiffsverkehr auf den Hauptarm des Flusses konzentrieren und den sogenannten Kupfergraben zwischen der Insel und der Straße Unter den Linden zu einem malerischen Wasserlauf machen.

Gleichzeitig gestaltete Schinkel auf der Ostseite des Lustgartens die Kathedrale aus der Mitte des 18. Jahrhunderts um, indem er dem Bau einen ionischen Portikus und drei Kuppeln hinzufügte. Diese Komposition war sorgfältig berechnet, so daß man den Dom genau dann erblickte, wenn man am Ende der Straße Unter den Linden um die Ecke des Zeughauses bog. Inmitten all dieser Umbauarbeiten schien der von hohen Pappeln gesäumte Lustgarten selbst für eine Neubepflanzung reif zu sein, und der König hatte Schinkel 1821 bereits um Vorschläge gebeten. Während sich der König in Italien aufhielt, wurde aus dem Plan, den Platz und den Blick von den Gemächern des Schlosses, das der Kronprinz zu seiner offiziellen Residenz gemacht hatte, schöner zu gestalten, der Vorschlag für ein neues öffentliches Kunstmuseum als Pendant zum Schloß selbst. »Die Schönheit der Gegend gewinnt durch diesen Bau ihre Vollendung, indem der schöne Platz des Lustgartens dadurch erst an seiner vierten Seite geschlossen wird«, erklärte Schinkel in seinem Memorandum.[32] Er gab genaue Vergleichszahlen an, zum Beweis, daß der Neubau bedeutend weniger kosten würde als der Abbruch und notwendige Wiederaufbau auf dem Grundstück der Akademie, wo darüber hinaus noch andere Funktionen berücksichtigt werden müßten. Indem Schinkel für sein Projekt durchwegs mit wirtschaftlichen und funktionellen Argumenten eintrat, förderte er sein Programm, das Zentrum Berlins als historische und kulturelle Landschaft, ohne Handel und Verkehr, zu entwickeln und seine Vorstellung von einem monumentalen neuen öffentlichen Museum, das einen gleichwertigen Platz neben dem Schloß, dem Dom und dem Zeughaus im Herzen der Hauptstadt einnehmen würde (Abb. 61–62).

60 Schinkel, Entwurf für die Unterbringung der königlichen Sammlungen in einem Flügel des Akademiegebäudes, 1822.

Noch bevor eine neue Auffassung vom öffentlichen Ausstellen der Kunst sichtbar werden konnte, ließ sich Schinkel bei seiner Suche nach einer angemessenen Form und Gestalt für das Gebäude von der Frage nach der gesellschaftlichen Rolle von Kunst leiten. So wie er Kunst- und Bauwerke als autonome Organismen verstand, »in sich selbst abgeschlossen und vollendet«, und als Produkte eines reichen Beziehungsgeflechts innerhalb ihres weiteren Umfelds, wurde das Museumsgebäude ein autonomer städtischer Baublock und ein Rahmenwerk für die Inszenierung von Ansichten und Gegensätzen der Berliner Umgebung. Schinkel entwarf einen großen Gebäudekomplex mit zwei Innenhöfen, der im wesentlichen dem Schloß und dem Zeughaus ähnelte, die im Süden und Westen angrenzten. Daher erschien das Gebäude, wenn man sich von der Straße Unter den Linden her näherte, wie ein freistehendes Bauwerk. Aber auf dem neuen Platz wirkte es wie eine große Mauer. Die dünnen Pappelreihen im Lustgarten wurden durch eine dichter belaubte »Wand aus Bäumen« ersetzt, die in Schinkels Worten »einen schönen Platz für die Ausstellung von Monumenten bildet«.[33] Die Fassade des Schlosses hatte Schinkel bereits als Achse für die Schloßbrücke vorgegeben, die in schiefem Winkel auf den Platz stieß. Die neuen Bäume, die den Park säumten, rahmten den Blick sowohl auf den Platz als auch vom Platz aus und lenkten ihn auf die zentralen Baumotive des Zeughauses, das von militärischen Trophäen und Statuen strotzte, des Portikus und der Kuppel des Domes.[34]

An der Nordseite des Platzes wich die Wand aus Bäumen der großen offenen Fläche mit riesigen ionischen Säulen, die die volle Höhe des zweigeschossigen Museums deutlich machten und in ihrer Offenheit und Einfachheit einen Gegensatz bildeten zu den geschlossenen und mit Skulpturen überhäuften Wänden der älteren Bauten.

Die große Stoa, die an den Enden von riesigen Pilastern begrenzt war und sich über einem durchgehenden sockelartigen Untergeschoß erhob, wurde in diesem Freiluftmuseum architektonischer Monumente wie ein Architekturbild präsentiert (Abb. 63).

Obwohl er aus dem vatikanischen Museo Pio-Clementino starke Eindrücke mitgenommen hatte und Humboldt sowie andere ihm von der wunderbaren Ausstattung Perciers und Fontaines im Louvre berichtet hatten,[35] sah Schinkel in keinem dieser umgewandelten Paläste ein Modell für das Äußere eines Museumsgebäudes. Die Museen, die Schinkel 1803 in Dresden und Wien besucht hatte, waren ebenfalls umgewandelte Schlösser, aber er wollte für die neue Institution eine neue Form finden, die klar sein sollte und in scharfem Gegensatz zum Schloß stehen würde, wo die Bilder bisher ausgestellt waren. Er mied nun das Abbild eines geschlossenen Heiligtums oder Tempels, das er in seiner Jugend in ersten Entwürfen für ein Museum an einem öffentlichen Platz in Erwägung gezogen hatte. Kurz zuvor war diese Form für einige der als Museum konzipierten Gebäude übernommen worden, zum Beispiel für Leo von Klenzes Glyptothek in München (1816–1830) und Robert Smirkes British Museum in London (1824–1847). Statt dessen wandte er sich einem bisher nicht beachteten Vorbild zu: der griechischen Stoa. Obwohl Schinkel nie eine Stoa gesehen hatte, kannte er die Funktion der Stoa Poikile in den griechischen Stadtstaaten, bei der die monumentale Ordnung der Akropolis auf die Agora, den öffentlichen Platz, übertragen war und dort für die Bürger ein großzügiger überdachter Weg angelegt war, auf dem man sich treffen konnte. Im Gegensatz zum Schloß und zur Kirche hatte die Stoa kein beherrschendes Zentrum und keine geschlossene Fassade. Ihre offene Kolonnade konnte man von jedem Punkt aus betreten, und ihre mit Wandmalereien verzierte Rückseite war überall auf der Agora sichtbar, so wie es auch auf diesem neuen öffentlichen Platz sein sollte. Hierzu meinte Schinkel: »Die Fronte gegen den Lustgarten hin hat eine so ausgezeichnete Lage, man könnte sagen die schönste in Berlin, daß dafür auch etwas ganz Besonderes getan werden müßte. Eine einfache Säulenhalle in einem großartigen Stil und mit dem bedeutenden Platze im Verhältnis stehend wird dem Gebäude am sichersten Charakter und schöne Wirkung geben. Die Halle kann mit der Zeit auf der hinteren Wand mit einer Reihe von Mauergemälden verziert werden, etwa mit einem Zyklus aus der Bildergeschichte des Menschengeschlechtes, welches eine Aufgabe wird, an der sich bedeutende Talente, die Seine Majestät für würdig dafür erachten, in ihrem ganzen Umfange zeigen könnten.«[36]

Schinkels moderne Stoa (Abb. 65–66) sollte den Höhepunkt bilden in der langen Reihe öffentlicher Statuen Unter den Linden, vom Park vor der Neuen Wache über die Schloßbrücke, von wo aus man das Museum erst erblickte, wenn man auf der Insel selbst ankam (Abb. 64). Angeregt von den Wandmalereien und den im Freien aufgestellten Skulpturen, könnten hier Gespräche der leichteren Art beginnen, die in so vielen Werken der romanti-

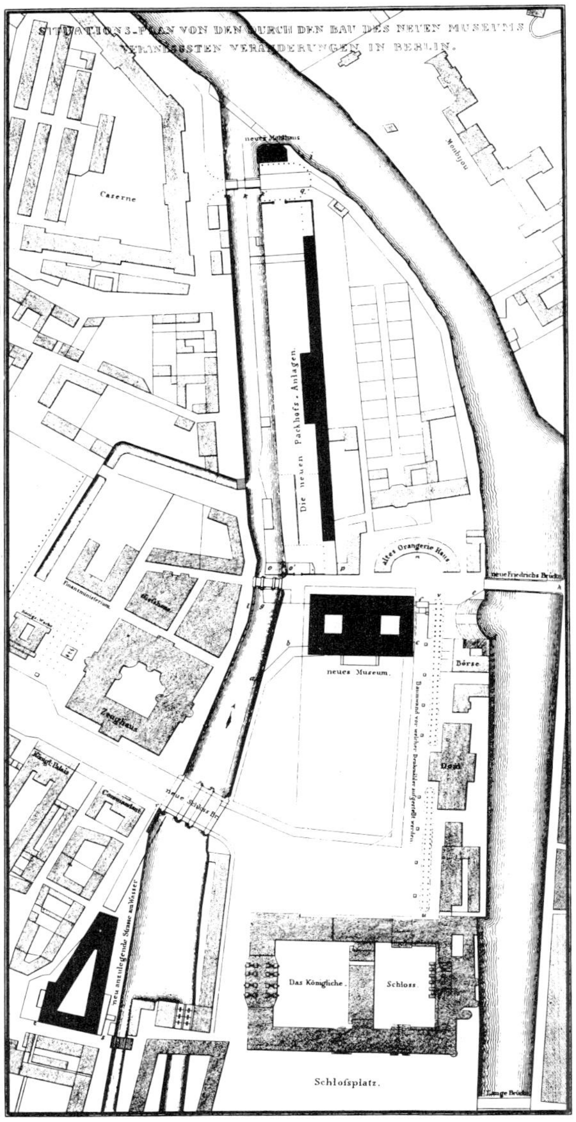

61 Schinkel, Altes Museum, Berlin, 1822–1830. Grundstücksplan.

62 (umseitig). Schinkel, Altes Museum, Berlin 1822–1830.

FRIDERICVS GVILELMVS III STVDIO ANTIQVITATIS OMNIG

E ET ARTIVM LIBERALIVM MVSEVM CONSTITVIT MDCCCXXVIII

63 Schinkel, Altes Museum, Berlin, 1822-1830. Perspektivische Ansicht mit renoviertem Dom und neu angelegtem Lustgarten, 1823.

64 Schinkel, Altes Museum, Berlin, 1822-1830. Perspektivische Ansicht. Blick auf das Museum von Unter den Linden und der Schloßbrücke aus gesehen, mit Dom und Schloß, 1823.

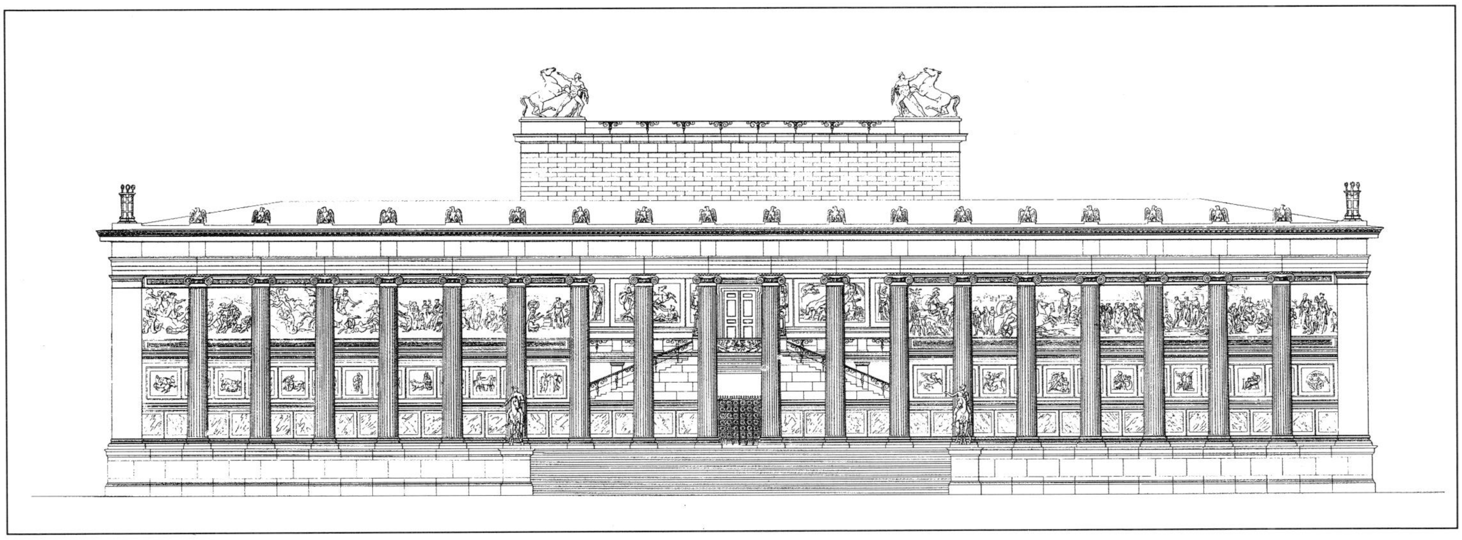

65 Schinkel, Altes Museum, Berlin, 1822–1830. Erster Entwurf der Hauptfassade, 1823.

66 Schinkel, Altes Museum, Berlin, 1822–1830. Stich der im Bau befindlichen Hauptfassade.

67 Schinkel, Altes Museum, Berlin, 1822–1830. Kolonnade und Stoa mit einer Statue Schinkels von Friedrich Drage von 1876.

68 Schinkel, Altes Museum, Berlin, 1822–1830. Rotunde.

69 *Schinkel, Altes Museum, Berlin, 1822–1830. Perspektivischer Stich der Rotunde.*

schen Literatur jener Zeit als »Kunstkonversationen« beschrieben werden.[37] Die Unterhaltung könnte auf der monumentalen Außentreppe und in der großen von Tageslicht erfüllten Rotunde fortgesetzt werden, die, dem römischen Pantheon nachgebildet, das Kernstück der Komposition war. Eben diese Elemente seines Entwurfs waren es, die im Museums-Bauausschuß heftig angegriffen wurden, als Alois Hirt es ablehnte, den Mehrheitsbericht zu unterzeichnen, der den neuen Entwurf genehmigte. Ausgerechnet der Verfasser der »Baukunst der Alten« (1809), Schinkels wichtigster Quelle für antike Prototypen, brachte vor allem gegen die Stoa, die dem römischen Pantheon nachgebildete zentrale Rotunde und gegen das hohe Untergeschoß mit seiner breiten monumentalen Treppe Einwände vor. Hirt bemängelte, daß Schinkel nicht versucht habe, die königlichen Sammlungen möglichst wirkungsvoll und sparsam unterzubringen, sondern statt dessen in prunkvollem und überflüssigem »Luxus« schwelge, der in einem Museum keine funktionale Berechtigung habe. Er selbst hatte sehr viel früher einen Entwurf eingebracht, einen schlichten zweigeschossigen Palazzo, der von einer nüchternen Pilasterordnung belebt wird; er sah nun nicht ein, warum ein solcher Entwurf oder auch eine Übernahme der einfachen und maßvollen Vorschläge Schinkels für die Erweiterung der Akademie nicht an dem neuen Standort in Frage kommen sollte. Schinkels detaillierte Antwort war ebenso bestimmt wie scharf. Der Entwurf sei ein organisches Ganzes, von dem kein einziges Element entfernt werden könne, ohne daß die allgemeine Gestalt zu einer unverständlichen Mißgestalt würde. Mit deutlicher Unterstützung seines Freundes Solger entgegnete Schinkel, er wolle »den höheren Zweck« und nicht »den trivialen Zweck« des Museums verkörpern, wobei er mit der doppelten Bedeutung von Zweck als Funktion und Ziel spielte. Tatsächlich war ihm daran gelegen, die beiden zu verbinden in der Spannung zwischen realer Struktur und künstlerischer Darstellung von Struktur und in dem folgenden Gang durch die wohlgeordneten Galerien, die in eine höhere Bewußtseinssphäre führten.

Schinkels Projekt wurde im April 1823 amtlich genehmigt, und die langwierigen Vorbereitungsarbeiten für den Bauplatz begannen. Im Laufe des Sommers überarbeitete er seinen Entwurf, wobei er einige wichtige Details verbesserte, die Grundform aber nicht veränderte. Der rechtwinklige Rahmen des großen Gebäudes enthält zwei fest ineinandergreifende Maßstäbe tektonischer Ordnung. Der größere Maßstab der Stoa und ihres massiven Gebälks wird durch einen Rahmen aus vier großen Eckpilastern gebildet, deren Seiten- und Hinteransichten sich durch tiefe Einkerbungen von der Wandfläche abheben. Der eingeflochtene kleinere Maßstab der einzelnen Geschosse wird ablesbar an einem umlaufenden Gesims, das sogar die Mauerwand der Stoa in zwei Teile zerschneidet, und an dem darüberliegenden offenen Raster aus quadratischen Pfeilern, der einen offenen Rahmen bildet, durch den die ungewöhnliche, halb im Freien liegende Treppe aufsteigt. Diese Treppe, die sich in einer Nische in der Mitte der Stoa hinter einer zweiten Wand aus vier kolossalen ionischen Säulen befindet, ist eine von Schinkels genialsten Kompositionen. Sie macht das Betreten des Museums zu einem Zeremoniell, und sie ist einer der wenigen Punkte, die zwischen dem ersten und dem letzten Entwurf stark verändert wurden. So kann man vermuten, daß für Schinkel der höhere Zweck des Gebäudes verkörpert war im Weg durch das Gebäude (Abb. 71–72).

Ebenso wie beim Schauspielhaus wurde das zeremonielle Eintreten des Publikums auf dem städtischen Platz inszeniert. Jedes der Hauptgeschosse hatte auch hier einen eigenen, von außen zugänglichen Eingang. Ursprünglich hatte Schinkel ein symmetrisches Paar geschwungener Treppen vorgeschlagen, die in entgegengesetzter Richtung aufsteigen und vor den hohen Doppeltüren der Rotunde und der Galerien im Obergeschoß auf einem zentralen Absatz zusammenlaufen sollten, wie es bei den Treppen in Schlössern üblich war. Aber im Laufe des Sommers änderte er den Treppenentwurf geringfügig ab, was für die Wirkung der Eingangssequenz einschneidende Folgen hatte. Indem er die Ordnung der Treppenläufe umkehrte und die erste Halbtreppe gegen die Rückwand der rechtwinkligen Eingangsnische führte, gelang Schinkel eine Komposition, die in ihrer Form plastischer und zugleich experiementeller wirkte. Eine großer abgetreppter Raumkörper – eine fast elementare Bauform – erhebt sich hinter den beiden Ebenen von ionischen Säulen und wird von einer Art großer Tempeltür durchdrungen, die in einen hohen Korridor mit dämmrigem Licht führt. Die erste Halbtreppe der doppelläufig gegenläufigen Treppe steigt aus dem Inneren der dunklen Nische auf, und der Besucher wird durch den Schein des Tageslichts nach oben geleitet. Auf den Mittelabsätzen taucht der Besucher aus dem Tunnel unter der Treppe in einen offenen »Käfig« aus Pfeilern und Balken auf, mit einem Blick durch die doppelte Säulenreihe ins Freie. Die Treppe steigt erneut bis zur Mitte des Raumes auf und trifft auf einen quadratischen Absatz. Der Absatz reicht weit in den Schacht des oberen Treppenhauses hinein (Abb. 71–72), wie die zentrale Plattform eines Panoramas oder der großartige offene Treppenabsatz vor dem letzten Aufstieg zum dorischen Tempel in Gillys Denkmal Friedrichs des Großen, dem Schinkel wiederum seine Reverenz erweist. Von dieser erhöhten Plattform aus schweift der Blick hinaus auf das Schloß und auf das Stadtbild Berlins. Dazu gehörten das gotische Kreuzberg-Denkmal in der Ferne und die Türme von Schinkels neuer gotischer Backsteinkirche im

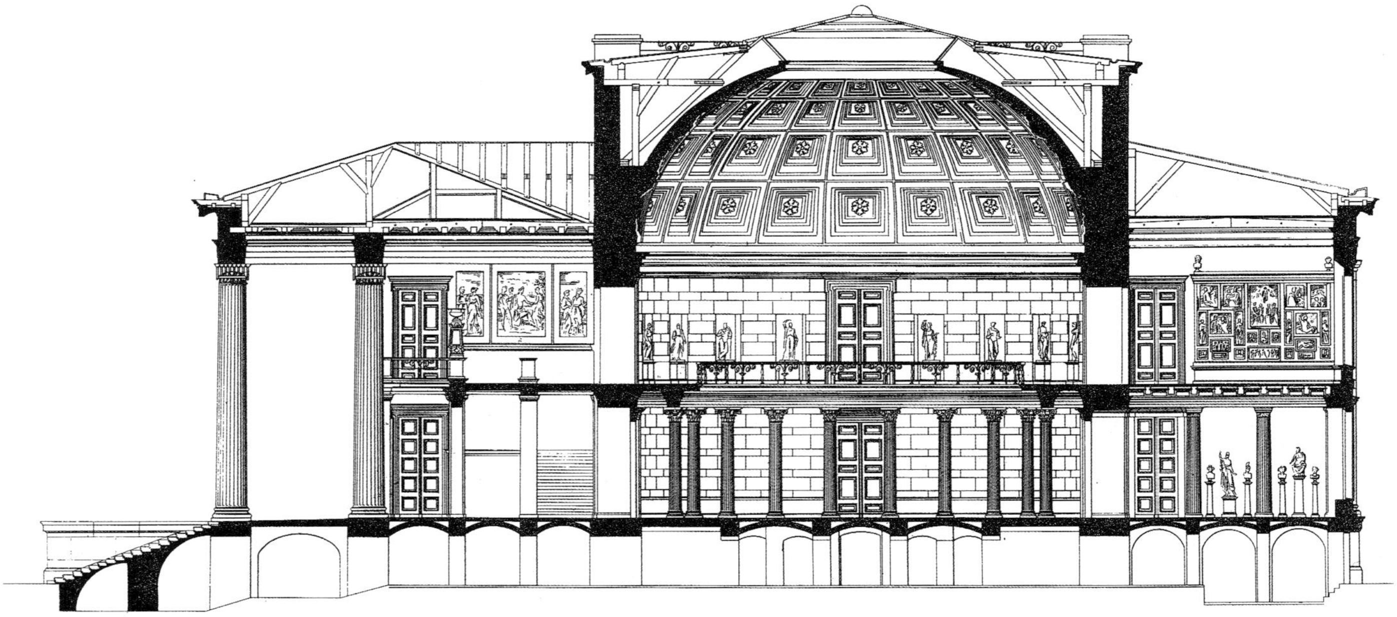

70 Schinkel, Altes Museum, Berlin, 1822–1830. Querschnitt.

71 Schinkel, Altes Museum, Berlin, 1822–1830. Grundriß von Untergeschoß, Erdgeschoß (Skulpturengalerien und Eingang) und Obergeschoß (Gemäldegalerien).

Vorort Friedrichswerder, die gerade jenseits des Kupfergrabens gebaut wurde. Auf der aus einem ungewöhnlich weiten Winkel gesehenen perspektivischen Ansicht des oberen Treppenhauses, die Schinkel in seine »Sammlung Architektonischer Entwürfe« aufnahm, sind die Kirchtürme rechts zu erkennen. Für das oberste Stockwerk wurde ein 360-Grad-Panorama der Stadt geschaffen, auf dem die Ansichten durch die endgültige Bildfolge von Schinkels Programm für Wandmalereien vollendet wurden. Diese Bildfolge veranschaulicht die Entdeckung und Verfeinerung der Künste durch den Menschen.

Obwohl man zwischen sechs Eingängen wählen konnte, um in die einzelnen Abteilungen des Museums zu gelangen, war die großartige Rotunde, die man von jedem Geschoß aus erreichen konnte, als Bereich der Einführung gedacht. Hirt wehrte sich heftig gegen diese Rotunde, die er als eine schändliche Verschwendung von Ausstellungsfläche und als übertriebenen Ausdruck architektonischer Rhetorik betrachtete. Treppe und Rotunde nehmen tatsächlich fast ein Drittel der Grundfläche ein (Abb. 68, 69, 71). Aber Schinkel verteidigte dieses zentrale Element seines Entwurfes ganz entschieden.[38] Für ihn war es das symbolische Herz des Museums, das »Heiligtum«, wie er es nannte, dessen Nützlichkeit nur am »höheren Zweck« gemessen werden könne und nicht an der »trivialen Funktion« des Museums. Eine perfekte Kugel, eingeschrieben in einen Zylinder (wie das römische Pantheon), sollte den Geist für die ästhetische Erfahrung vorbereiten. Schinkel erklärte: »Aber ein großer und dabei schöner und würdiger Raum kann den darin aufgestellten Gegenständen auch niemals nachteilig sein. Im Gegenteil wird er ihnen den Vorteil bringen, daß der Beschauer sich darin erhoben und für den Genuß empfänglicher fühlt.«[39] Schinkel und Gustav Waagen, der Kunsthistoriker und erste Direktor des Museums, gingen bei der Entwicklung eines Plans für die Anordnung der Sammlungen nach dem Motto vor »Erst erfreuen, dann belehren«[40] wie sie es dem König in einem Memorandum erklärten.

Hirts und Schinkels Meinungsverschiedenheiten waren nur vorübergehend behoben, als am 9. Juli 1825 der Grundstein gelegt wurde. Im Laufe des Herbstes arbeiteten sie gemeinsam an einem Plan für die historische Ausstellung der königlichen Sammlungen in den Galerien. Ihm liegt ein beispielloses Organisationsprinzip zugrunde, das den fundamentalen Konflikt der zeitgenössischen Ästhetik in den Vordergrund rückte, jenen zwischen der Suche nach absoluten Werten und der Sicht der Kunst als Reflexion von zivilisatorischer Vielfalt und vorwärtsgerichteter, aber systematisch verlaufender Fortschritte und historischer Entwicklungen. Obwohl sich Schinkel und Hirt auf allgemeine Prinzipien einigen konnten in einem Memorandum, das die späteren Hauptabteilungen der Galerie festlegte, traten die Differenzen im folgenden Jahr erneut auf. Hirt war verärgert über das großzügige Stipendium, das Schinkel für eine Reise nach Paris und London zur Besichtigung der dortigen Museumseinrichtungen gewährt wurde, und mit Recht fürchtete er, der Architekt werde mit neuen Vorstellungen zur Innengestaltung zurückkommen. Nach seiner Rückkehr überredete Schinkel den König, zusätzliche finanzielle Mittel für eine Reihe von Erweiterungen zu genehmigen, die Hirt unverzüglich als Luxus abstempelte. Fensterrahmen aus Marmor, Granitsäulen in den Skulpturgalerien und tiefrote Wandverkleidungen aus Marmorimitat in den oberen Galerien waren für Schinkel wesentlich, um dem Museum einen würdigen und erhabenen Charakter zu verleihen. Er entwarf auch individuelle Bilderrahmen in verschiedenen Stilen, um die unterschiedlichen Kategorien und Epochen der Gemälde hervorzuheben, denn sowohl ihre ästhetische als auch ihre historische Bedeutung sollte durch ihre Umgebung verstärkt werden. Dagegen hielt Hirt an seiner Überzeugung fest, daß die lediglich in ihrer historischen Zeitfolge angeordneten Bilder für sich allein sprechen. Noch schmerzlicher war für Hirt jedoch die Art und Weise, wie Schinkel und Waagen die Werke anhand sorgfältig ausgearbeiteter Eignungskriterien auswählten.[41] Sie plädierten für die Berücksichtigung der Qualität und bestimmter Epochen und Künstler, vor allem Raffael, dessen Werk sie für den Höhepunkt der Sammlungen und der Geschichte der Malerei hielten. Daß ihr Vorgehen eher typologisch als historisch war, wird durch ihren Vorschlag unterstrichen, als korrigierende Form der Didaktik eine Galerie der »Mißbildungen« einzurichten. Dazu sollten die manieristischen und barocken Werke Crivellis, Vivarinis und anderer gehören.

Diese Unterschiede weisen auf Hirts und Schinkels jeweilige Verbundenheit mit den beiden widerstreitenden philisophischen Schulen im Berlin der 1820er Jahre. Das Museum vertiefte die Kluft zwischen den Lagern um Hegel und Schleiermacher nur noch mehr. In seinen Vorlesungen über Ästhetik von 1828[42] nahm Hegel Bezug auf die historische und konzeptionelle Ordnung von Hirts Museum als konkrete Darstellung seiner Theorie, daß sich die Entstehung der Ideen in der Entwicklung der Künste allmählich vollziehe. Die Anhänger Schleiermachers, vor allem die Brüder Humboldt, glaubten daran, daß die Geschichte für die Einzigartigkeit des Individuums eine große Rolle spielt. In den Kontroversen dieser beiden Lager spiegelte sich die ständige Meinungsverschiedenheit über die gesellschaftliche Funktion des Museums. Diese Streitigkeiten erreichten ihr amüsantes Finale in den Polemiken, die die Inschrift über dem Gebälk der Stoa auslöste. 1827 hatte Hirt die Genehmigung für den Entwurf einer Inschrift erhalten. Noch bevor die Akademie offiziell Einwände erheben konnte, war sie bereits an ihrem Platz und das Baugerüst verschwunden. Als die Akademiemitglieder aus den Sommerferien zurückkehrten, entdeckten sie »mit Entsetzen«, wie Alexander von Humboldt es ausdrückte, eine Absurdität, die man in ganz Deutschland beachten würde. Denn Hirt hatte ihre Meinungsverschiedenheiten in Bronze gegossen: FRIDERICVS GVILELMVS III STVDIO ANTIQVITATIS OMNIGENAE ET ARTIVM LIBERALIVM MVSEVM CONSTITVIT MDCCCXXVIII, etwa: »Friedrich Wilhelm III. gründete dieses Museum für das Studium antiker Objekte jeder Art und der liberalen Künste«. Die Akademiemitglieder waren zur Untätigkeit verdammt, denn der König würde die Kosten für das Wiederaufrichten des Bauge-

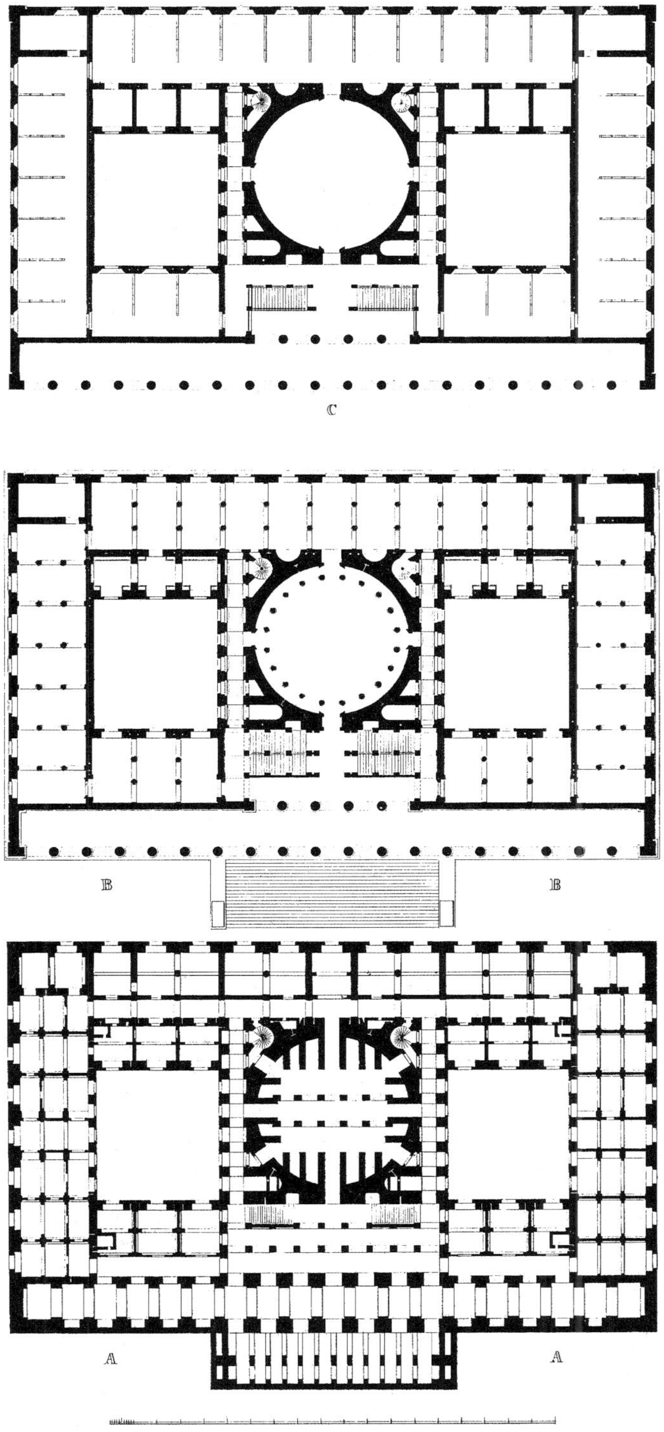

rüstes und die Änderung der Inschrift auf keinen Fall genehmigen, obwohl zahlreiche Alternativen vorgeschlagen wurden. Statt dessen griffen sie Hirts Latein an, nicht aber den Inhalt selbst. Rauch bemerkte in einem Brief an einen Freund, daß nur ein Wort – der Name des Königs – ohne grammatikalischen Fehler sei. Andere behaupteten, Hirts Latein sei nur wenig besser als das eines Durchschnittsschülers.

Trotz der akademischen Beschimpfungen hatte die Kontroverse einen tieferen Kern, denn Hirts Beharren auf dem Primat des Begriffs »studio« erklärte sein Festhalten an der Bedeutung des Museums als Ort historischer Forschung durch Kenner und Künstler. So mußten die winzigen Räume in den Gebäudeecken, die Schinkel – fernab von den Galerien und dem allgemeinen Publikum – zum Kopieren vorgesehen hatte, Hirt vollkommen unangemessen erschienen sein. Mehrere alternative Inschriften zeigen ein weitaus umfangreiche-res kulturelles Programm, das Hirts Gegner für das zukünftige Museum vorgesehen hatten. Rauch schlug »Friedenstempel« vor, womit er sich auf die Rückgabe der Kunstwerke nach den Verträgen von Wien und Paris bezog, während Schleiermacher auf den Kern des Humboldtschen Ethos verwies, von dem sich Schinkel bei der Konzeption des Gebäudes hatte leiten lassen. Er schlug, unterstützt von Schinkel, eine deutschsprachige Inschrift vor, die auf das höchste Ziel des Museums hinwies, in jedem Menschen einen Sinn für die schönen Künste als wichtigste Bestandteile der Kultur zu erwecken. Zwar hatte es zunächst den Anschein, daß Humboldt im Hintergrund blieb, doch trat er schon bald in den Vordergrund, als er im Mai 1829 auf Wunsch des Königs die Leitung der Kommission übernahm, die die Werke bis zur Eröffnung des Museums im darauffolgenden Jahr auswählen und ordnen sollte.

Da Humboldt Waagens und Schinkels Hierarchie der Qualität guthieß, konnte er seine eigene Vorstellung von Qualität pflegen, nicht so sehr als eine Frage der Kennerschaft, sondern als Fähigkeit bestimmter Bilder und Künstler, das Bewußtsein der Öffentlichkeit für größere Zusammenhänge zu schärfen. Der Geist sollte durch die prachtvollen antiken Statuen des Museums in der Rotunde vorbereitet werden, eine Strategie, die Humboldts bereits in Tegel umgesetzte Überzeugung vertritt, daß »die Griechen gänzlich aus dem Kreise der Geschichte heraustreten«. Dazu meinte Humboldt: »Wir haben in den Griechen eine Nation vor uns, unter deren glücklichen Händen alles, was, unserm innigsten Gefühl nach, das höchste und reichste Menschendaseyn bewahrt, schon zu letzter Vollendung gereift war; wir sehen auf sie, wie auf einen aus edlerem und reinerem Stoffe geformten Menschenstamm... Ihre Kenntniß ist uns nicht bloß angenehm, nützlich und nothwendig, nur in ihr finden wir das Ideal dessen, was wir selbst seyn und hervorbringen möchten; wenn jeder andre Theil der Geschichte uns mit menschlicher Klugheit und menschlicher Erfahrung bereichert, so schöpfen wir aus der Betrachtung der Griechen etwas mehr als Irrdisches, ja beinah Göttliches.«[43]

Er beendete den Streit, den Schinkel und Hirt fast drei Jahre lang geführt hatten, und traf eine vorzügliche Auswahl von Skulpturen für die Galerien und von Gemälden für die oberen Räume. Angesichts von Hirts Einwand ließ sich Humboldt bei der Anordnung der Werke von Inhalt und Genre leiten und berücksichtigte insgesamt die größeren chronologischen Abschnitte. Statuen antiker Götter herrschten in der Rotunde vor, und in den unteren Galerien trennten die Säulen die einzelnen Werke voneinander; sie dienten so als diskreter Hintergrund für die Statuen, ohne die Betrachtung in vollem Licht und von allen Seiten zu beeinträchtigen. Die Abgüsse, mit denen Hirt seine historischen Sequenzen vervollkommnen wollte, wurden im Hinblick auf die allgemeine Qualität in das Magazin verbannt.

Unterdessen beendete Schinkel sein Skulpturenprogramm für das Äußere des Museums. Die meisten Statuen wurden jedoch erst viele Jahre später an ihrem Platz aufgestellt, als König Friedrich Wilhelm IV. die Initiative ergriff, das Bauwerk so zu vollenden, wie Schinkel es geplant hatte. Schinkel ersann eine umfassende Reihe von Anspielungen auf die klassische Mythologie, inhaltliche bezogen auf die Kunst als Mittel, durch das die Menschheit über die niedere Natur triumphiert. Die Dioskuren-Statuen auf dem Dach symbolisieren die Rolle der Kunst für den geistigen Triumph des Menschen über die Materie. Dadurch wird nicht nur unterstrichen, wie sehr Schinkel das Gebäude und seinen Inhalt gleichermaßen als Kunstwerke begriff, sondern auch seine Vorstellung von Kunst als Mittel veranschaulicht, durch das die alltäglichen Erscheinungen einem höheren Verständnis zugänglich gemacht werden:

»Was ist die Bestimmung der Kunst? Die verschiedenen mechanischen, chemischen, organischen Kräfte der Natur stehen nicht nur unter sich, sondern auch mit den selbstthätigen Kräften, die das Reich der Freiheit constituiren, in der innigsten Verbindung und bilden in sofern das All. Von diesem All wohnt jedem Menschen ohne Ausnahme eine mehr oder weniger helle Ahnung bei. Das durch diese Ahnung geweckte Bedürfniß, den Zusammenhang einer gegebenen Anzahl von Erscheinungen zu erforschen, hat die Wissenschaft hervorgebracht; das durch eben dieselbe geweckte Bedürfniß, eine möglichst große Anzahl von Erscheinungen im Zusammenhang anzuschauen, die Kunst. Die Bestimmung der Kunst ist also eine solche Darstellung ihres Gegenstandes, welche möglichst viele Beziehungen desselben anschaulich macht.«[44]

72 Schinkel, Altes Museum, Berlin, 1822–1830. Perspektivischer Stich von oberem Vestibül, Hauptabsatz und Kolonnade mit Blick auf das Schloß und die Stadt.

73 *Johann Erdmann Hummel, »Die Granitschale im Berliner Lustgarten«, 1831.*

Noch bevor die Kunst Einzug gehalten hatte, wurde das Gebäude im Sommer 1829 als eigenständiges Kunstwerk für die Allgemeinheit geöffnet.

Angeregt von dem riesigen antiken Wasserbekken, das sich im Zentrum der Rotunde in den Galerien mit den antiken Skulpturen des Museo Pio-Clementino im Vatikan befand, hatte Schinkel ein ähnliches Bassin für die Mitte der Rotunde im Alten Museum geplant (Abb. 73). Das aus einem einzigen Granitblock herausgearbeitete Becken war der ganze Stolz der preußischen Ingenieurkunst, doch als es geliefert wurde, war es viel größer, als Schinkel es sich vorgestellt hatte. Es paßte nicht. So verwendete Schinkel es als Kernstück des 1828 umgestalteten Lustgartens. Im Bassin, dessen Boden blankpoliert war, spiegelten sich nicht nur die vier Seiten der neuen politischen und kulturellen Hierarchie Berlins – Dom, Schloß, Zeughaus und Museum –, sondern auch die Gesichter der Besucher, wie es Johann Erdmann Hummel auf seinem Gemälde des umgestalteten Lustgartens von 1831 festgehalten hat.[45] In den 1830er Jahren fertigte Schinkel Skizzen für einen Gemäldezyklus. Er hoffte, ebenso wie der Kronprinz, daß man Peter Cornelius überreden könnte, nach Berlin zu kommen, um ihn auszuführen und so, wie bereits in München, die öffentliche Monumentalmalerei wiederzubeleben. Zur Eröffnung der Galerie am Geburtstag des Königs im August 1830 wurde die erste einer Serie Büsten von berühmten Preußen im oberen Saal aufgestellt: ein Porträt von Schinkel selbst; sieben Jahre später folgte gegenüber eine Büste Wilhelm von Humboldts.

Den ersten Kirchenentwurf, der auch ausgeführt wurde, die Friedrichswerdersche Kirche (1824–1830), entwarf Schinkel im Anschluß an das Alte Museum. Er ist das eindrucksvolle Beispiel eines umgekehrten Verhältnisses, mit dem er eine neue Verbindung zwischen den Bürgern Berlins und ihrer täglichen Umgebung festigen wollte. Wie das Treppenhaus und die Dachterrasse des Alten Museums Ansichten der größeren städtischen Ordnung freigeben, bestand Schinkel darauf, die Kirchtürme für die Allgemeinheit zu öffnen. Von hier aus fiel der Blick auf den umgestalteten Lustgarten. Schinkels Freund Eduard Gärtner hat 1834 das städtische Panorama vom Dach der neuen Kirche in zwei Bildern festgehalten, die zusammen eine Ansicht von 360 Grad umfassen (Abb. 74–75). Auf Gärtners Gemälden sind Schinkels Familie und Gäste dargestellt, wie sie das Dach besichtigen und das Bild der Stadt in sich aufnehmen, die immer mehr von Schinkels Bauwerken beherrscht wurde. Und Schinkel bat Gärtner, nach Einsicht in dessen Vorskizzen, einen Arbeiter darzustellen, der noch an einer Kreuzblume der Kirche arbeitet, die sonst den Blick auf den Seitenriß des Alten Museums versperrt hätte. Auf dem anderen Gemälde stehen zwei Schinkelbauten im Vordergrund: das Schauspielhaus zwischen dem Französischen und dem Deutschen Dom und die im Bau befindliche Bauakademie.

Unter Rückgriff auf seine Beschäftigung mit der mittelalterlichen Vergangenheit schuf Schinkel in der Kirche ein Pendant zum klassizistischen Stadtbild. Solche stilistischen Pole waren zentral für die romantische Kunsttheorie, insbesondere Schellings, der in seinen Vorlesungen 1802/03 die These von der Gegensätzlichkeit der klassischen Antike und des christlichen Mittelalters entwickelt hatte, die in Schinkels Schriften aus dieser Zeit des romantischen Patriotismus häufig Widerhall fand.[46] Aber bei seiner Suche nach der angemessenen Form für einen modernen protestantischen Kirchenbau war Schinkels Ziel nicht der stilistische Gegensatz, sondern die Synthese, wie er bereits 1809 in einem Memorandum zu seinen Entwürfen für den Wiederaufbau der in jenem Jahr niedergebrannten mittelalterlichen Petrikirche im historischen Kern Berlins erklärt hatte.

Schinkels Memorandum über die Petrikirche war die erste Studie über den protestantischen Kirchenbau in Berlin nach der Gründung des Amtes für Öffentliche Bildung und Gottesdienst unter der Leitung Humboldts. Das Memorandum eröffnete eine lebhafte Debatte und begründete die Spezialliteratur zu diesem Problem.[47] Schinkel erklärte, daß bestimmte historische Beispiele nicht herangezogen werden könnten, da die protestantische Kirche im Laufe ihrer Geschichte nie eine charakteristische Form entwickelt habe. Vielmehr seien die Protestanten oft zufrieden gewesen, wenn sie für andere Zwecke oder Bekenntnisgruppen errichtete Gebäude benutzen oder übernehmen konnten. Das Problem war, aus der Geschichte eine Lehre und kein Modell abzuleiten. Historisch vorgreifend, verlangte Schinkel nach einer stilistischen Synthese – ein gegen Ende des 19. Jahrhunderts in historistischen architektonischen Abhandlungen vorherrschendes Thema. Er erklärte, daß die strenge Form des Rundbogens seiner Kuppelentwürfe dazu bestimmt sei, eine Synthese zwischen der Ruhe der klassischen und der Offenheit und strukturellen Klarheit der mittelalterlichen Baukunst zu bilden und von den strukturellen Konsequenzen des Gewölbebaus einen neuartigen Stil abzuleiten. Diese Suche nach autonomer Formerzeugung aus dem Gesetz des Bauens heraus und die Vorstellung, daß diese Gesetze in der Dialektik der historischen Entwicklung zu beobachten seien, war die Grundlage für ein Thema, das sich bei Schinkel in den 1830er Jahren zu einer mächtigen Theorie der Architektur auswachsen sollte.

1809 war die Suche nach einer Synthese bereits mehr als nur ein formaler Vorschlag. Sie traf den Kern dessen, was Schinkel als die gesellschaftliche oder vielmehr die moralische Aufgabe der Architektur betrachtete. Seiner Meinung nach bestand die größte Herausforderung für die zeitgenössische Kultur darin, eine Synthese zwischen dem Staatswesen der Antike – das als seitdem nie wieder erreichter Höhepunkt betrachtet wurde – und der Spiritualität des Christentums zu finden. Beide seien verwandt durch die architektonische Synthese von Material und Ideal.[48] Für die Petrikirche (Abb. 31–32) schlug er einen kreuzförmigen Grundriß vor, nicht so sehr, um das Kreuz zu symbolisieren, sondern um ein religiöses Theater um ein den Glaubensmysterien geweihtes Zentrum zu schaffen. Im nächsten Jahrzehnt sollte Schinkels Kirchenarchitektur fast zu einem religiösen Äquivalent des säkularen Theaterraums werden, ebenfalls für die Darstellung höherer Wahrheiten. Und sie würde die Herausforderung annehmen, den für die höchsten Ideale der Gesellschaft angemessenen Baustil zu definieren.

Bei der Friedrichswerderschen Kirche war es Schinkels Wunsch, den »höheren Zweck« der Kirche in ihrem Äußeren zu verkörpern, eine um so größere Herausforderung, wenn man ihren Standort, den Werderschen Markt, näher betrachtet. Die neue Kirche sollte gegenüber von Heinrich Gentz' Münze stehen (1798–1800), in der die Oberbaudeputation und die Bauakademie untergebracht waren. Gentz' Gebäude (Abb. 76) hatte einen Maßstab gesetzt, den Schinkel respektieren und in seinem eigenen Werk noch übertreffen wollte, denn Gentz hatte die typischen Merkmale der Institution in die »Physiognomie« des Gebäudes umgesetzt. Der primitive, einige meinten sogar ägyptische, Charakter des Gentzschen Dorizismus sollte in dieser Wohngegend ein markantes öffentliches Gebäude schaffen, und die massive Gestalt sollte etwas von seinem Zweck vermitteln. Es basierte auf einem Verständnis von Stil, das der Ausgangspunkt für Schinkels eigene Annäherung an die Rolle des historischen Präzedenzfalls für den Entwurf war. Gentz erklärte dazu: »Weil ich mir (...) dieses Gebäude als ein Münzhaus, eine der ersten und ansehnlichsten Fabriken des Landes dachte, und folglich den starken, soliden, festen und doch reichen Charakter, den einzigen möglichen für diese Classe von Gebäuden, beynahe unwillkürlich ergriff und ihn dem Äußeren einzuprägen suchte. Scheint dies Gebäude nun dem Einen im Römischen, dem Andern im Griechischen, und dem Ganz Gelehrten gar im Aegyptischen Style, (von welcher Bauart wir doch eigentlich so wenig kennen), ausgeführt zu seyn, so ist dies bloße Nebensache, und kann, meiner Meinung nach, wohl nie Zweck und Augenmerk des denkenden Architekten seyn, der den Charakter seines Gebäudes aus seinem Innern und seiner Bestimmung entwickeln soll.«[49]

Schinkel erwog für die Kirche gleichzeitig klassische und mittelalterliche Entwürfe, nachdem er dazu durch das Mitwirken des Kronprinzen Friedrich Wilhelm IV. in Kreisen der Nazarener ermuntert worden war. Er wollte zeigen, daß grundlegende architektonische Ideen bei unterschiedlichen Bauweisen alternativ verfolgt werden konnten. Allmählich näherte er sich dem Stilbegriff der Humboldtschen Auffassung von sprachlicher Vielfalt, in Abkehr von den frühen romantischen Ästhetikern. Die vier Alternativen, die Schinkel dem König 1824 auf einem einzigen Blatt Papier unterbreitete (Abb. 77), sind oft als Beweis für Schinkels wachsenden Eklektizismus gesehen worden oder auch als Beleg, daß er von seinen königlichen Gönnern gezwungen wurde, eine gewisse stilistische Wahl zu treffen. Aber sein Entschluß, die klassischen und mittelalterlichen Alternativen in seine »Sammlung Architektonischer Entwürfe« aufzunehmen, wie er es mit verschiedenen Versionen der Neuen Wache getan hatte, ist ein Hinweis darauf, daß er die Gleichwertigkeit der einzelnen Entwürfe zu betonen wünsch-

74 Eduard Gärtner, Blick vom Dach der Friedrichswerderschen Kirche nach Norden, 1834.

75 Eduard Gärtner, Blick vom Dach der Friedrichswerderschen Kirche nach Süden, 1834.

te. Die Gemeinsamkeiten der Alternativen treten deutlicher hervor als ihre Unterschiede. Die beiden klassischen Entwürfe, der eine dorisch, der andere korinthisch, sind gekennzeichnet vom Nebeneinander eines Portikus und einer niedrigen Kuppel über der Apsis. Es zeigt sich also, daß Schinkels Bereitschaft, Elemente der griechischen Baukunst und der Renaissance zu vermischen, keineswegs dem Streben nach stilistischer oder historischer Reinheit entsprach. Ebenso wie sein Klassizismus spätere Entwicklungen zuließ, sind seine gotischen Entwürfe, gekennzeichnet von Türmen und hohen Spitzbogenfenstern, in ihrer betonten Schlichtheit und ihrer geometrischen Oberflächengliederung in gleicher Weise stilistisch »unsauber«. Sie erreichen eine Art klassischer Ordnung und Harmonie innerhalb einer gotischen Formensprache. Die vier Entwürfe spielen mit unterschiedlichen äußeren Kennzeichen – die Kuppel symbolisiert die Einheit des Kosmos, der Turm signalisiert ein Fanal und ein Streben gen Himmel – die gleichen strukturellen und räumlichen Ideen durch. Sie alle sind Vorschläge für einen Baukörper, der das lange schmale Grundstück vollständig ausfüllt.

76 Heinrich Gentz, Münze, Berlin, 1798–1800 (1886 zerstört).

Jeder Entwurf weist ein Binnensystem aus Strebepfeilern auf, die den Raum rhythmisieren und mehrere Gewölbe tragen, die das große Hauptschiff bilden. Wandpfeiler oder mittelalterliche Strebewände sind für Schinkel nur verschiedene Ausdrucksmöglichkeiten einer Idee. Und diese historische Stilübung behinderte keineswegs Neuerungen. Denn in allen vier Fällen schlug er vor, aus wirtschaftlichen Gründen unverputzten Backstein zu verwenden, ein gewagter Vorschlag, denn seit Jahrhunderten war unverputzter Backstein in Preußen nur für Nutzbauten und Bauernhäuser oder für die Seiten- beziehungsweise Rückfassaden von Gebäuden, wie der Neuen Wache, benutzt worden.

Nachdem schließlich noch zwei Entwürfe zur Auswahl standen, die er in der »Sammlung Architektonischer Entwürfe« veröffentlichte, nahm Schinkel weitere Änderungen vor. Grundidee und tektonische Entwicklung bleiben in diesen Entwürfen erhalten, und bei ihrer Veröffentlichung war Schinkel bemüht, identische perspektivische Ansichten des Inneren zu konstruieren (Abb. 78–79). Der klassische Entwurf scheint in seinem strukturellen System, den venezianischen Kirchen nachempfunden, etwas Mittelalterliches oder, genauer, Byzantinisches an sich zu haben. Schinkel war von dem System von Galerien, die zwischen Joche gesetzt waren, stark beeindruckt. Die Joche werden aus wuchtigen Pfeilern und zahlreichen Hängekuppeln gebildet.

Das gleiche charakteristische Wandsystem benutzte er in seinem gotischen Entwurf, der dann endgültig gewählt und zwischen 1824 und 1830 ausgeführt wurde. Hier sind die Pfeiler höher aufstrebend und weiter geöffnet, so daß unter den spitzbo-

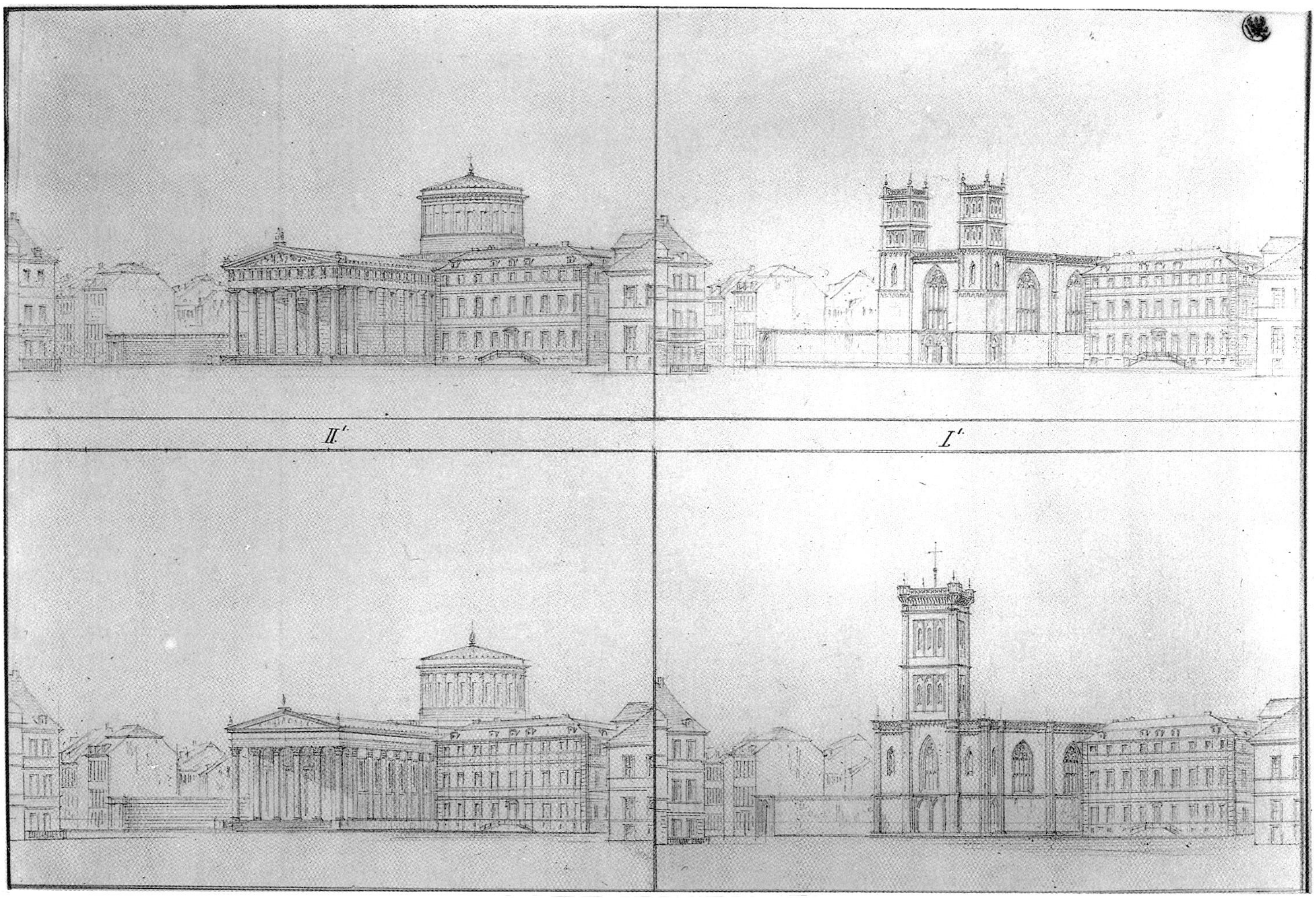

77 Schinkel, Friedrichswerdersche Kirche, Berlin, 1824–1830. Perspektivische Ansichten der vier Entwürfe, 1824.

78 Schinkel, Friedrichswerdersche Kirche, Berlin, 1824–1830. Perspektivischer Stich des Innenraums des (gebauten) gotischen Entwurfs.

79 Schinkel, Friedrichswerdersche Kirche, Berlin, 1824–1830. Perspektivischer Stich des Innenraums des klassischen Entwurfs.

gigen Arkaden der Galerien eines jeden Joches Abseiten entstehen. Die starken horizontalen Linien der Galerien, Kapitelle und Schlußsteine unterteilen die Komposition in nahezu gleichgroße Drittel und vermitteln ein Gefühl der klassischen Ruhe als Gegenpol zu den gotischen Vertikalen. Diese Synthese von klassischer Logik und gotischer Vertikalität bestimmte auch den Außenbau mit seinem rechtwinkligen Vorlagensystem, der wohlüberlegten Zurückhaltung der Dachlinie zu Gunsten einer einfachen und klaren (Schinkel würde sagen »charakteristischen«) Silhouette sowie der Vereinfachung im Detail und in der Ausschmückung. Bis zu diesem Punkt war Schinkel noch skeptisch gewesen, ob Backstein für eindeutig monumentale öffentliche Architektur geeignet sei, denn er dachte, daß die Tektonik des Backsteinbaus technisches Wissen erfordere, das über die einfachen Kenntnisse der Steinbauweise hinausgehe.

Bei der Neuen Wache hatte er vor allem aus finanziellen Gründen an den Seiten und an der Rückfassade Backstein verwendet. Beim Schauspielhaus und beim Alten Museum war der Backstein entweder verkleidet oder stuckiert, um die monumentalere Steinbauweise zum Ausdruck zu bringen. Aber bei der Friedrichswerderschen Kirche entwickelt Schinkel eine monumentale Formensprache für den Backstein, seine klaren Linien und seine allgemeine Harmonie der Form, die durch die Zurückhaltung der Fugen und der höchsten Genauigkeit in Herstellung und Anordnung entstanden ist (Abb. 80). Das Ergebnis ist eine fast homogene Oberfläche, die die innere Struktur an der Außenseite durchscheinen läßt, anstatt sie in einem anderen Material darzustellen. Wie Erik Forsmann ausführlich bemerkte, wirkt das Ganze fast wie aus einer einzigen Form gegossen,[50] so sehr beharrte Schinkel darauf, daß die beiden Ziegeleien, die die speziell geformten Backsteine lieferten, seine Angaben genau befolgten.

Die große Statue des hl. Michael im Zwickel zwischen den beiden Türrahmen des Eingangs war ein weiterer Beweis für Schinkels fortschrittlichen Stil. Er bat den Bildhauer Ludwig Wichmann, Modelle für diese Statue anzufertigen, die in Terrakotta ausgeführt werden sollte. Aus Ton große Skulpturen zu formen, war schwierig, und die Figur des hl. Michael war eine der größten technischen Leistungen des Ziegelbrenners Tobias C. Feilner, Wichmanns Schwager, dessen privates Unternehmen die Königliche Ziegelei bei der Lieferung der großen Menge verschiedener Backsteine aus speziell entworfenen Formen unterstützte (Abb. 83). Seit 1819 arbeitete Schinkel an einem Projekt, dessen Ziel es war, die Qualität preußischer Fabrikation zu verbessern, in dem er die schönsten Entwürfe der Vergangenheit und der Gegenwart in Vorlagen veröffentlichte, den sogenannten »Vorbildern für Fabrikanten«. Das Projekt war ein Auftrag der Technischen Deputati-

on des Innenministeriums unter der Leitung seines Freundes Peter Beuth.[51]

Gleichzeitig wies Schinkel die Künstler, die mit ihm zusammenarbeiteten, an, keine Figuren und Ornamente gotischer Modelle zu kopieren, sondern sich vielmehr das christliche oder gotische Äquivalent zum innersten Wesen klassischer Formen vorzustellen. Bauplastik sollte nur in den Nischen, die zwischen Bögen oder Wölbungen entstanden, verwendet werden und dadurch dem gesamten Gliederungssystem Klarheit geben, »so daß sie für das Äußere in diesem Stil den einzigen Schmuck ausmachen, etwa in gleicher Art wie der Zweck durch die Skulpturen der altdorischen Tempel in den geschützten Räumen der Metopen für jenen Stil erfüllt wird«.[52] Dies war keineswegs eine Übung in gotischer Nostalgie. Schinkel suchte vielmehr eine alternative Formensprache, um den gleichen Inhalt auszudrücken. Die Suche nach einer Synthese sollte allerdings nicht auf das Problem des architektonischen Ausdrucks beschränkt bleiben. Schinkels Aufgabe war es, die Pfarreien der beiden Kirchen (einer deutschen, einer französischen), die früher an dieser Stelle standen, in einem einzigen Bauwerk unterzubringen.[53] Seine Lösung war eine vorübergehende Aufteilung, bei der die ersten Joche des Schiffes der deutschen Kirche und das letzte Joch der französischen Kirche überlassen würden, was ein Durchbrechen der überspannenden Einheit des Gebäudes bedeutete, die seiner Meinung nach allerdings im Laufe der Zeit mit dem Verschmelzen der beiden Gemeinden zu einer einzigen wegfallen würde. Von den jeweiligen liturgischen Bedürfnissen sortierte er Unwichtiges aus, so wie er bemüht gewesen war, »aus dem Stil des Mittelalters nur dasjenige zur Anwendung zu bringen, was sich in der Entwicklung desselben als reiner Vorteil für die Konstruktion bewährt hatte«.[54]

Als sich 1822 die Gelegenheit ergab, auf dem Leipziger Platz zu bauen, muß ihm dies als das krasse Gegenteil seiner auch schon von Gilly gehegten heroischen Träume erschienen sein. Die Bitte des Königs, das Stadttor am Leipziger Platz neuzubauen, bezog sich auf den Ort, für den Gilly sich eine große Akropolis erträumt hatte, die den Eingang zur Stadt beherrschen sollte. Und für den gleichen Ort hatte Schinkel nur sieben Jahre vorher seinen monumentalen gotischen Dom vorgesehen (Abb. 84). Nun sollte nur die Durchfahrt in der 1732–1734 errichteten Stadtmauer, die den Verkehrsfluß stadteinwärts behinderte, erweitert und für die hier stationierten Zollbeamten und städtischen Wachposten einfache, aber getrennte Unterkünfte geschaffen werden. Der König schlug als Modell die Torhäuser vor, die zehn Jahre zuvor entlang dem Frankfurter Stadtmauerring gebaut worden waren, aber Schinkel nutzte selbst diesen bescheidenen Auftrag, um den Ort und damit die Ansichten umzugestalten, die die ankommenden Besucher begrüßen wür-

80 Schinkel, Friedrichswerdersche Kirche, Berlin, 1824–1830.

81 Schinkel, Friedrichswerdersche Kirche, Berlin, 1824–1830. Backsteinmauerwerk.

82 Schinkel, Friedrichswerdersche Kirche, Berlin, 1824–1830. Perspektivischer Stich von der Münze aus an der Südseite des Platzes.

83 Schinkel, Friedrichswerdersche Kirche, Hauptportal mit hl. Michael.

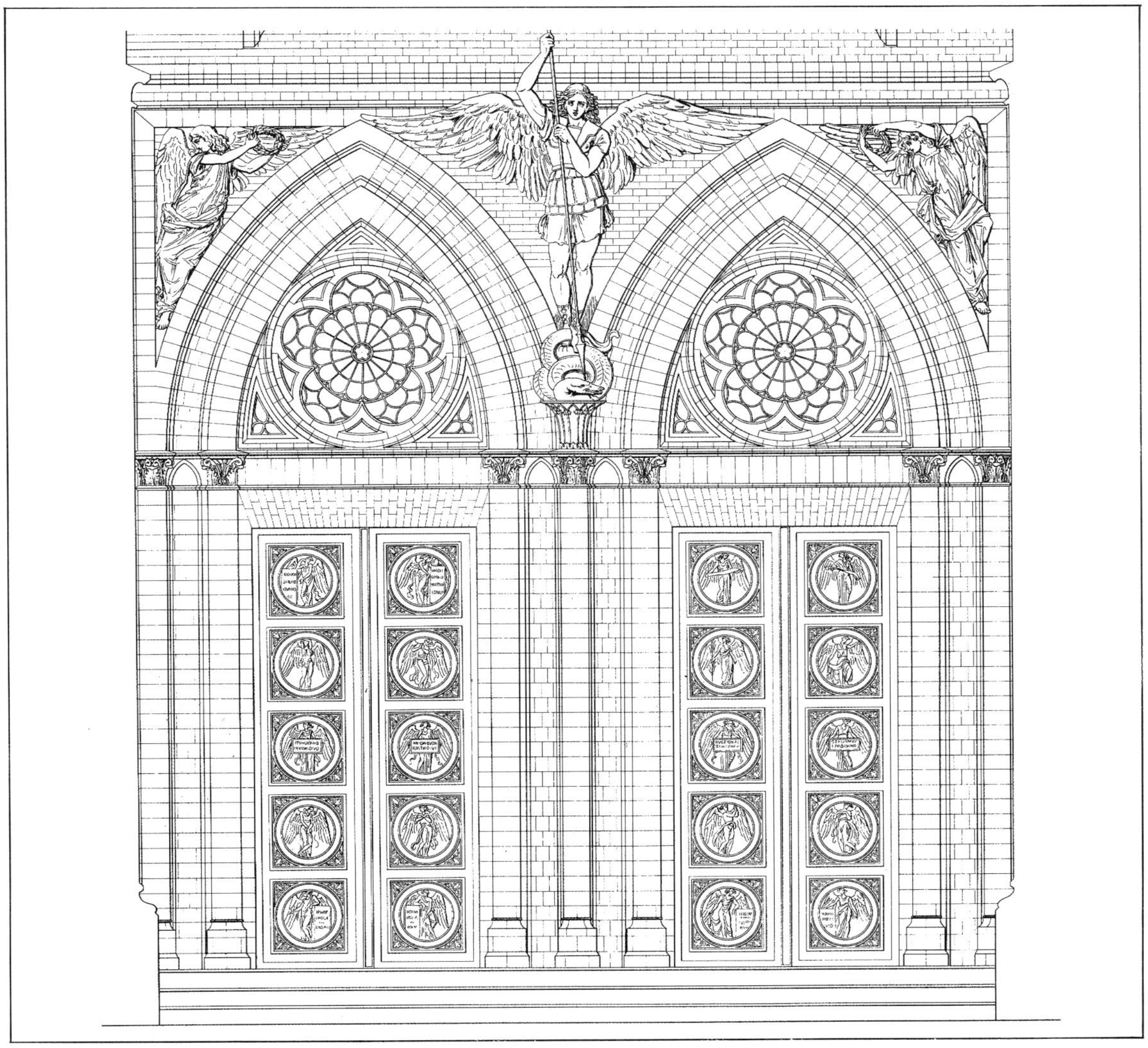

den. Indem er die Stadtmauer nach innen wölbte, verwirklichte er Teile eines Plans von Gilly aus dem Jahr 1797. Er schuf dadurch einen halbkreisförmigen Vorhof für Berlin und verband die Stadt mit den Ausfallstraßen, die strahlenförmig zu den Vororten und aufs Land hinausführten. Außerdem gab er dem achteckigen Raum des Leipziger Platzes mit seinen stattlichen Wohnhäusern einen festen Umriß. So legte Schinkel auch den Potsdamer Platz an, der, als in den 1840er Jahren die Ausdehnung der Stadt nach Westen begann, zum Mittelpunkt der Stadt werden sollte.[55] Die Torhäuser, die Schinkel entwarf, waren weiter voneinander entfernt als erforderlich, um einen breiten Eingang zur Stadt und einen großzügigeren und genau berechneten Blick zu schaffen, beinahe so, als sollte die Stadt als Hintergrund einer Bühne dienen. Diese Sehweise wird in Schinkels perspektivischer Ansicht in der »Sammlung Architektonischer Entwürfen« unterstrichen, einem *tableau vivant* mit einer Gruppe jugendlicher Schauspieler. Auf jeder Seite des offenen Tores rahmt ein robuster dorischer Portikus eine Ansicht der Leipziger Straße, die ihrerseits begrenzt ist von dem Fassadenpaar der Schlösser aus dem 18. Jahrhundert. Die Ansicht wird begrenzt von dem großen gotischen Backsteinglockenturm, den Schinkel 1819 für einen Wiederaufbau der Gertrudenkirche am Spitalmarkt vorgeschlagen hatte, mitten im knapp 500 Meter entfernten Stadtzentrum.

Als Assessor der Oberbaudeputation nahm Schinkel auch in den preußischen Provinzen Einfluß, und er versuchte wiederholt, ihm vorgelegte Entwürfe zu »korrigieren«, um ihre größeren urbanen Beziehungen und die architektonischen Formen klarer erkennbar zu machen. In den 1820er Jahren verbesserte er zweimal im Bau befindliche Projekte im preußischen Rheinland und in Aachen. Aachen war nach dem Wiener Kongreß unter preußische Herrschaft gefallen, und Friedrich Wilhelm III. hatte eine Modernisierung des Kurbades und seiner Annehmlichkeiten unterstützt. Schinkels Schauspielhaus in Berlin diente als Ausgangspunkt für die 1821 bis 1825 durchgeführte Umgestaltung eines kleinen Komödientheaters aus dem 18. Jahrhundert in ein majestätisches Schauspielhaus unter der Leitung des ortsansässigen klassizistischen Baumeisters Johann Peter Cremer. Cremers Entwürfe wurden von Schinkel überprüft und sorgfältig bearbeitet, um die Proportionen und die architektonische Ausdrucksweise hervorzuheben. Noch entscheidender griff Schinkel bei der Überarbeitung von Cremers Plan für ein neues Badehaus ein. Er veränderte Cremers Bau so grundlegend, daß er den Architekten nicht einmal erwähnte, als er den Entwurf zwischen seinen eigenen in der »Sammlung Architektonischer Entwürfe« veröffentlichte (Abb. 85). Und er verlieh seiner Hoffnung Ausdruck, daß der Entwurf als Modell für diesen zunehmend beliebten Gebäudetyp dienen möge. Cremer hatte einen dorischen Tempel vorgeschlagen, der von einer kleinen Kuppel direkt über der Mineralquelle gekrönt war. Während Schinkel keine Bedenken hegte, die Quelle und ihre medizini-

84 Schinkel, Entwurf für den Leipziger und den Potsdamer Platz, Berlin, 1823. Perspektivischer Stich.

schen Nutzen hervorzuheben, hatte er gegen die architektonische Behandlung und die örtliche Planung von Cremers Entwurf Einwände.

Im Frühjahr 1823, als er am Alten Museum arbeitete, schlug er eine Stoa als Ausgangspunkt für eine Wandelhalle zum Brunnen vor, die dem Brunnenbezirk von Aachen nachempfunden war. Wie in Berlin sollte die Stoa ein monumentales öffentliches Bauwerk auf einem schmalen Bauplatz sein, das den Blick auf mehrere Häuser dahinter verbergen und eine überdachte Wandelhalle bilden würde, eine Fortsetzung der Wege der umgebenden Landschaft. Im Zentrum wollte Schinkel die Quelle des Brunnens hervorheben und sie zur größeren Ordnung des Universums in Beziehung setzen. Indem er das Perikleische Odeon in Athen als Modell nahm, schuf Schinkel eine offene dorische Rotunde, für die er eine niedrige Holzdecke erfand. Er erklärte, daß es sowohl von der Struktur her als auch im Hinblick auf das Äußere nicht angebracht sei, eine traditionelle Steinkuppel über einer offenen Kolonnade zu errichten. Dies war vom Geist und der konstruktiven Logik des Dorischen angeregt, das, wie er hoffte, »in vielen anderen Fällen bei neuen Bauanlagen Anwendung finden dürfte«,[56] und das er selbst später häufig an offenen kreisförmigen ländlichen Bauten in Potsdam und Berlin anwandte. Er schlug vor, auf die Unterseite die Gestalt des Helios mit seinen Sonnenpferden zu malen und so die Beziehung der Quelle zum Kosmos herzustellen. Für die Rückwand der Stoa sah er einen Zyklus von Wandmalereien vor, die den griechischen Gott der Medizin, Asklepios, darstellten. Viele dieser Details wurden in den von Cremer angefertigten Arbeitsskizzen und in der zwischen 1825 und 1827 erfolgenden Ausführung geändert.[57]

Seinen erstaunlichsten Originalentwurf fertigte Schinkel Mitte der 1820er Jahre unabhängig von seiner offiziellen Position und außerhalb der preußischen Grenzen an (Abb. 86–87). Ende 1825 wandten sich die Aktionäre einer kurz zuvor gegründeten Gesellschaft mit der Bitte an ihn, in Hamburg ein neues Theater zu bauen. Die Bedingungen in dieser freien Hansestadt unterschieden sich in jeder Hinsicht von denen in der preußischen Hauptstadt, und Schinkel entwarf eine vollkommen andere Form von Theater, sowohl vom Plan als auch vom Ausdruck her das erste – und vielleicht einzige – wirklich bürgerliche öffentliche Gebäude, das er je entwerfen sollte. Es gab keinen königlichen Geldgeber, keine Königsloge und keine Theaterverwaltung, die Vorschriften und Bedingungen festlegten. Das Theater wurde von seinen Aktionären betrieben, und das Gebäude sollte durch Eintrittskarten und Abonnements finanziert werden sowie durch die Mieteinnahmen aus zehn kleinen Läden, die im Erdgeschoß lagen und das Theater so in das alltägliche geschäftige Treiben auf der Straße einbezogen. In Berlin hatte Schinkel 1819 die einheitliche geschäftliche Entwicklung auf der Verlängerung der Wilhelmstraße im Auge gehabt, und er hatte umfassende Programme für große kulturelle Gebäude entworfen. In Hamburg jedoch sollten beide Aspekte in einem einzigen Gebäude vereint

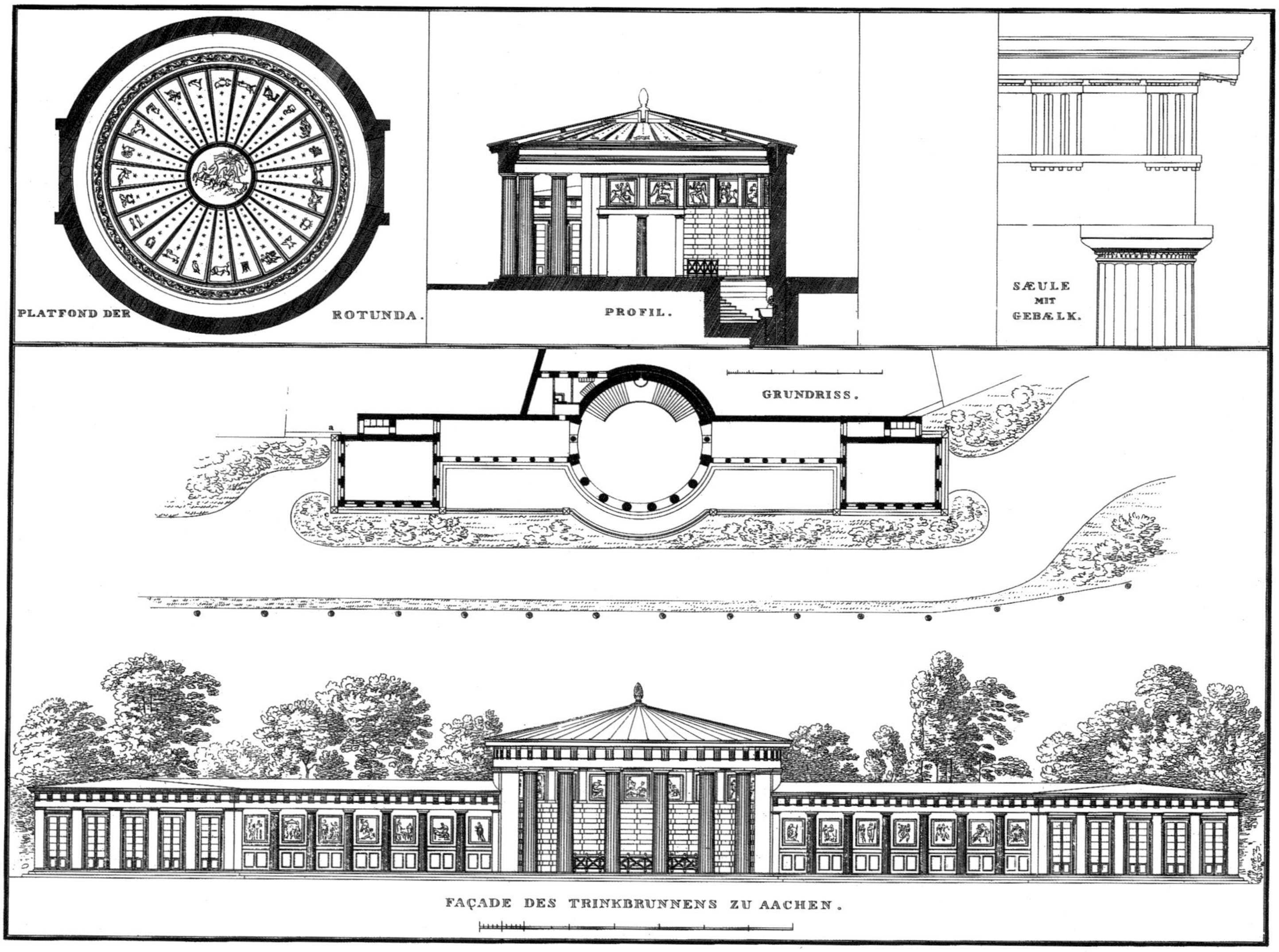

85 Schinkel, Kurhaus mit Mineralbrunnen und Wandelhalle (Entwurf nach dem Vorschlag von Johann Peter Cremer), Aachen, 1825–1827. Grundriß, Querschnitt, Aufriß und Ausschnitte.

werden. Anders als in Berlin war in Hamburg keine monumentale Neufassung der öffentlichen Baukunst möglich: die Architekten waren an die Gesetze des Marktes gebunden, es gab häufig Architekturwettbewerbe, und die städtische Baubehörde war in ihren Aufgaben stark eingeschränkt.

Schinkel umgab das Bühnenhaus und den Zuschauerraum auf drei Seiten mit Versorgungseinrichtungen des Gebäudes: Geschäften, Garderoben und Büros auf allen fünf Stockwerken entlang der Längsseiten; Eingänge, Vestibüle, Foyers und Salons entlang der Frontseite. Ein Schnitt des Gebäudes erscheint wie ein kompliziertes Puzzle, mit seinen fünf Stockwerken mit Versorgungseinrichtungen an den Seiten, den Empfangsräumen von doppelter Höhe an der Vorderseite und den freien Räumen, die sich über die ganze Höhe des Gebäudekerns verteilen. Die bemerkenswert offene Fassade spiegelt die vielschichtigen Funktionen in einem lesbaren, regelmäßigen System von Bögen und horizontalen Baugliedern. Schinkel selbst erklärte: »Um nun die Menge der oben genannten Abtheilungen, die sich um den eigentlichen Theater- und Bühnenraum längs der Fronten des Geländes vertheilen, zweckmäßig zu beleuchten, mußte eine architektonische Anordnung in dem gesammten Äußeren gewählt werden, welche eine große Menge nahe an einander liegender Licht-Oeffnungen darbot; diese Menge von Fenstern, in gewöhnlicher Form angeordnet und in fünf Stockwerken über einander angebracht (weil der erforderliche Raum so viele Geschosse vorschrieb), würde dem Gebäude ein casernenartiges Ansehen geben und es nicht als ein öffentliches Gebäude characterisirt haben. Deßhalb wurde eine an allen Fronten durchgeführte Bogen-Construction ersonnen, die innerlich Abtheilungen nach der Höhe, vermöge eines durchlaufenden Kämpfergebälks, und Abtheilungen nach der Breite mittelst eines jenes Gebälk unterstützenden Pfeilers, über welchen ein zweiter bis zum Schlußstein des Bogens läuft, erhalten hat. Diese Abtheilungen lassen also in der Höhe einer jeden Bogen-Construction zwei Geschosse zu, in der Breite Fenster-Oeffnungen für zwei verschiedene Räume, und auf diese Weise zeigt das Äußere nur die Construction zweier Hauptgeschosse und eines dritten leichteren mit großartigen Verhältnissen, während im Innern an mehreren Theilen des Gebäudes fünf Geschosse auf eine natürliche Weise entstehen, welches in dem Querschnitte deutlich zu ersehen ist.«[58]

Der Dekor ist beschränkt auf die senkrechten Pfeiler, die jeweils in der Mitte der Bögen auf die ersten beiden »Superstockwerke« gesetzt sind, denn diese haben eine geringere strukturelle Bedeutung als die anderen Formen. Hier ergänzt Schinkel die Pfeiler mit Relieffiguren des Apollo mit seiner Leier und den neun Musen. Das gesamte Arrangement hebt sich gegen ausgedehnte Glasflächen ab, die eine Transparenz zwischen Innen und Außen schaffen. Das von Schinkel entworfene Gebäude war ein großer städtischer Palazzo, dessen Stil von seiner autonomen tektonischen Ordnung diktiert wurde und nicht von einem vorgefaßten historischen Bild. Entgegen der Konvention verlegte Schinkel die Eingänge an die Ecken und verband jeden Fußgängerzugang mit einer Wagenzufahrt unter einem festen Zinkdach, eine Neuheit, die der bemerkenswerten Leichtigkeit des gesamten Entwurfes entsprach.

Schinkel schickte seine Pläne nach Hamburg, zusammen mit einer perspektivischen Ansicht von dem Gebäude und seiner Lage an einer der begrünten Promenaden der Stadt. Wie bei der Präsentation des Berliner Schauspielhauses integrierte er die perspektivische Ansicht, die er für seine »Sammlung Architektonischer Entwürfe« gestochen hatte (Abb. 86), in einen Entwurf für einen Bühnenvorhang. In dieser Zeichnung diente die Ansicht dazu, die Kontinuität des neuartigen baulichen Experiments der Fassade und der inneren Artikulation zu unterstreichen. Der nach zeitgenössischen Brükkenentwürfen gestaltete gußeiserne Bogen der Bühne schafft ein ungewöhnlich breites Proszenium. So wie Schinkel im Hamburger Theater die Konventionen des tektonischen Ausdrucks und Programms getestet hatte, erfand er in seiner perspektivischen Innenansicht eine außergewöhnliche Darstellung, in der sich das Auge vom Innenaufriß durch den Querschnitt zur Perspektive bewegt, eine provokante Auffassung von Wirklichkeit und Illusion in der perspektivischen Darstellung.

Für Schinkel, der zu dieser Zeit gemeinsam mit Peter Beuth in die merkantilistische und kapitalistische Entwicklung Berlins eingebunden war, muß der Abschluß des Hamburger Auftrages enttäuschend gewesen sein. Während seine Pläne für die Innenausstattung genau befolgt wurden, gab der Hamburger Architekt Ludwig Wimmel dem (im Zweiten Weltkrieg zerstörten) Theater 1826/27 eine vollkommen konventionelle Fassade. Aber der Hamburger Auftrag ließ die Lösung eines Dilemmas anklingen, das bald Teil des offiziellen Mandats Schinkels in Preußen sein sollte, nämlich, die Suche nach einer kulturellen Vorreiterrolle mit der Heranbildung einer für die wirtschaftliche und industrielle Entwicklung lebenswichtigen Unternehmerklasse zu versöhnen.

86 Schinkel, Theater in Hamburg, 1825–1827. Proszenium und Logen, mit Kulisse.

87 Schinkel, Theater in Hamburg, 1825–1827. Seitenaufriß und vier Querschnitte.

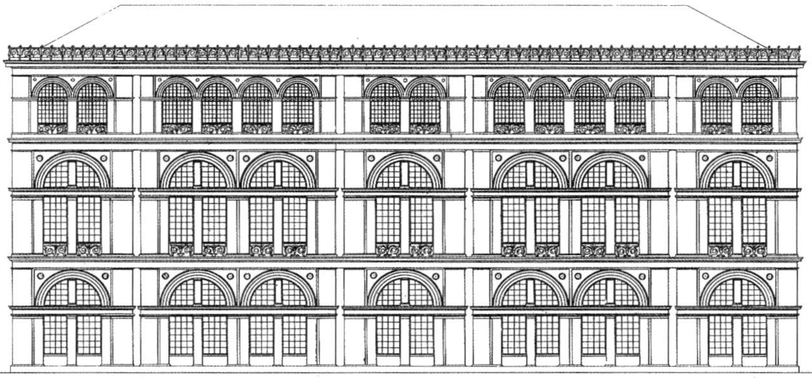

LÆNGEN - FAÇADE DES THEATERS.

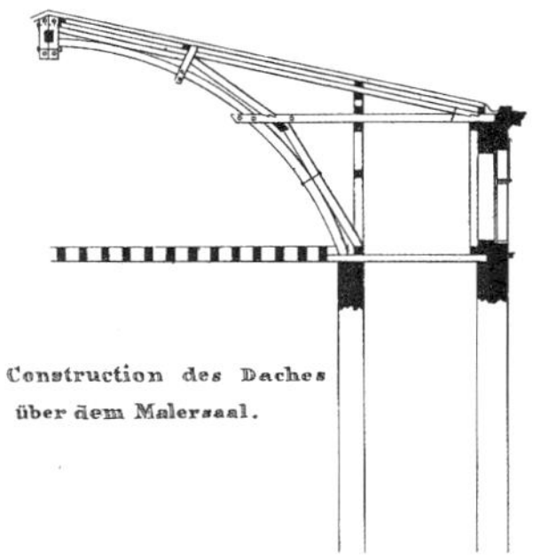

Construction des Daches über dem Malersaal.

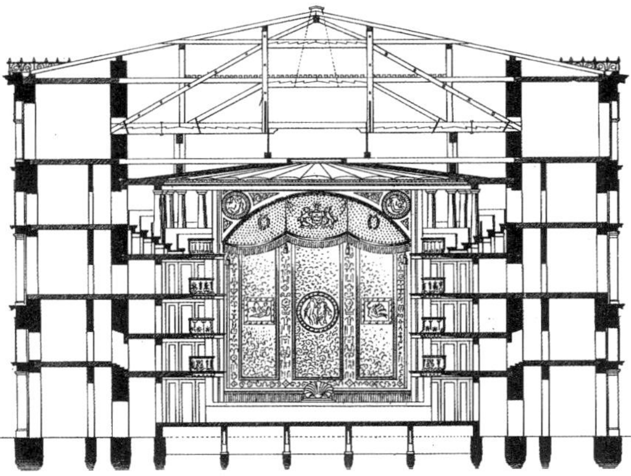

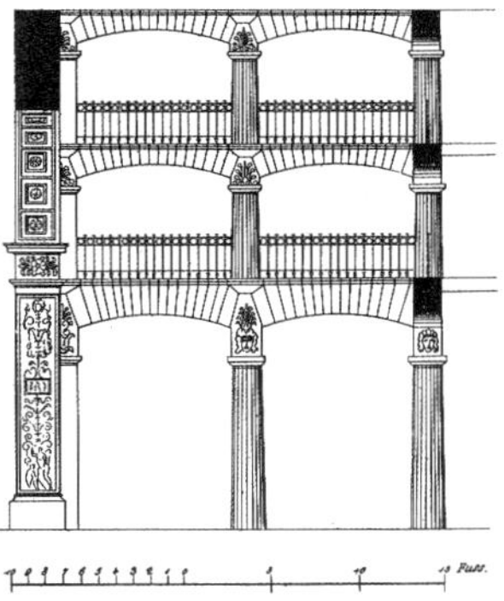

Partie X des Vestibüls in grösserem Maasstabe.

DURCHSCHNITT NACH DER RICHTUNG A. B. DES GRUNDRISSES.

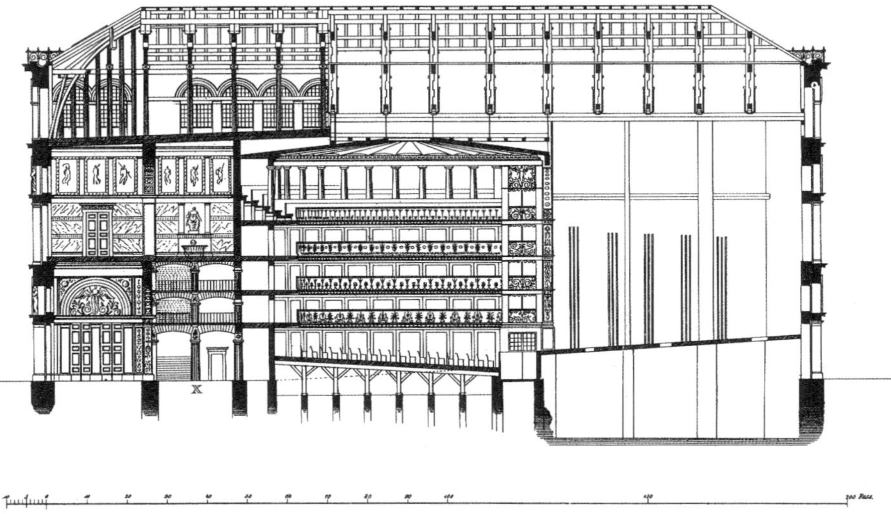

DURCHSCHNITT NACH DER RICHTUNG C. D. DES GRUNDRISSES.

88 Schinkel, Schloß Charlottenhof, Park von Sanssouci, 1822/33. Perspektivischer Stich.

DRITTES KAPITEL

Schinkels Wohnhausarchitektur und ihre Beziehung zur Landschaft

Während Schinkel die städtische Bühne des öffentlichen Lebens in den 1820er Jahren zunehmend umgestaltete, schuf er gleichzeitig auf den Gütern der königlichen Familie und der Minister im Wald- und Seengebiet der Mark Brandenburg eine neue Verbindung von Architektur und Landschaft. Wie bei seinen öffentlichen Gebäuden beschäftigte er sich auch bei diesen Privathäusern mit den Zusammenhängen zwischen einem autonomen architektonischen Entwurf und den vielfältigen Beziehungen zur Umgebung. Diese Thematik, die er erstmals für Wilhelm von Humboldt an Schloß Tegel aufgriff, wurde weiter südlich, entlang der Havel, weiterentwickelt, in einem Umkreis, der zwischen 1824 und 1835 immer größer wurde und schließlich sowohl die Stadt Potsdam als auch den königlichen Besitz Sanssouci, den Landsitz der Hohenzollern-Könige, einschloß. Die Landsitze, die er für Friedrich Wilhelm III. und dessen Söhne schuf, entwarf er in Zusammenarbeit mit dem Hoflandschaftsarchitekten Peter Joseph Lenné (1789–1886). Erstaunlicherweise gingen viele der charakteristischen Merkmale dieser königlichen Residenzen auf die einfacheren Häuser zurück, die er für die Reformminister und selbst für Auftraggeber aus der Mittelschicht in dem westlich von Berlin gelegenen Dorf Charlottenburg entworfen hatte. Während der Debatte über ein repräsentatives Staatssystem und die Rolle des Staates bei der Industrialisierung arbeitete Schinkel für Humboldt und Hardenberg. In seinen Aufträgen für das Königshaus und die Mittelschicht spiegeln sich das kulturelle Selbstbewußtsein, die sich wandelnden gesellschaftlichen Hierarchien und der Wunsch der königlichen Familie, ihre Vorstellung vom Leben auf dem Lande neu zu gestalten. Obwohl die wegen des konservativen Rückschlags von 1819 angespannte politische Lage die Beziehungen zwischen Humboldt und Hardenberg zunehmend belastete, waren sowohl der frühere Minister für Kultus und Unterricht als auch der Staatskanzler wichtige Förderer Schinkels. Zu Beginn der 1820er Jahre wandte er sich erneut der Umgestaltung von Landsitzen zu, was in den ersten Jahren seiner praktischen Arbeit als Architekt seine Hauptaufgabe gewesen war. Zur selben Zeit, als Schinkel Tegel für Humboldt umbaute,[1] bat auch Hardenberg den Architekten, seinen Wohnsitz in Quilitz umzugestalten. Das Dorf, das etwa sechzig Kilometer von Berlin entfernt lag, wurde im November 1814 in Neu-Hardenberg umbenannt, als die Krone dem Staatskanzler ausgedehnte Ländereien, einschließlich mehrerer Dörfer, überließ und ihm den Fürstentitel verlieh. Obwohl Hardenbergs Bemühungen scheiterten, die Macht der ostpreußischen Junker und des ostpreußischen Landadels zu brechen, die nach 1819 beim König verstärkt Gehör fanden, war er entschlossen, auf seinen eigenen Besitzungen Landreformen durchzuführen und die Bauern zu befreien, was er in seinen ersten Jahren im preußischen Staatdienst erfolgreich begonnen hatte.

89 Schinkel, Pfarrkirche, Neu-Hardenberg, 1816.

Schinkel war in Quilitz kein Fremder. Er hatte schon für den früheren Besitzer, General von Prittwitz, gearbeitet, als er das Dorf nach einem Brand im Juni 1801 wiederaufbaute und auf dem Grundstück des Haupthauses mehrere Wirtschaftsgebäude entwarf (Abb. 6), die kurz vor seiner ersten Reise nach Italien fertiggestellt wurden.[2] Nachdem Hardenberg das Gut übernommen hatte, zeichnete Schinkel 1816/17 erneut Pläne für den Umbau der Pfarrkirche als Dorfmittelpunkt, in denen er die Kirche um mehrere Joche erweiterte, ein seltsames ovales Belvedere auf einen strengen, massiven Turm setzte und für den späteren Anbau eines Mausoleums für Hardenberg am Ostende eine glatte Wand ließ. Schinkels Vorstellung von Herrschaft war noch immer deutlich patriarchalisch geprägt (Abb. 89–90). Das Haus aus den Jahren 1760 bis 1773 war ein typisches preußisches Herrenhaus des Barock mit einem nicht sehr tiefen U-förmigen Grundriß, dessen einziges Geschoß (Prittwitz hatte die Bauarbeiten beenden müssen, nachdem Friedrich der Große gegen die Anmaßung eines zweigeschossigen Gebäudes protestiert hatte) von einem steilen Mansarddach bekrönt war, in dem ein weiteres Teilgeschoß für die Bediensteten lag. Der Eingang wurde durch ein zweigeschossiges Frontispiz betont, das von bossierten Lisenen eingerahmt und

90 *Schinkel, Schloß Neu-Hardenberg, 1820–22.*

von Statuen bekrönt war, die auf gleicher Achse mit der nach Norden aus dem Dorf hinausführenden Hauptstraßen standen. Kurz nachdem Hardenberg das Gut von Friedrich Wilhelm III. geschenkt bekommen hatte, fand Humboldt das Haus keines zweiten Blickes würdig; man weiß nicht, ob es diese Bemerkung war, die Hardenberg veranlaßte, die Fassade so umgestalten zu lassen, daß sie seiner Stellung als Staatskanzler entsprach.[3] Zunächst dachte er wohl nur daran, Mängel der Gestaltung des Äußeren beheben zu lassen und wandte sich deshalb Anfang 1820 an einen Maurermeister am Ort namens Neubarth. Hardenbergs Mißfallen an Neubarths Lösung, einer zweigeschossigen schlecht proportionierten palladianischen Tempelfassade, fand seinen Niederschlag im Wort »geschmacklos«, das vermutlich vom unglücklichen Auftraggeber selbst über die Zeichnungen gekritzelt wurde. Gegen Jahresende wurde Schinkel hinzugezogen, der bereits Hardenbergs Dienstwohnung in der Leipziger Straße in Berlin neu gestaltet hatte (1814/15). Mit nur geringfügigen Änderungen im Inneren und ohne größere strukturelle Veränderungen wandelte Schinkel das Herrenhaus aus dem 18. Jahrhundert in eine klare geometrische und klassisch proportionierte Villa um. An die Stelle der Mansarde trat ein vollständiges zweites Geschoß mit einer Balustrade (1952 entfernt), wodurch die strenge kubische Form erreicht wurde, die für alle Wohnbauten Schinkels charakteristisch ist. Da er die im Barock zur Rhythmisierung und nicht als tektonische Ausdrucksform eingesetzte klassische Ordnung ablehnte, sah er von einer Gliederung durch Lisenen ab und ersetzte sie durch eine stark gegliederte Stuckfassade, die, in der idealisierten Sprache der Kunst, das darunterliegende Mauerwerk darstellen sollte. Das einzige Ornament war ein von zwei Vasen flankierter riesiger preußischer Adler über dem leicht vorragenden Mittelrisalit. Alle drei Zierformen sollte eine lange Girlande zusammenhalten, die jedoch nie angebracht wurde, denn Hardenberg starb 1822, bevor die Arbeiten vollendet werden konnten.

Schinkel nahm Schloß Neu-Hardenberg nicht in die Vorlageblätter seiner »Sammlung Architektonischer Entwürfe« auf, vielleicht weil es ihm nicht gelungen war, die Form des Gebäudes grundlegend zu verändern, sondern nur das äußere Erscheinungsbild umzugestalten. Doch blieb der Auftrag für ihn nicht ohne Folgen , auch wenn er es selbst nie zugab, denn er bedeutete den Beginn seiner Zusammenarbeit mit Lenné, dessen Fähigkeit, die Landschaft zu gestalten, auf alle folgenden Privathäuser Schinkels und selbst auf seine städtischen Bauten in Berlin bedeutenden Einfluß haben sollte.

In Neu-Hardenberg, in der hügeligen Landschaft der sogenannten Märkischen Schweiz, hatte Lenné gewundene Wege, rahmende Baumgruppen und Folgen von Ausblicken sowie dekorative Brunnen und Teiche angelegt, Motive, die auf den Arbeiten der Engländer Price und Repton basierten; auch wirkte hier Lennés Ausbildung bei Ludwig Skell, dem Planer des Englischen Gartens in München (1789), fort. Sein Landschaftsplan geht auf das Jahr 1820 zurück und zeigt deutlich den Einfluß nicht nur Skells, sondern auch der deutschen Tradition der malerischen Landschaftsgärten, erstmals ausgeprägt in Wörlitz. Lennés besondere Aufmerksamkeit galt den antiken Schaugärten, ikonographischen Bezügen und der Vielfalt an Baum- und Pflanzenarten.[4] Von Anfang an dachte Hardenberg daran, den Park diplomatischen Gästen zur Verfügung zu stellen, die er in Neu-Hardenberg empfangen wollte – das zweite Geschoß des umgebauten Hauses sollte ausschließlich von Gäste- und Bedienstetenzimmern eingenommen werden; die Anlage sollte zur Verschönerung des Dorfes beitragen, es sollte ein Ort sein, an den man sich von der Arbeitswelt auf dem Gutshof in die geformte und belehrende Welt der Kunst zurückziehen konnte. Obwohl der Auftrag wegen des knappen Budgets Schinkel nur wenig Freiraum zur Erkundung formaler Neuheiten ließ, zeigt er doch die Reaktion des Architekten auf die traditionelle Baukunst auf dem Lande. Zwar hatte Neu-Hardenberg klassische Proportionen, aber es besaß weder monumentale

91 Schinkel, Landhaus Gabain, Charlottenburg, 1822. Schinkels Gemälde zeigt den (nie ausgeführten) Plan und unten rechts ein Selbstporträt des Baumeisters mit dem Erdgeschoßgrundriß in der Hand.

92 Schinkel, Landhaus für den Bankier Behrend, Charlottenburg, 1823. Fassade und Seitenaufriß, Perspektivische Ansicht und Grundriß von Erd- und Obergeschoß.

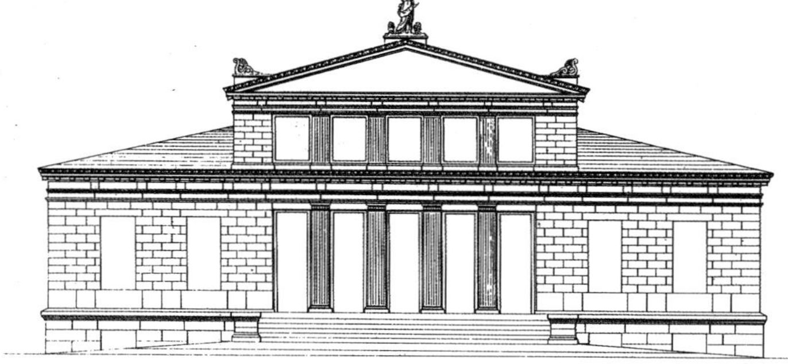

VORDERFAÇADE.

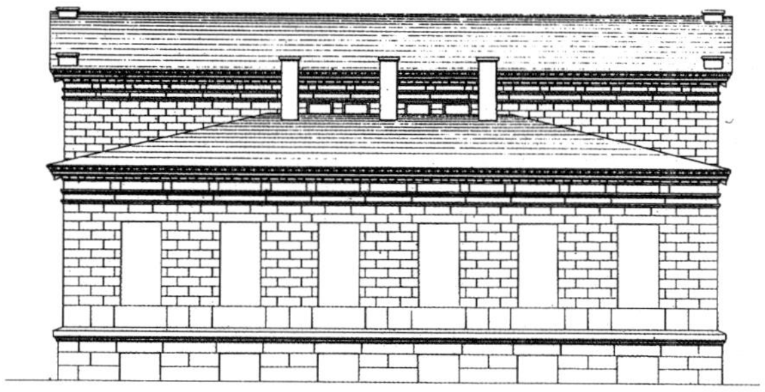

SEITENFAÇADE.

PERSPECTIVISCHE ANSICHT DES LANDHAUSES.

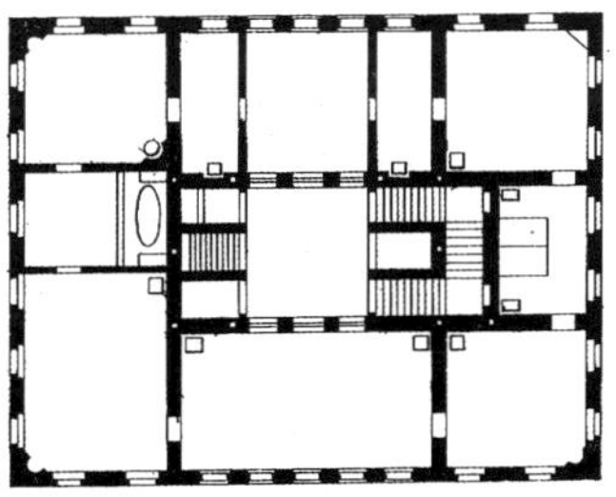

GRUNDRISS DES ERSTEN GESCHOSSES.

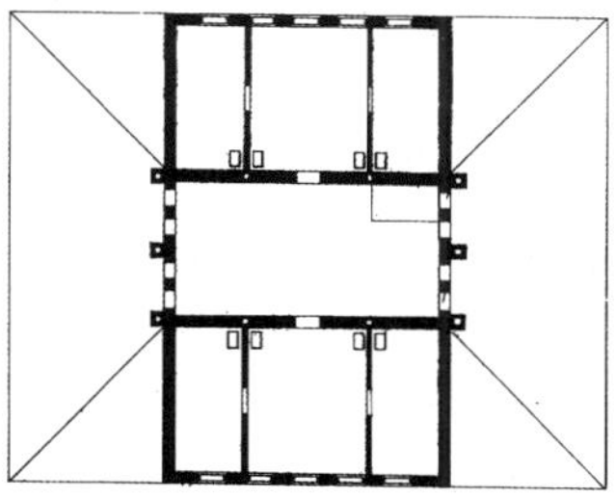

GRUNDRISS DES OBERN GESCHOSSES.

93 *Schinkel, Neuer Pavillon (heute Schinkel-Pavillon), Charlottenburger Schloßpark, 1824.*

94 *Schinkel, Neuer Pavillon, Charlottenburger Schloßpark, 1824. Balkonausschnitt.*

Treppen noch einen Portikus, weder monumentale klassische Ordnungen noch eine monumentale Auffahrt. Auch wenn es der in Schinkels Werk am meisten an einen Palast erinnernde Landsitz war, der auf Hardenbergs Ernennung zum Fürsten hinwies, ließ er doch eine beinahe bürgerliche Bescheidenheit erkennen, die zum Leitmotiv der Bauten für das Königshaus werden sollte. Durch diesen Auftrag festigte sich Schinkels Beziehung zu Hardenbergs Schwiegersohn Hermann Fürst von Pückler-Muskau (1785–1871), einem Freund und Schüler Lennés, der mit Schinkel die Sehnsucht nach einer Wiederbelebung des Geistes antiker Architektur und ihres Verhältnisses zur Natur als Fundament der modernen politischen Freiheit teilte.

Im Zuge des wirtschaftlichen Aufschwungs der 1820er Jahre erhielt Schinkel zahlreiche Aufträge von wohlhabenden Berliner Kaufleuten und Fabrikanten. Es waren Entwürfe für kleine Landhäuser in den begrünten Straßen südlich des Charlottenburger Schlosses im Westen Berlins. Der Entwurf eines kompakten Pavillons für den Textilfabrikanten G. A. Gabain, einen Schwager von Wilhelm Gropius, umfaßte auch Pläne für die komplette Gestaltung der Landschaft auf dem Besitz. Danach sollte das Hauptgeschoß von einem Weg über eine Rampe direkt zugänglich sein, während sich sämtliche Wirtschaftsräume im Souterrain befinden sollten (Abb. 91). Das 1822 entworfene Gabain-Haus wurde nie ausgeführt,[5] aber ein Jahr später entwarf und baute Schinkel innerhalb weniger Monate in der Nähe ein Sommerhaus für den Bankier Samuel Behrend (1905 zerstört). Das Landhaus Behrend war der erste private Auftrag, den Schinkel in seine »Sammlung Architektonischer Entwürfe« aufnahm (Abb. 92). Es gab den Anstoß zu einer Entwurfsserie vorbildhafter Stadthäuser in begrünter Umgebung für verschiedene Gesellschaftsschichten. Alle basieren auf der einfachen Wandgliederung von Neu-Hardenberg und dem tektonischen Muster des Schauspielhauses. In seiner Wohnhausarchitektur vermied Schinkel stets die für seine öffentlichen Bauwerke so charakteristischen Kolossalordnungen und gab statt dessen der klassischen Proportionierung von schlichten Baukörpern den Vorzug.[6]

Zum Gedenken an seine unstandesgemäße zweite Heirat mit der Fürstin von Liegnitz gab König Friedrich Wilhelm III. ein Jahr später einen neuen Pavillon auf dem Schloßgelände in Auftrag, der auf einem Grundstück direkt im Anschluß an die lange Ostseite des Palastes und fast direkt gegenüber dem Landhaus Behrend errichtet werden sollte (Abb. 93–99). Mit dem Pavillon wollte sich der König einen Ort schaffen, an den er sich fernab vom Pomp und den Ritualen des Schloßlebens in eine schlichte Privatsphäre zurückziehen konnte, in engem Kontakt mit der Natur. Ihm schwebte eine Nachbildung der königlichen Villa, des »Casinos«, in Chiatamone an der neapolitanischen Küste vor, wo er 1822 zu Gast gewesen war. Schinkel, der das Landhaus nie gesehen hatte, übernahm einige Elemente, die ihm der König beschrieben hatte. Er brachte in diesen Entwurf jedoch auch weiterhin die rigorose geometrische äußere Ordnung, ein entsprechend gegliedertes Raumsystem und eine strenge Symmetrie in natürlicher Umgebung ein, wie er es schon in den Plänen für Behrend, Gabain und Humboldt getan hatte. Von Chiatamone übernahm er die Idee eines durchlaufenden Balkons im Obergeschoß, durch den eine Art äußere Enfilade entstand, die parallel zur inneren Zimmerflucht verlief und es erlaubte, ständig von außen nach innen zu gehen. Die Begeisterung des Königs für dieses Detail der neapolitanischen Villa traf sich mit Schinkels eigener Vorliebe für die Bauweise des ländlichen Italiens, vor allem für jene Häuser, die er 1803/04 auf Sizilien und Capri gezeichnet hatte (Abb. 8–9). Ihre Außentreppen, Dachzimmer und Laubengänge, so meinte er, trügen dazu bei, den Unterschied zwischen dem Leben innerhalb der klaren Linien des geometrischen Stucks und der üppigen italienischen Natur zu verwischen. Schinkel besuchte zwar auf seiner zweiten Reise nach Süden Ende Juli 1824 Neapel, doch entwarf er den Neuen Pavillon in Charlottenburg noch vor seiner Abreise. Das Gebäude, das während seiner Abwesenheit errichtet wurde, ist keine Nachbildung eines italienischen Originals, sondern Ergebnis einer Dynamik der geometrischen Ordnung in Anpassung an die bestehende Ordnung des Schloßparks. Den weißen kubischen Bau, der auf einem annähernd quadratischen Grundriß steht, gliedern nur strenge Gurtgesimse und dunkelgrüne Fensterläden. Säulenloggien lokkern die Fassade auf, und ein zierlicher Eisenbalkon, auf dessen Unterseite goldene Sonnen auf blauem Hintergrund gemalt sind, trennt die Fassade in zwei fast gleichhohe Geschosse. Der Neue Pavillon stand in Stil und Funktion in krassem Gegensatz zur prunkvollen Gartenfassade des Charlottenburger Schlosses mit ihrer barocken Gliederung und einer reichen Farbskala. Im Inneren herrscht fast vollkommene Symmetrie, und der quadratische Grundriß ist in neun gleiche Räume aufgeteilt. Alle Zimmer sind ungewöhnlich schlicht und haben nichts von der Pracht der kleinen französischen Pavillons in den Schloßgärten, wie die im Trianon in Versailles oder im Sanssouci Friedrichs des Großen. Wie beim Landhaus Behrend wird das mittlere Feld des Fassadenaufrisses von einer Treppenhalle mit Oberlicht eingenommen, aber alle anderen Räume sind auf den Blick nach draußen und im zweiten Stock auf den Balkon ausgerichtet. Die einzige Ausnahme von dieser geradlinigen Ordnung ist die halbrunde pompejanische Bankette im Gartensaal. Angeregt durch das gleiche berühmte Stibadium im Mammia-Grab in Pompeji (Abb. 96), das später als Modell für Humboldts Grab dienen sollte, wurde diese Bankette, die sich außen als Exedra-

95 *Schinkel, Neuer Pavillon, Charlottenburger Schloßpark, 1824. Blick vom ersten Vorzimmer in den Gartensaal.*

96 *Schinkel, Neuer Pavillon, Charlottenburger Schloßpark, 1824. Bankett im Gartensaal.*

97 *Schinkel, Neuer Pavillon, Charlottenburger Schloßpark, 1824. Detail des um 1830 entworfenen Bronzekandelabers.*

98 Schinkel, Neuer Pavillon, Charlottenburger Schloßpark, 1824. Die Porzellanplatte des Teetisches zeigt Schinkels bedeutendste Bauwerke in Berlin.

99 Schinkel, Neuer Pavillon, Charlottenburger Schloßpark, 1824. Blick auf das Treppenhaus vom Eingang aus.

bank fortsetzte, eines der Lieblingsmotive Schinkels, mit denen er seine architektonischen Entwürfe zur Landschaft in Beziehung setzte. In diesen Jahren entwarf er auch ein besonders großes Stibadium als Mittelteil der Zimmerflucht, die er für den Kronprinzen in einem Trakt des Schlosses auf der Spreeinsel renovierte. Orientiert am Ausblick vom Teesalon des Kronprinzen aus, wurde der Blick auf Berlin noch gesteigert durch sorgfältig angeordnete Spiegel, die verschiedene Blickwinkel vom Fenster tief in den Raum hinein reflektierten. Im Neuen Pavillon war die Bankette ein Ort, wo man mit dem Blick auf Schloß und Garten saß und Gespräche führte, wie es nach Ansicht der damaligen Altersforscher auch in antiken griechischen Häusern der Fall gewesen war. Das Zentrum bildete ein kleiner runder Teetisch, für dessen Tischplatte Schinkel eine Einlegearbeit aus Porzellan entwarf mit Darstellungen der stattlichen Reihe seiner in Berlin vollendeten Bauwerke (Abb. 98). Das Schloß selbst wurde zu einem weiteren Bild, das man vom Pavillon aus sehen konnte, so als könnte der König aus seiner Rolle schlüpfen und mit dem Selbstbewußtsein dorthin blicken, wofür Schinkel seine Entwürfe so oft berechnet hatte.

Kurz nachdem die Pläne für den neuen Sommersitz des Königs fertig waren, begab sich Schinkel gemeinsam mit dem späteren Direktor des Alten Museums, Gustav Waagen, für vier Monate nach Italien, um Ideen für die Einrichtung des Museums zu sammeln. Wie in seinen Reisetagebüchern zu lesen, war die Reise auch ein Wiedersehen mit der landestypischen Wohnhausarchitektur Italiens, vor allem mit den Häusern, die er zwanzig Jahre zuvor auf Capri so sehr bewundert hatte. Er skizzierte und beschrieb sie, und obwohl er ihre einfache Tuffkonstruktion mißbilligte und ihre mangelnde tektonische Klarheit beklagte, blieb er weiterhin im Bann ihrer klaren geometrischen Ausdrucksweise und der Art, wie sie mit der Landschaft korrespondieren – mit offenen Laubengängen, Außentreppen und wechselndem Bodenniveau, dem Gelände angepaßt, ohne dabei etwas von ihrer geometrischen Klarheit und Autonomie aufzugeben (Abb. 9).

Überraschenderweise fehlt der Neue Pavillon in Charlottenburg in den Abbildungen der »Sammlung Architektonischer Entwürfe«, wohingegen Schinkel das um 1815 entworfene »Phantasie«-Projekt eines Lusthauses für vier Brüder am Ufer der Havel in allen Einzelheiten veröffentlichte. Das vom Kronprinzen in Auftrag gegebene Lusthaus sollte ein Begegnungsort für ihn und seine Brüder sein, die sich in den folgenden Jahren ebenfalls an Schinkel wandten mit der Bitte, ihre Landsitze in der Havellandschaft bei Potsdam umzugestalten. Das Lusthaus wurde nie gebaut, doch zeigt es deutlich die Art und Weise, wie Schinkel auch den Neuen Pavillon in die Potsdamer Landschaft einpaßte. Dieser neue Ansatz in seinen Landhausplänen kam fast gleichzeitig in den Anmerkungen zu seinem architektonischen Lehrbuch zum Ausdruck, in denen er erklärte: »Jeder zu einem gewissen Zweck bestimmte Gegenstand erfordert eine gewisse jenem entsprechende Ordnung. Diese Ordnung ist entweder Symmetrie welche jeder versteht, oder relative Ordnung die nur dem verständlich ist der ihr Prinzip kennt.«[7] In seinen Stadtbauten blieb Schinkel der Symmetrie und der Verständlichkeit für ein ständig wachsendes Publikum treu. Aber in den Landhäusern, insbesondere für die Brüder des Königs, mit denen er befreundet war, begann Schinkel, die Vorstellung einer relativen Ordnung umzusetzen. Das Lusthaus war keine malerische Komposition, in der Art seiner englischen Zeitgenossen Repton und Nash, die ihre Anregungen aus der Landschaft bezog. Vielmehr entfaltete es sich aus sich selbst, als setze es einen Rahmen für ein höheres Verständnis der Landschaft. Auf seinem Stich brachte Schinkel den Grundriß des Hauptgeschosses sorgfältig in die Mitte der Vorlage, da er das Gebäude als ein fest verzahntes Gefüge von Baukörpern, Laubengängen und Spalieren klar und deutlich festlegte. Der Grundriß und die Aufrisse ergeben sich aus dem Zusammenspiel von einer vorgegebenen ursprünglichen Symmetrie und den Verschiebungen, die erforderlich waren, um den ungewöhnlichen Plan und die Lage am Flußufer aufeinander abzustimmen. An den Hauptbau mit seinem großen Salon für alle Brüder grenzt ein niedriger Bau mit einem Flachdach, in dem sich vier gleiche Arbeitszimmer befinden, von denen jeweils zwei durch eine halbkreisförmige Nische betreten werden können. Die Kronleuchter in den beiden Nischen sollten ursprünglich sowohl den Salon als auch die Arbeitszimmer beleuchten. Aber da ein vertikaler Umgang notwendig wurde, um auf die Dachterrasse zu gelangen, wurde in der Mitte eine Treppe eingebaut, wodurch die Räume getrennt wurden und ein fünftes Joch für die Treppe geschaffen werden mußte. Das hinzugekommene Joch bewirkt nicht nur ein dynamisches und unerwartetes Verschieben der beiden langen Wände des Salons, wo die geschlossenen Teile der einen Wand den Öffnungen der anderen gegenüberstehen, sondern schafft auch einen Umriß, der außen durch niedrige Umfassungsmauern und weinberankte Spaliere vollendet wird, die den hohen zentralen Baukörper umgeben. Diese beiden ineinandergreifenden Baukörper sind ihrerseits in einen weiteren rechtwinkligen Rahmen gesetzt. Der größere Umriß wird von einer niedrigen Parkmauer und von zwei Außentreppen gebildet, über die man zur Pergola vor den Arbeitszimmern gelangt, von wo aus man auf den Fluß hinausschauen kann.

Das Lusthaus, ein Ort, an den man sich zum Lesen und Unterhalten zurückziehen kann, ist also auch eine Art Belvedere, das, wie Schinkel meinte, Freude an der Landschaft vermitteln sollte. Mit sei-

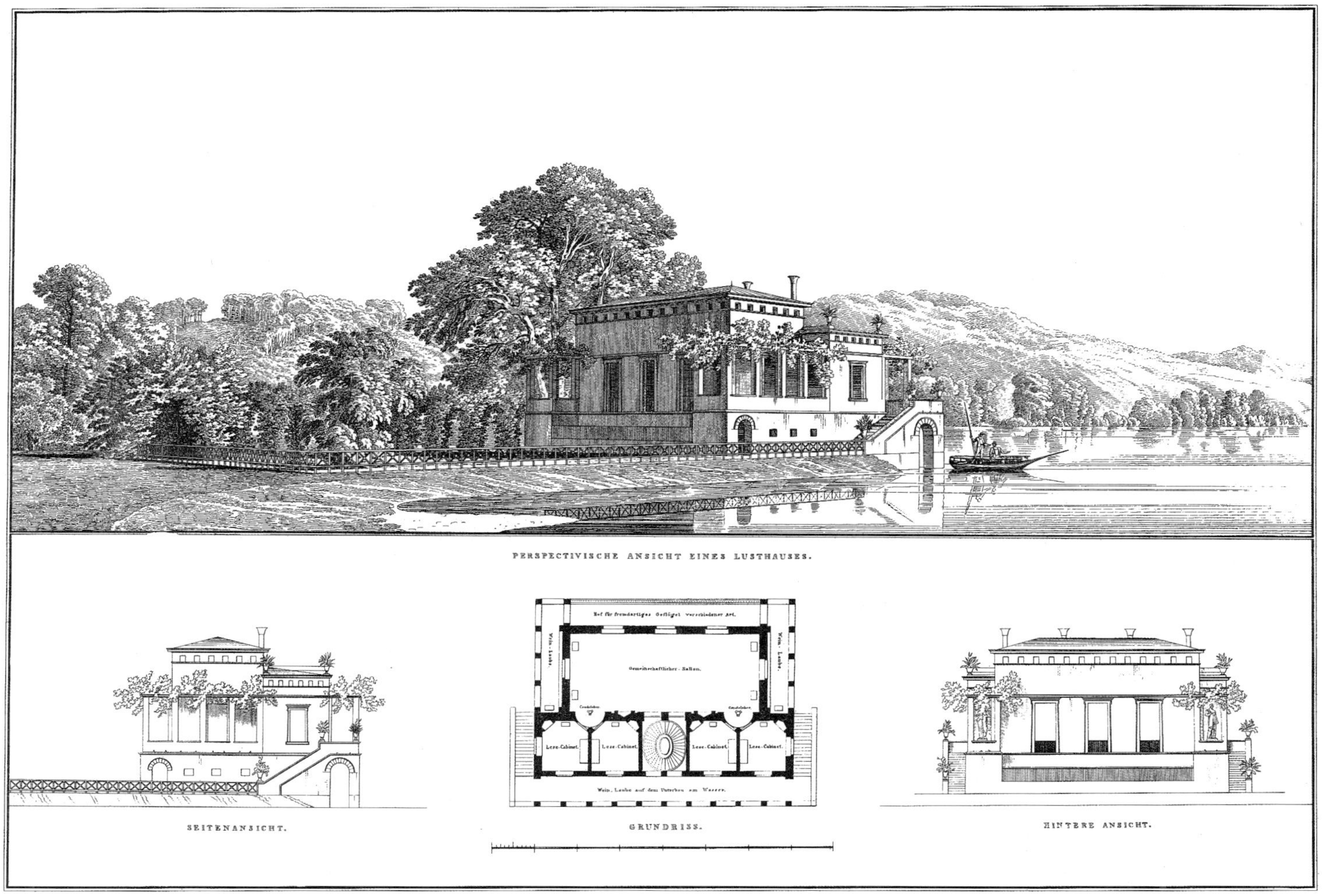

100 Schinkel, Plan des Lusthauses, bei Potsdam. Perspektivische Ansicht, Aufrisse und Grundriß.

101 Peter Joseph Lenné,
Plan zur Umgestaltung
der Potsdamer Region,
1833.

nen Dachzimmern, Weinspalieren und Außentreppen unterwirft es all die Merkmale, die Schinkel am italienischen Bauernhaus bewunderte, der strengen Ordnung der Entstehungsgesetze von Architektur selbst. Seiner Meinung nach war dies keine Architektur aus übertragenen Bildern, sondern eine parallele Umsetzung der tektonischen Ordnung seiner eigenen preußischen Architektur. Wie Tegel war das Lusthaus dazu bestimmt, das Staunen über die Natur und das Verständnis für sie zu verstärken. Denn zusätzlich zu der umfassenden Aussicht von den Terrassen aus war das Haus selbst von Natur belebt, angefangen bei den Weinreben und Pflanzen an den Wänden bis hin zu einer Voliere, die an einer Seite geplant war und die das Haus mit Vogelgezwitscher erfüllen sollte. Das Haus sollte auch Bequemlichkeit und Behaglichkeit bieten. Schinkel hatte festgestellt, daß bei den italienischen Bauernhäusern die Öffnungen entlang der Dachlinie für eine natürliche Lüftung sorgen, und er nahm diese Technik hier an einem Fries unterhalb der Dachlinie auf, dessen Lüftungslöcher fast wie die landesüblichen Triglyphen aussahen. Dazu erklärte er: »Die kleinen Öffnungen unter dem Gesimse sind für den Luftzug unter dem Metalldach angelegt, damit die Hitze, welche ein solches Dach erzeugt, wenn die Sonne darauf brennt, von den Zinnen abgehalten werde.«[8]

So wie das Haus für seine Bewohner und auch für die zu Wasser oder zu Lande ankommenden Besucher die Ausblicke in alle Richtungen rahmen und Panoramen öffnen sollte, hat das Gebäude keine bevorzugte Schauseite und keinen offenkundigen Eingang, ausgenommen den kleinen Dienstboteneingang zur Hausmeisterwohnung im Erdgeschoß. Es scheint die Verkörperung einer Auffassung von Architektur zu sein, die Schinkel in den Anmerkungen zu seinem Lehrbuch Mitte der 1820er Jahre formulierte: »Die eigenthümliche Eigenschaft der Werke der Baukunst, daß der Mensch sich in ihnen und um sie herum bewegen kann, daß also die Standpunkte für die Beschauung unendlich sind ... drängen auf die möglichste Vereinfachung aller Formen, indem die natürlichen Gesetze der Perspektive ... ohnehin schon zu einer Thätigkeit der Phantasie auffordern.«[9]

Doch erst in der Realität, nicht nur auf dem Papier konnte sich Schinkels Vorstellungskraft entfalten, indem er die Architektur renovierte, kurz nachdem Peter Joseph Lenné die Gestaltung der Potsdamer Havellandschaft initiiert hatte. Lenné arbeitete seit 1816 für den König in den Gärten von Sanssouci und für Hardenberg in Glienicke. Dabei hielt er sich jeweils an die neuesten Ideen der englischen Landschaftsgestaltung,[10] um aus dem sandigen Boden der Potsdamer Seenplatte eine entsprechende Umgebung zu schaffen (Abb. 101). Kurz nachdem der 22jährige Prinz Karl, der jüngere Bruder des Kronprinzen, von seiner ersten Reise nach Italien zurückgekehrt war – er hatte seinen Vater und Alexander von Humboldt zum Kongreß von Verona 1822/23 begleitet –, erwarb er im Mai 1824 Glienikke von Hardenbergs Sohn. Vor Abschluß der Kaufverhandlungen hatte er Schinkel beauftragt, die Gebäude umzubauen, und er traf Vorkehrungen, damit Lenné die Arbeit im Park fortsetzen konnte. Prinz Karl war, wie sein Vater, begeistert von dem bruchlosen Verhältnis von Architektur, Umgebung und Antike, das selbst in der kargsten italienischen Landschaft allgegenwärtig war. Schinkel hätte sich keinen kongenialeren Auftraggeber wünschen können. Er hatte freie Hand bei der Umwandlung der Anlage in eine malerische Parklandschaft, die an Karls Erlebnisse in Italien erinnerte und als Standort dienen sollte für die antiken Fragmente und Skulpturen, Gemälde und Keramiken, die er sammelte und seiner großen Sammlung historischer Waffen und Rüstungen im Berliner Schloß hinzufügte.

Wie in Neu-Hardenberg sah sich Schinkel vor die Aufgabe gestellt, mit noch vorhandenen Gebäuden inmitten eines alten Gutshofs arbeiten zu müssen. Lenné und Hardenberg hatten bereits damit begonnen, den Gutshof in eine ornamentale Landschaft zu verwandeln, doch war an den Gebäuden selbst noch wenig verändert worden. Schinkel war beauftragt, in enger Zusammenarbeit mit Lenné einen Plan für das gesamte Grundstück zu zeichnen, der dann nach und nach ausgeführt werden sollte. Das Haupthaus mit seiner Fassade zur Straße von Berlin nach Potsdam, an der Stelle, wo eine Brücke über die Havel führte, war 1751 gebaut und seitdem mehrmals verändert worden. Sein Zustand von 1824 ist auf einem Stich Schinkels festgehalten (Abb. 102). Hinter dem Haus befanden sich mehrere Stallungen und Wirtschaftsgebäude. Ein paar hundert Meter weiter nördlich erhob sich auf einer leichten Anhöhe ein kleines Haus, das zum Billardspielen eingerichtet war und von dem aus man einen herrlichen Blick auf die Havel hatte. Als erstes gestaltete Schinkel hier das kleine Gebäude in ein elegantes Kasino um, so wie er es in Neu-Hardenberg getan hatte. Auch hier wurde die Mansarde durch ein zweites Geschoß ersetzt und das ganze von einer Balustrade abgeschlossen, an deren Ekken jeweils eine Vase saß. Die Wände waren durch einfache Gesimse gegliedert, die die Geschoßhöhen angaben, strenge griechische Fensterumrahmungen kamen hinzu, und das Muster von Mauerwerk wurde in den Putz gekerbt. All dies diente dazu, einen größeren Maßstab zu schaffen. Doch erst durch die Einbindung in die Umgebung wurde dieses Gebäude zum Mittelpunkt einer vollkommen neuen räumlichen Ordnung (Abb. 103–107). Schinkel verwandelte die einfachen Pergolen der italienischen Häuser in ein komplexes System, durch das sein formal strenges Gebäude sich aus seinem Standort heraus entwickeln konnte und der Blick auf die An-

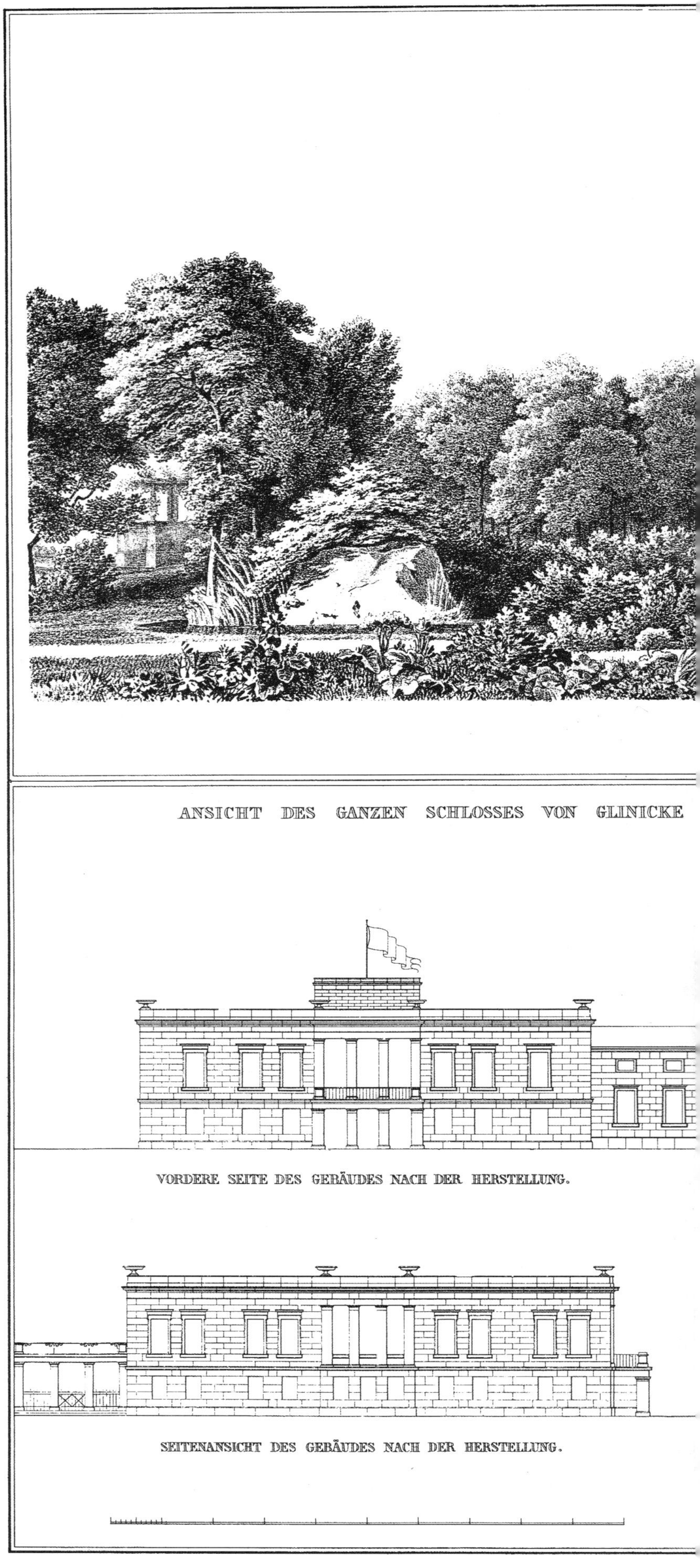

102 Schinkel, Schloß Glienicke, 1824–32. Perspektivische Ansicht, Aufrisse (unten links), Grundrisse von Gebäude und Grundstück (unten Mitte) und ursprüngliches Gebäude (unten rechts).

NACH DER HERSTELLUNG UND ERGÄNZUNG.

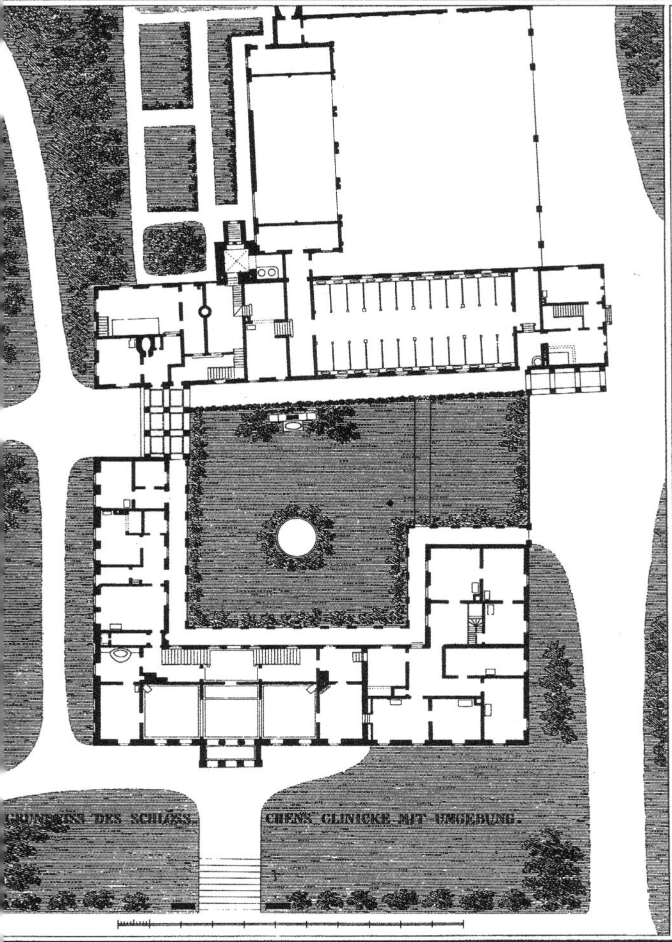

SEITENANSICHT DES GEBÄUDES VOR DER HERSTELLUNG.

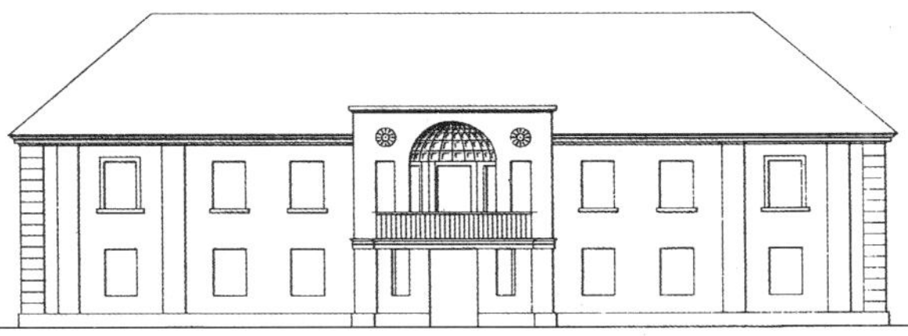

VORDERE SEITE VOR DER HERSTELLUNG.

10 5 0 10 20 30 40 50 60 70 80 90 Fuß Rheinl.

103 Schinkel, Kasino, Schloßpark Glienicke, 1824/25. Blick vom Park auf die Havel.

104 Schinkel, Kasino, Schloßpark Glienicke, 1824/25. Blick über eine der Pergolen auf das Gebäude.

105 Schinkel, Kasino, Schloßpark Glienicke, 1824/25. Ausschnitt der Gartenfassade mit pompejanischem Fresko und Exedrabank.

106 Schinkel, Kasino, Schloßpark Glienicke, 1824/25. Gartenfassade.

ANSICHT DES HÄUSCHENS AM SEE IN GLINICKE.

DECORATION DES MITTEL-SALLONS.

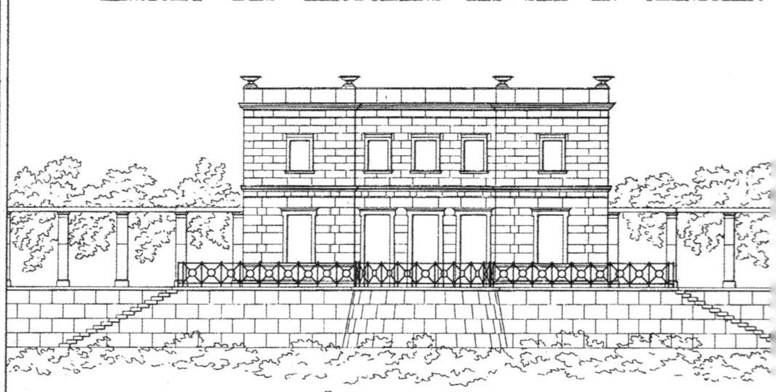

ANSICHT DES HÄUSCHENS AM SEE MIT DEN LAUBEN.

GRUNDRISS DES HÄUSCHENS AM SEE MIT SEINEN LAUBEN.

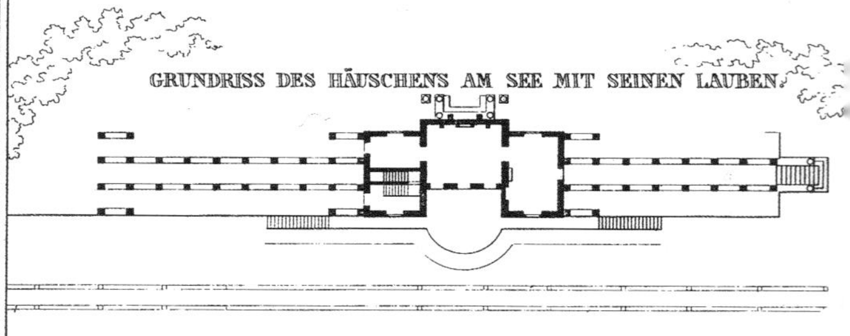

EHEMALIGER ZUSTAND DES GEBÄUDES.

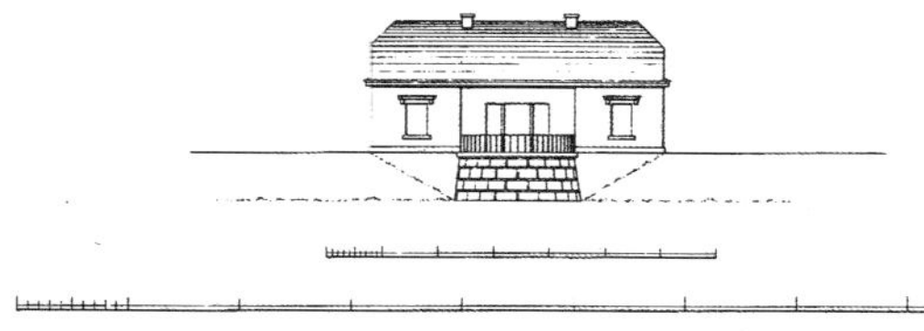

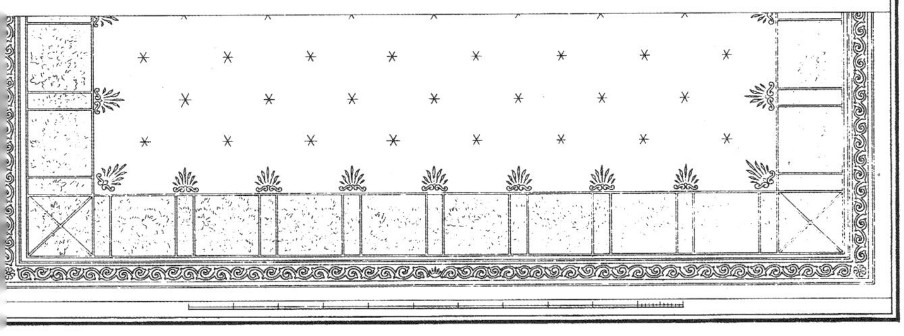

107 Schinkel, Kasino, Schloßpark Glienicke, 1824/25. Perspektivische Ansicht, Entwürfe der Innenwände (unten links und rechts) und Flußaufriß, Grundriß und ursprüngliches Gebäude (unten Mitte, oben bis unten).

höhe am Ufer gelenkt wurde, wo der Mikrokosmos des neu gestalteten Parks des Prinzen Karl der natürlichen Landschaft begegnete.

Lenné folgend, richtete sich auch Schinkel sorgfältig nach den komplexen Konturen des Geländes. So wie Lenné eine Reihe nichtaxialer Gebäudeansichten schuf und ständig neue, meist schräge Blickwinkel entdeckte, begann auch Schinkel, trotz seiner klaren formalen Ordnung des Gebäudes, die Idee eines axialen Zuganges von einer Seite des Parks oder vom Ufer her allmählich aufzugeben. Im Laufe des Sommers 1824, als Persius die Arbeiten während Schinkels Reise nach Italien beaufsichtigte, wurde der Umbauplan ein letztes Mal geändert: die Türöffnung in der Mitte der Gartenfassade wurde zugemauert, an ihre Stelle trat im Inneren ein offener Kamin mit einem großen Spiegel über dem Kaminsims (Abb. 103, 108) und an der Außenseite ein perspektivisches Freskogemälde im pompejanischen Stil (Abb. 107). Die beiden wurden innen und außen genau an der Stelle angebracht, wo der Ausblick »ausgelöscht« worden war. Im Salon befand sich der Spiegel genau gegenüber dem Blick durch die Fenstertüren auf die Terrasse, und in ihm spiegelte sich das Panorama des Flusses. Vor das Fresko an der Gartenfassade setzte Schinkel eine rechtwinklige Exedra, einen gemütlichen Sitzplatz in diesem »Außensalon«, von dem aus man über die von Lenné soeben neu angelegte abfallende Wiese das Haupthaus sehen konnte.

Nachdem Schinkel an der Gartenfassade einen Eingang geschlossen hatte, öffnete er mehrere neue Zugänge an den anderen Fassaden des Gebäudes. Dadurch machte er das Gebäude zur Landschaft hin durchlässig und vergrößerte seinen Grundriß über die Innenräume hinaus bis zu den langgestreckten Pergolen an jeder Seite und zu der breiten Terrasse, die sich über die ganze Länge der Flußfassade erstreckte. Vom Fluß aus betrachtet, wie Schinkel das Gebäude in seinem Stich darstellte (Abb. 107), verbergen die Pergolen die Unterschiede im Bodenniveau des Grundstücks auf allen Seiten, denn im Norden (links) befindet sich die Pergola auf Geländeebene, während das Grundstück im Süden (rechts) allmählich abfällt, die Pergola künstlich erhöht ist und eine Treppe hat, die in den gewundenen Pfad übergeht, den Lenné am Flußufer angelegt hatte. Ein Spaziergang durch den Park führte durch die Anbauten des Schinkelschen Gebäudes, und für diejenigen, die mit dem Boot ankamen, bildete das Kasino das Eingangstor zum Anwesen. Eine poetischere Ausdrucksform für Schinkels Auffassung, die Architektur sei die Fortsetzung des konstruktiven Handelns der Natur durch den Menschen, hätte es nicht geben können. Wenn man das Gebäude vom Park oder vom Flußufer aus betreten wollte, mußte man erst kreuz und quer über Treppen und Pergolen laufen. Die Bewegung innerhalb des Hauses gleicht somit den malerischen

108 Schinkel, Kasino, Schloßpark Glienicke, 1824/25. Offener Kamin im Salon, mit einer Büste des Hausherrn, Prinz Karl, auf dem Kaminsims.

109 Schinkel, Kasino, Schloßpark Glienicke, 1824/25. Ausschnitt der Decke im Salon.

Wegen im Park, bei denen sich der Mittelpunkt ständig verschiebt und ein Spazierweg mit neuen und unerwarteten Aussichten überrascht. Zur Vollendung des Szenarios reichte Karls Sammlung sogar bis zur Havel hinunter, wo ein großes Segelschiff vor Anker lag, um, wie Schinkel meinte, das Gelände noch mehr zu schmücken (Abb. 107).

Schinkel gestaltete das gesamte Grundstück, von den hölzernen Weinspalieren am Flußufer bis zu den stuckierten Pergolen und dem Gebäude selbst. Hier offenbart sich die Entwicklung der Bauformen vom Holz zum Stein, vom einfachen Bau zum geschlossenen Wohnhaus, in der so viele die Entwicklung der architektonischen Gestalt gesehen haben.[11] Das Kasino steht so in der Reihe von Schinkels Überlegungen zur Entwicklungsgeschichte der Architektur, Ideen, die er in seinem »Lehrbuch« verfolgte (siehe Viertes Kapitel) und die er in Tegel aufgegriffen hatte, wo die sprachtheoretischen und naturhistorischen Untersuchungen der Brüder Humboldt sich mit Schinkels Arbeit ergänzten.

Im folgenden Jahr, 1825, begann Schinkel, das Haupthaus in eine königliche Villa umzuwandeln, nach bewährtem Muster: Er ersetzte die Mansarde durch ein hohes zweites Geschoß, das von einer Balustrade bekrönt war, um das Dach zu verdecken, dessen kompositorische Ordnung durch Vasen auf der Dachlinie bestimmt wurde; er verkleidete die Wände mit einer Stuckschicht, um den Eindruck festen Mauerwerks zu erwecken, und er gab dem ganzen kräftige, aber würdevolle klassische Proportionen (Abb. 102, 110–111). Die architektonische Syntax erinnert an den für den früheren Besitzer Hardenberg entwickelten Stil, doch spiegeln sich in der neuen Sensibilität für die Landschaft und in der malerischen Komposition die Erfahrungen, die er an Ort und Stelle machte. Auch hier diente die einfache Pergola als Mittel, das umgestaltete Haupthaus, den Wagenschuppen und die Stallungen im Rückgebäude zu einer einheitlichten Komposition zu verbinden, die mit den Ansichten der Landschaft fein verwoben ist. Zur Landstraße hin zeigte das Haus eine geradezu formelhafte Fassade. Die Eingangsachse wurde gebildet von einem Brunnen mit hoher Fontäne, einer breiten Treppe zwischen den von Pferdeskulpturen gekrönten Mäuerchen und einem zweigeschossigen Portikus mit quadratischen Pfeilern. Diese Eingangsgestaltung wiederholte sich in einer Wagenzufahrt. Familienmitglieder und enge Freunde betraten das Gebäude direkt durch den halbumschlossenen Gartenhof, der von den vorspringenden rückwärtigen Flügeln und dem Wagenschuppen gebildet wurde. Der Gartenhof wurde von Schinkel so angelegt, daß er sofort ins Blickfeld kam, sobald man die Zufahrt hinauffuhr und zum Hof hin sah.

Obwohl Schinkel im Inneren wenig veränderte, richtete er das Haus am diesem äußeren Hofbereich aus, indem er die lockere Enfilade im Inneren durch eine fortlaufende gußeiserne Pergola entlang der Gartenfassaden parallelisierte. Er verband sie mit einem Laubengang, der die Lücke zwischen dem Haus und dem Stallgebäude überspannte, um das Gefühl der Geschlossenheit zu verstärken. Den Mittelpunkt der Komposition bildete ein rundes Becken auf dem mit Gras bewachsenen Hof. Zwischen dem Haus und dem Wagenschuppen rahmte der Laubengang die Ausblicke auf den eingeschlossenen Garten, auf Lennés Park und auf die weite Havellandschaft. Hinzu kamen noch Weingärten und mit antiken Skulpturfragmenten und Terrakottaornamenten stuckierte Wände.

Ob man es vom Hof aus betrachtet oder aus der schrägen Perspektive der »Sammlung Architektonischer Entwürfe« (Abb. 110), die Komposition von Schloß Glienicke entfaltet sich in einer lockeren Spirale immer höherer Bauten. Sie gipfelt in dem einem Campanile gleichenden Turm des Stallgebäudes. Vom offenen oberen Geschoß des Campanile, das nach Schinkels Tod mit Serlio nachempfundenen Fensterrahmen versehen wurde, und von der Dachterrasse über dem Eingangsportikus kann man die weite Landschaft und die Silhouette des etwa drei Kilometer entfernten königlichen Potsdam überblicken. Schinkels perspektivische Zeichnung der Pergola des Kasinos auf der einen Seite mit ihrer von Bäumen gerahmten Vignette zeigt den Kontrast, den er zwischen den Fassaden des Wagenschuppens und des Haupthauses setzte. Sie errichten eine Hierarchie der Gestaltung mit dem strukturellen Kontrast zwischen dem toskanischen Bauernhausstil der Nutzgebäude und der verfeinerten Ausführung des Bossenwerks, der Proportionen und der Profile am Wohntrakt.

Schinkels erster perspektivischer Stich von Schloß Glienicke (Abb. 102) vermittelt den Blick von dem kleinen Gebäude mit Arkaden an der Straßenseite, das er 1825 zu einem Teepavillon umbaute. Die »Neugierde« ist ein schlichter Tempel, der zum Schutz vor der belebten Straße an drei Seiten geschlossen ist und auf der vierten einen weiten Blick auf das Schloß und das Grundstück erlaubt. Seine Wände waren innen und außen mit antiken Fragmenten bedeckt, aber auch von Objekten aus späteren Epochen – sowohl Schinkel als auch sein Auftraggeber hatten ein breiteres historisches Panorama im Sinn.

Das Haus und das Grundstück wurden in den folgenden zehn Jahren von Lenné, Schinkel und Persius ständig umgestaltet und erweitert, um die Sammlungen antiker Fragmente des Prinzen, moderne Kunstwerke, Pflanzen und neue Gartenpavillons unterzubringen. Lenné beschaffte mehrere Bäume aus dem berühmten malerischen Park von Wörlitz, um die Artenvielfalt, die Farbpalette und die Strukturen in der Landschaft zu erweitern. Jeder neue architektonische Zusatz unterstrich die bereits bestehenden übergreifenden Verbindungen

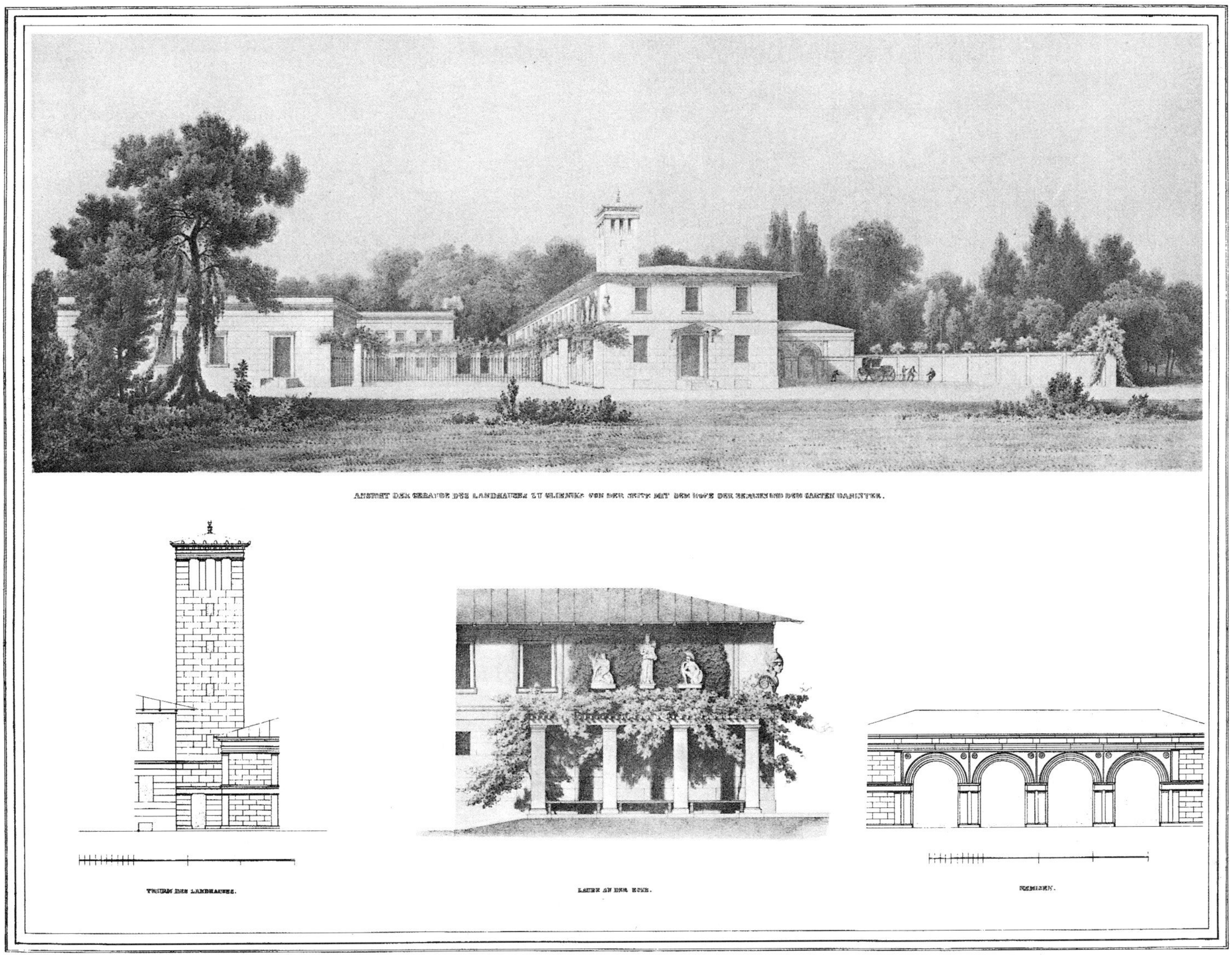

110 Schinkel, Schloß Glienicke, 1824–32. Perspektivische Ansicht von Innenhof, Turm (unten links), Pergola (unten Mitte) und Ausschnitt des Wagenschuppens (unten rechts).

111 Schinkel, Schloß Glienicke, 1824–32. Offizielle Zufahrt mit Brunnen und Löwen, um 1840 hinzugefügt.

112 Schinkel, Schloß Glienicke, 1824–32. Blick auf die Große Neugierde über die von Schinkel entworfenen Gartenmöbel aus Gußeisen.

113 Schinkel, Große Neugierde, Schloßpark Glienicke, 1835–37.

114 Schinkel, Große Neugierde, Schloßpark Glienicke, 1835–37. Laternenausschnitt.

115 Schinkel, Große Neugierde, Schloßpark Glienicke, 1835–37. Detail des Bronzegeländers.

116 Blick von der Großen Neugierde im Schloßpark Glienicke über die Havel auf Schloß Babelsberg.

117 Blick auf Schloß Babelsberg von der Großen Neugierde im Schloßpark Glienicke.

118 Ludwig Persius, Pumpenturm (umgebautes Gärtnerhaus), Schloßpark Glienicke, 1835–40.

119 Carl Daniel Freydanck, »Blick auf Potsdam vom Stibadium in Schloß Glienicke«, 1844–47.

120 Ludwig Persius, Exedrabank, Schloßpark Glienicke, um 1840.

vor Ort und erinnerte an Schinkels Überzeugung, daß die Rolle der Kunst vor allem darin bestehe, dem Betrachter möglichst viele Beziehungen bewußt zu machen. Schinkels letzte Erweiterung, die »Große Neugierde«, wurde 1835 entworfen und zwei Jahre später fertiggestellt. Die Idee dazu stammte von Kronprinz Friedrich Wilhelm, der gelegentlich Vorschläge und sogar Skizzen für die Aufträge seiner Brüder vorlegte (Abb. 112–116).[12] Sie lag an der Südwestecke des Grundstückes, das Anfang der 1830er Jahre gekauft worden war, als die Straße für die von Schinkel entworfene neue Brükke Glienicke-Potsdam verlegt wurde. Ein auf dem Gelände sanft ansteigender Absatz und eine Schutzmauer wahrten die Abgeschlossenheit des Grundstückes. Der Kronprinz wollte diese Verbindung zwischen Glienicke und der neuen öffentlichen Straße nutzen, um einen Bau zu schaffen, der sowohl als Akzent in der Landschaft als auch als neuer Pavillon für Prinz Karl und seine Gäste dienen könnte. Der Kronprinz hatte anfangs sogar die Idee, das Lysikrates-Denkmal in Athen aus dem 3. Jahrhundert v. Chr. zu übernehmen für einen runden Teepavillon, von dem aus man einen Blick von 360 Grad über den gesamten Park von Schloß Glienicke und die weite Potsdamer Landschaft haben würde, für die Lenné 1833 einen Generalplan gezeichnet hatte. Von der Großen Neugierde aus blickt man nach Süden auf das gotische Schloß Babelsberg, den Landsitz des jüngsten Prinzen, Wilhelm. Nach Osten bietet die Große Neugierde einen Panoramablick auf Potsdam, wo die Arbeiten am Charlottenhof, dem Besitz des Kronprinzen in Sanssouci, fast beendet waren. Sie diente auch als Plattform, um das Kommen und Gehen auf der Potsdamer Straße und Brücke zu beobachten.[13]

In diesem Panorama wurden die malerischen Ansichten Wirklichkeit, die auf den in der Königlich-Preußischen Porzellanmanufaktur gefertigten Teeservices von Glienicke bereits gemalt waren. Es war Schinkels letztes Werk in Glienicke, obwohl er Persius eine Reihe von Vorschlägen hinterließ, die die Grundlage für dessen selbständige Arbeit auf dem Grundstück bis zu seinem frühen Tod 1844 bildeten. Ende der 1830er Jahre, als eine große Dampfmaschine zur Betreibung der Wasserpumpe für den ganzen Park installiert wurde, gestaltete Persius das Gärtnerhaus am Havelufer nördlich des Kasinos um, in einem Stil, der mit seinen geometrischen Baukörpern und Oberflächen noch strenger war als die Entwürfe Schinkels. Sein großer Turm schuf ein neues Belvedere und schloß den von einer der Pergolen des Kasinos gerahmten Blick sorgfältig ab (Abb. 118). Ein neues Maschinenhaus betrieb die Fontäne in dem neuen runden Becken, das um 1840 Schinkels Springbrunnen ersetzte. Zur selben Zeit wurde mit dem Umbau des offiziellen Eingangsbereichs von Glienicke begonnen (Abb. 111, 119–120). Unter Persius' Aufsicht erhielt der Ein-

gang eine neue Gestalt, die den zunehmend konservativen Prunk, der von der 1840 an Friedrich Wilhelm IV. übergegangenen Krone bevorzugt wurde, berücksichtigte. Nach Schinkels Entwurf flankierten Löwen auf dorischen Sockeln das Becken. Doch Persius entwarf einen neuen Sitzplatz, von dem aus man den Blick auf den Garten vor dem Schloß genießen konnte. Senkrecht zur Achse, die den Brunnen mit dem Eingangsportikus verband, zeichnete eine neue Exedrabank einen großen Bogen in den Garten. Unter einem großen hölzernen Baldachin (der dem von Schinkel für den Brunnen in Aachen entworfenen sehr ähnlich war, Abb. 85), der auf winzigen dorischen Säulen und einer Karyatide als Mittelpfosten ruhte, bietet die Exedra das Panorama von Glienicke und eine theatralische Aussicht in die Ferne. Von der Exedra aus liegt der hohe Strahl der Fontäne in gerader Linie mit der Kuppel von Schinkels Nikolaikirche (1830–1844), die damals gerade unter Persius' Leitung auf dem Hauptplatz von Potsdam entstand (Abb. 121).

Als die Große Neugierde gebaut wurde, hatte Lenné bereits einen Gesamtplan für die Region Potsdam-Sanssouci entworfen. Der Plan unterstrich die wechselseitigen Ansichten, die theatralische Umrahmung und die panoramaartigen Überblicke, die immer häufiger in die Gestaltung eines Gartens einbezogen wurden (Abb. 101). Nirgends wurde dies vollständiger entwickelt als an einem flachen und wenig versprechenden Ort: Charlottenhof, ein sandiges, sumpfiges, etwa einhundert Hektar großes Anwesen am Südrand des Parks von Sanssouci. 1825 erwarb der König Charlottenhof als Weihnachtsgeschenk für den Kronprinzen, der sich kurz zuvor mit Prinzessin Elisabeth von Bayern vermählt hatte. Hier konnte sich der Kronprinz seiner Leidenschaft für Architektur hingeben und einen privaten Wohnsitz unterhalten, der bewußt im Gegensatz zum monarchischen Stil des Parks aus dem 18. Jahrhundert und zum palastartigen Neuen Palais stand. Als der Kronprinz Schinkel, Persius und Lenné wieder um sich versammelte, hatte er bereits eine Mappe mit eigenen Skizzen für sein späteres Landhaus gefüllt, auf denen er das schlichte Herrenhaus aus dem 18. Jahrhundert in eine neuartige Villa mit Tempelfront umwandelte. Obwohl er von einer antiken römischen Villa träumte, angeregt durch die Lektüre der Briefe Plinius des Jüngeren, in denen dieser seine gegensätzlichen laurentinischen und toskanischen Villen beschreibt, liebäugelte der Kronprinz auch mit einer französischen *maison de plaisance*. Die Maison de plaisance verband die Eleganz einer Flucht reichverzierter Räume mit einem eingeschossigen Aufriß, in dem jeder Raum direkt mit der Natur verbunden war. Dies war ein Merkmal fast aller Landschlößchen, die in den deutschen Staaten in der Mitte des 18. Jahrhunderts gebaut wurden, von der Amalienburg in Nymphenburg bis zur Solitude bei Stuttgart. Das eindrucksvollste Beispiel war jedoch Friedrichs des Großen Sanssouci, das 1745 bis 1747 von Knobelsdorff als eingeschossiges Landschloß auf einem terrassenförmig angelegten Hügel mit Weinspalieren und Orangerien gebaut worden war. Der Kronprinz griff auf die Vorliebe seines Urgroßvaters für Rustiken zurück, die lange in dem eher palastartigen Maßstab des Neuen Palais (1763–1769) und der Formelhaftigkeit der Alleen der späteren Erweiterungen des Parks von Sansscouci unterdrückt worden waren. Der Kronprinz wollte in Charlottenhof den Kontakt zur Natur und der Antike wiederherstellen. In der Tradition der Tischgesellschaft Friedrichs des Großen in Sanssouci, wo Voltaire zu den Gästen zählte, sollte Charlottenhof ein Ort sein, an den er sich zum Nachdenken zurückziehen konnte, aber auch ein Ort, wo er Künstler und Freunde empfangen konnte, darunter Schinkel, Rauch und Alexander von Humboldt, der mit seinen Gedanken die Erweiterung des Gartens und der Nebengebäude von Charlottenhof beeinflußte, denn Schinkel, Lenné und Persius arbeiteten bis in die 1840er Jahre hinein an den Entwürfen.

121 Schinkel, Nikolaikirche, Potsdam, 1830–44. Die Kuppel wurde erst nach Schinkels Tod von Ludwig Persius vollendet, der die vier offenen Türmchen hinzufügte, um die Kuppel zu stabilisieren, deren Außenwände gefährliche Risse aufwiesen.

Das Grundstück sollte in die Landschaft von Sanssouci eingegliedert werden, die Lenné seit 1816 umgestaltete, indem er ein Netz aus gewundenen Pfaden anlegte, Kanäle umleitete und auf eindrucksvolle Weise Bäume anpflanzte. Aber Charlottenhof selbst war keine Tabula rasa. Das Kernstück des Anwesens, auf dem sich ein Gehöft und Stallungen befanden, war das aus dem 18. Jahrhundert stammende massive Herrenhaus, das der Architekt Johann Gottfried Büring 1756 bis 1758 für sich selbst gebaut hatte. Es war ein zweigeschossiger Bau auf einem Hausteinsockelgeschoß. Er wurde von einem hohen Mansarddach bekrönt und charakterisiert durch einen vorspringenden Mittelrisalit, der durch tief ausgehöhltes Bossenwerk betont war. Das ursprüngliche Aussehen des Gebäudes ist festgehalten in einem winzigen Aufriß auf einem von Schinkels Stichen (Abb. 122). Bürings Haus war der Aufmerksamkeit des Königs lange entgangen, doch Lenné hatte bereits damit begonnen, Ansichten zu schaffen, die das Gebäude mit dem Neuen Palais und der großen Achse des Parks von Sanssouci verbanden. Er stellte sich das Haus als Knotenpunkt in jenem System von Wegen und Kanälen vor, das die Landschaft von Charlottenhof mit Sanssouci und dem Park des Neuen Palais verbinden würde. Der Vorschlag für ein Landhaus in Gestalt eines Tempels stammte anscheinend vom Kronprinzen und wurde von Schinkel dann überarbeitet, und da keine seiner Skizzen numeriert ist, führten die zahlreichen Ideen aus der Zusammenarbeit von Architekt, Landschaftsgestalter und Auftraggeber ständig zu Debatten.[14] Der Kronprinz, der die Architekten Napoleons, Percier und Fontaine, bewunderte, deren Vorlagen er im »Choix des plus célèbres maisons de plaisance de Rome et ses environs« (Paris, 1809)

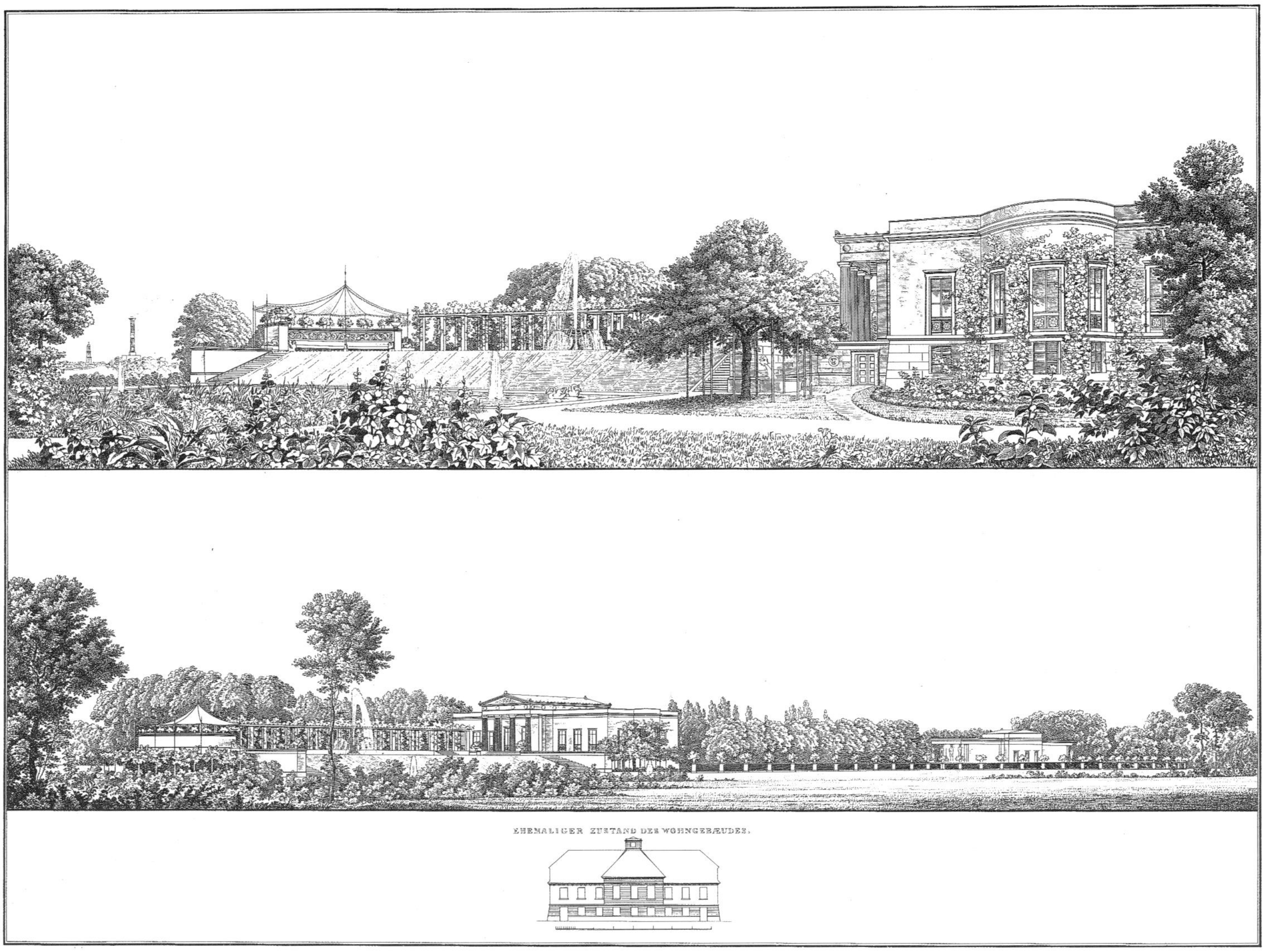

122 Schinkel, Schloß Charlottenhof, Park von Sanssouci, Potsdam, 1822–33. Perspektivische Ansichten und Aufriß des ursprünglichen Gebäudes von Johann Gottfried Büring (1756–58, unten).

123 Schinkel, Schloß Charlottenhof, Park von Sanssouci, Potsdam, 1822–33. Perspektivische Ansicht von der Exedrabank aus über den terrassenförmig angelegten Garten auf Portikus und Neues Palais und Grundriß von Gebäude und Grundstück mit Gärten und Pumpenhaus auf dem zusammen mit Peter Joseph Lenné angelegten künstlichen See.

124 Schinkel, Schloß Charlottenhof, Park von Sanssouci, Potsdam, 1822–33. Perspektivische Ansicht vom Portikus aus über den terrassenförmig angelegten Garten auf Pergola und Exedrabank, Aufrisse des Pumpenhauses mit Kamin (unten links und rechts) und Querschnitt der Terrasse mit Exedra (unten Mitte).

ausführlich studiert hatte und deren Atelier er 1815 in Paris besucht hatte, wollte in seinem Landhaus ein hohes Maß an archäologischer Präzision erreichen. Aber wie seine eigenen Skizzen zeigen, war er bereits ein treuer Schüler Schinkels, denn er bestand auf Flachdächern, von Vasen gekrönt, und auf glatten, ungegliederten Flächen mit tief eingeschnittenen Fenstern, die Bürings Rustikawerk ersetzten.

Auf der Grundlage einiger Bleistiftstriche, mit denen er die Abbruchstellen kennzeichnete, und mit einem begrenzten Budget führte Schinkel den Umbau aus. Indem er lediglich einen neuen Portikus anbaute, der das Haus auf der Schmalachse in zwei Teile zerschnitt, und an der kurzen Nordfassade einen Anbau mit halbrundem Grundriß für das Schlafzimmer des Kronprinzen anfügte, schuf er ein vollkommen anderes Gebäude. Um klare geometrische Profile zu erhalten, die mit der dorischen Ordnung des Portikus in Einklang stehen sollten, brach Schinkel das hohe Mansarddach ab und erhöhte die Außenwände leicht. In Absprache mit Lenné hob er das Niveau des Geländes auf einer Seite des Hauses um ein volles Geschoß an, wodurch der Eindruck eines auf einer natürlichen Plattform stehenden eingeschossigen Hauses mit einer Tempelfassade entstand. Diese leicht geneigte Plattform, die über Treppen an beiden Enden der Längsachse zugänglich war, bildete, erhoben über das feuchte Grundstück, einen privaten Garten für das Haus. Das Gebäude war aus zahlreichen schrägen Blickwinkeln von Bäumen gerahmt, die sichtbar wurden, wenn man sich auf dem Weg näherte, der sich quer über das Grundstück schlängelte und der die exotische Landschaft des chinesischen Teehauses von Sanssouci im Nordosten mit dem Neuen Palais und seinen eindrucksvollen Stallungen im Nordwesten verband.

Die Technik des wechselseitigen theatralischen Blickes, mit dem er über ein Jahrzehnt experimentiert hatte, half Schinkel, das heikle Problem eines zweigeschossigen Gebäudes gegenüber einem erhöhten Garten zu lösen, indem er den nach oben versetzten Portikus des Schauspielhauses übernahm. Wie beim Berliner Schauspielhaus ist der Portikus gleichzeitig Plattform und Brücke. Er überspannt (Abb. 122, 127) hier einen schmalen Wirtschaftshof, der die Unterkünfte der Bediensteten und die Küchen im Erdgeschoß mit Licht und Luft versorgt, und dehnt den Hauptraum der Villa, den großen Salon in der Mitte der Gartenfassade, mit seinen direkt auf den Portikus hinausgehenden Fenstertüren nach außen aus. Die Ansichten vom Portikus und der Exedrabank sind auf den Seiten der »Sammlung Architektonischer Entwürfe« festgehalten. Zunächst sieht man das Haus von der Exedrabank aus (Abb. 123–124), das Leitmotiv von Geselligkeit und Beschaulichkeit in der ländlichen Architektur Schinkels schlechthin. Zwei Freunde mit Weste und Zylinder sind in dieser übertriebenen panoramaartigen Perspektive dargestellt, und die Szene wird theatralisch gerahmt von einem großen Segeltuchbaldachin, einem antiken Velarium, das von gußeisernen Stützen hochgehalten wird. Dieses Velarium schützt nicht nur vor der Sommersonne, sondern dient auch als Proszenium vor der Ansicht des Portikus, der auf der einen Seite von der einfachen Architektur der weinberankten Pergola und auf der anderen Seite von einem schrägen Fernblick auf das großartige Neue Palais gerahmt ist. Die absichtlich im Verhältnis zu klein abgebildeten Gestalten scheinen die Aufmerksamkeit auf das gesamte Spektrum der in dieser Szene dargestellten architektonischen und königlichen Lebensform zu lenken und lassen uns über die Verbindungen zwischen dem Laubengang und der menschlichen Nutzung der architektonischen Ordnung nachdenken. Auf der nächsten Seite ist die Blickrichtung umgekehrt, denn Schinkel zeigt uns einen intimeren Blick vom Inneren des Portikus auf die Terrasse.

Von diesem äußeren Raum aus, der im Sommer hauptsächlich als Frühstückszimmer benutzt wurde, blickt man auf die Natur zurück, aber auf eine von Menschenhand veränderte Natur. Der Granitportikus erscheint wie die künstlerische Umwandlung der einfachen Stütze-und-Last-Bauweise des Segeltuchvelariums und der hölzernen Weinspaliere in die Sprache und Ordnung der klassischen Architektur.

Schinkel nimmt auch jene im Kasino von Schloß Glienicke erstmals erprobte Trennung von Laufrichtung und Blickrichtung auf. Während Treppen, Terrassen und Pergola uns auf die Umgebung des Rasens festlegen, zerschneidet eine Wasserachse die Terrasse und den größten Teil des Grundstücks deutlich von Ost nach West. Am Ufer des großen künstlichen Sees, den Lenné durch die Umleitung des alten Kanalgrabens um Sanssouci in den Charlottenhofer Park hinein angelegt hatte, baute Schinkel eine Dampfpumpe in Form einer riesigen, Rauch ausstoßenden, gußeisernen Säule. Sie speiste die Brunnen der Villa und markierte in der Landschaft die Herkunft des Wassers. Von der Terrasse aus betrachtet, bildet die Pumpe (sie wurde in den 1840er Jahren abgerissen, als Persius am Havelufer ein größeres Pumpenhaus im neomaurischen Stil baute) den letzten der Marksteine, die mit der Fontäne und dem runden Becken in der Mitte der Terrasse und der Mittelstütze des Baldachins über der Exedra in gerader Linie ausgerichtet sind. Auf der Terrasse stellt die Wasserrinne die Verbindung von Exedra und Portikus dar. Davor sprudelt jeweils Wasser aus dem Boden in ein halbkreisförmiges Becken in der Erde, eine ungewöhnliche Form, die an den Souffleurkasten erinnert, wie er in den umkehrbaren Ansichten der Bühne und des Auditoriums im Schauspielhaus beschrieben ist (Abb. 52–53).

125 Schinkel, Schloß Charlottenhof, Park von Sanssouci, Potsdam, 1822–33. Eingangsfassade.

126 Schinkel, Schloß Charlottenhof, Park von Sanssouci, Potsdam, 1822–33. Blick von der Terrasse des Gärtnerhauses auf das Schloß über den von Peter Joseph Lenné angelegten künstlichen See mit einer Insel.

FAÇADE GEGEN DIE TERRASSE.

FAÇADE NACH DEN PFLANZENHÆUSERN.

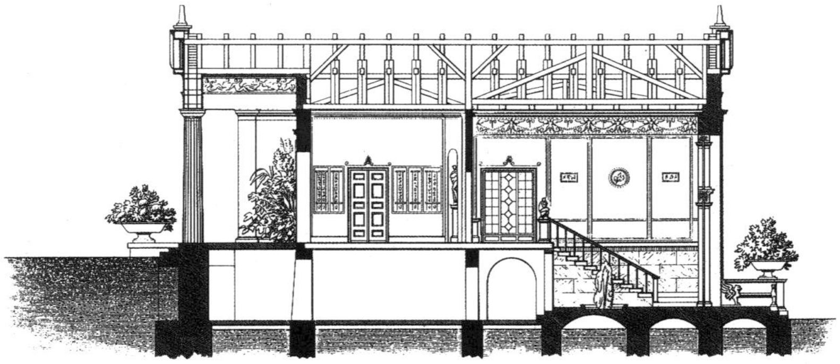

DURCHSCHNITT DURCH VESTIBUELE UND PORTICUS.

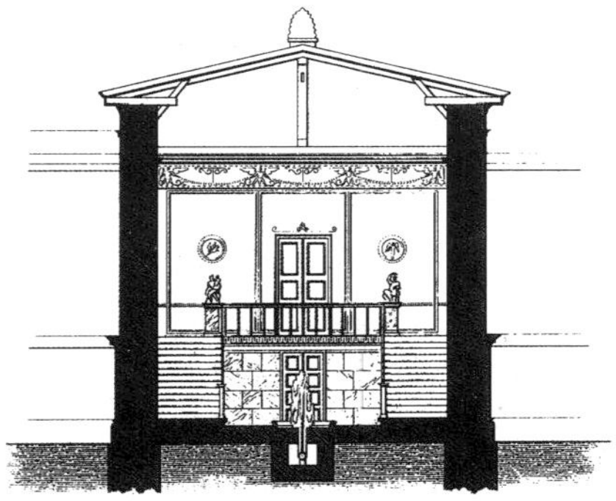

DURCHSCHNITT DURCH DAS VESTIBUELE.

Die Wasserachse kommt jeweils in der Mitte der beiden Kernräume, Haus und Garten, wieder zum Vorschein. Im Westen des Hauses plante Schinkel eine weitläufige Nachbildung der Gärten von Plinius' toskanischer Villa (Abb. 128), indem er die geometrischen Motive des Hauses und der Terrasse erweiterte und einige dekorative Bereiche des Gartens ordnete. Auf einem seiner Stiche ist dieser Entwurf festgehalten, der im Laufe der nächsten zwanzig Jahre von den Hofgärtnern nur teilweise und in geänderter Form ausgeführt wurde.

Wasser entspringt in der Mitte des Hauses, dessen Elemente auch im Inneren des zweigeschossigen Eingangsportikus zu erkennen sind, der seinerseits der tektonischen Pfeilerordnung nachgebildet ist, die Schinkel erstmals an den Fassaden des Schauspielhauses angewandt hatte (Abb. 129–130). Ein zweigeschossiges Vestibül, das bis zur Höhe des Absatzes mit einem Marmorsockel verkleidet ist, löst das Problem der unterschiedlichen Bodenniveaus zwischen den Fassaden. Das ganze erinnert an das Atrium und das zentrale Impluvium beziehungsweise an Brunnen und Zisterne im Zentrum eines antiken römischen Hauses.[15] Der Brunnen gibt auch den Schnittpunkt von Haus und Garten an. Man kann diese Ost-West-Wasserachse, die dem Lauf der Sonne folgt, sogar als »Lebenslinie« der Entwicklungsgeschichte auslegen, von den Anfängen der Architektur im Garten bis zur Dampfmaschine am künstlichen See, dem »Maschinenteich«, am anderen Ende des Gartens.

Entlang dieser Achse sind die Räume des Hauses repräsentativer und reicher verziert, in bewußtem Gegensatz zu den beidseitigen intimen und bescheideneren Fluchten der Wohnräume. In diese Privaträume gelangt man jeweils durch eine Doppeltür aus Glas an beiden Seiten des Absatzes; die Räume der königlichen Familie liegen links und die für Gäste und Hofdamen rechts. Das Treppenhausvestibül wurde Mitte der 1840er Jahre, einige Jahre nach Schinkels Tod, umgebaut. Seine ursprünglich größere Nüchternheit und Schlichtheit ist auf einem anonymen Aquarell aus der Zeit um 1829 festgehalten (Abb. 129), auf dem der Blick in den zweigeschossigen Raum durch den Portikus gerahmt wird. Das Vestibül, das im Erdgeschoßbereich Einlegearbeiten aus grünem Antico-Marmor zeigt, oben beige getüncht ist und mit Wandtafeln im pompejanischen Stil behängt, ist der einzige Raum des Hauses, der nicht in natürliches Licht getaucht ist. Licht fällt direkt nur durch das Oberlicht über den Doppeltüren ein, in das tiefblaues, mit goldenen Sternen gesprenkeltes Fensterglas eingesetzt ist, das wie der Nachthimmel leuchtet und das Vestibül in ein bläuliches Licht taucht, das sich bei untergehender Sonne von Westen her vertieft. Wenn die Mitteltür auf dem Absatz geöffnet ist, wie es auf allen Darstellungen Schinkels der Fall ist, entsteht bei Tageslicht und durch die axiale Ausrichtung des

127 Schinkel, Schloß Charlottenhof, Potsdam, 1822–33. Stich der Ostseite (Terrassengarten, oben), Westseite (Mitte) und von zwei Schnitten (unten links und rechts).

128 Schinkel, Schloß Charlottenhof, Potsdam, 1822–33. Entwurf des Stibadiums, Teil der Nachbildung der Gärten der toskanischen Villa des Plinius, 1833.

129 Schinkel, Schloß Charlottenhof, Potsdam, 1822–33. Anonymes Aquarell des zweigeschossigen Vestibüls, durch die Pfeiler am Eingang gesehen, nach 1829.

130 Schinkel, Schloß Charlottenburg, Park von Sanssouci, Potsdam, 1822–33. Der ursprüngliche Entwurf des Vestibüls wurde in den 1830er Jahren von Schinkel und Mitte der 1840er Jahre, nach seinem Tode, erneut geändert.

131 Schinkel, Schloß Charlottenhof, Park von Sanssouci, Potsdam, 1822–33. Die von Schinkel entworfenen Galanterieartikel des Königspaares.

132 Schinkel, Schloß Charlottenhof, Park von Sanssouci, Potsdam, 1822–33. Das königliche Schlafzimmer mit von Schinkel entworfenen Möbeln. Die Spiegeltür führt in das Arbeitszimmer des Kronprinzen, und in ihr spiegelt sich ein Nähkasten mit einer kunstvollen Einlegearbeit, den Schinkel für die Kronprinzessin entworfen hat.

133 Schinkel, Schloß Charlottenhof, Park von Sanssouci, Potsdam, 1822–33. Wohnzimmer, mit Sofa und Sesseln, Bilderrahmen und Stoffmustern von Schinkel.

134 Schinkel, Schloß Charlottenhof, Park von Sanssouci, Potsdam, 1822–33. Arbeitszimmer des Kronprinzen mit einem von Schinkel entworfenen Lesesessel und Gemälden aus dem 18. und Anfang des 19.

inneren und des äußeren Brunnens auf der Terrasse der Eindruck mediterranen Lebens und Lichts. Dieser Kontrast zwischen einer (deutschen) Abend- und einer (italienischen) Morgenlandschaft setzt sich überall in Grundformen und Dekoration der Villa fort und spiegelt die Ost-West-Ausrichtung des Hauses wider. Im folgenden Jahrzehnt wurde sowohl das dekorative als auch das symbolische Programm durch Zusätze erweitert, die die Villa als Ort des Übergangs von der Dunkelheit zum Licht unterstrichen. In den 1830er Jahren wurden an der Balustrade des Absatzes im ersten Stock, die den Blick in den Garten rahmte, Gipsabgüsse von Thorvaldsens Reliefmedaillons »Aurora« und »Luna« angebracht, Darstellungen der Tag- und der Nachtgöttin. Mit einem Bronzebrunnen, der 1843 hinzukam und den Schinkel für das Gewerbeinstitut entworfen hatte, hob sich die Fontäne im Atrium noch eindrucksvoller gegen den Brunnen im Garten ab (Abb. 130).

In der Verknüpfung von historischen und mythologischen Quellen in der Villa sind wahrscheinlich die von Alexander von Humboldt verbreiteten Vorstellungen realisiert. Im Winter 1827/28 hielt er eine Reihe von Vorlesungen über den Kosmos, einen Begriff, der seine Analyse einer rationalen Ordnung beinhaltete, die alles in der Schöpfung der Natur, einschließlichn des Menschen, umfaßt.[16] Die Vorlesungen wurden vor einer Vielzahl von Zuhörern gehalten, die kaum alle in der Singakademie Platz fanden, und blieben in den nächsten Monaten in Berlin Stadtgespräch. Von Anfang an hatte Humboldt ein privilegiertes Verhältnis zur königlichen Familie. Der König hatte ihn mit ungewöhnlich großzügigen Angeboten von Stipendien und Unterstützung für zukünftige Forschungsreisen zur Rückkehr aus Paris nach Berlin bewegt. Humboldt war in Potsdam häufig zu Gast, und oft blieb er eine ganze Woche lang in Charlottenhof. Zwischen den Reisen schrieb er die Bände seines »Kosmos. Entwurf einer physikalischen Weltbeschreibung« (die Veröffentlichung begann 1844). »Kosmos«, eines der am meisten gelesenen Bücher des Jahrhunderts, ist eine umfassende Beschreibung der Natur, in der Humboldt seine Beobachtungen und Theorien über die geographische Verbreitung von Pflanzenarten und Mineralien zusammenfaßt, eine physikalische Beschreibung und ein vollständiger historischer Überblick über die gesamte Schöpfung der Natur. Schinkel hatte sich in seinen Bühnenentwürfen und Panoramen auf Humboldts Entdeckungen gestützt – Humboldt selbst war ein begeisterter Anhänger von gemalten Landschaftspanoramen –, und sie hatten mehrere Male zusammengearbeitet. 1828 entwarf Schinkel die Dekoration für eine Tagung deutscher Naturwissenschaftler, die unter Humboldts Vorsitz im Konzertsaal des Schauspielhauses stattfand. Für die Tagung gestaltete er seine Dekoration für die Arie der Königin der Nacht aus Mozarts »Zauberflöte« neu, eine Ansicht des Nachthimmels, an dem sich die Sterne das Firmament mit den Namen der berühmtesten Naturwissenschaftler und Astronomen teilten, während unten, wie die Dioskuren, die Namen von Goethe und Schiller unter den bereits im Raum aufgestellten Büsten von Dichtern und Dramatikern zu sehen waren. Im folgenden Jahr arbeiteten Schinkel und Humboldt gemeinsam an der Gestaltung des neuen Palmenhauses auf dem königlichen Sitz auf der Pfaueninsel, in der Havel zwischen Glienicke und Potsdam.[17]

Humboldt behauptete, daß jedes Verständnis für Natur ausgehen müsse von einer sorgfältigen Untersuchung der verwirrenden Vielfalt von Pflanzen-, Tier- und Mineralienarten und von der Geschichte der menschlichen Wahrnehmung der Natur in Philosophie, Poesie und Kunst. »Die Natur«, schrieb Humboldt an seinen Freund und einstigen Lehrer der Naturhistorie, Goethe, »muß gefühlt werden; wer nur sieht und abstrahiert, kann ein Menschenalter, im Lebensgedränge der glühenden Tropenwelt, Pflanzen und Tiere zergliedern, er wird die Natur zu beschreiben glauben, ihr selbst aber ewig fremd sein.«[18] Diese Gedanken, die er mit dem Kronprinzen teilte, gingen bald in die Pläne für den Park und die Bauten in Charlottenhof ein. In seinen Vorlesungen bezog sich Humboldt auf seine eigenen Reisen und Beobachtungen wie auch auf Geschichte und Literatur. Als Quelle für den Wissensstand der Antike über die Natur und über die Veränderungen in der Verbreitung der Vegetation im Laufe der Geschichte nahm er die Beschreibungen des Plinius. In diesem Geiste wurde das Wäldchen auf der Eingangsseite des Hauses in den 1840er und 1850er Jahren, als sich Humboldt häufig auf dem Landsitz aufhielt, mit Büsten antiker und moderner deutscher Schriftsteller geschmückt, die die literarische Ausdrucksform mit der Würdigung und Ergründung der inneren Geheimnisse der Natur verbunden hatten. Von den Kreissegmenten einer Exedrabank neben dem Eingang der Villa schweift der Blick zu einem dichtbewachsenen Hain. Die beidseitig durch die Bäume geschlagenen Alleen sind flankiert von Porträtbüsten in Form antiker Hermen, Italiener auf der einen Seite (Ariost, Tasso, Dante, Petrarca), Deutsche auf der anderen (Goethe, Schiller, Herder, Wieland). Sie drücken die Polarität von Nord und Süd aus, die überall in der deutschen Romantik zu finden ist und in den Pflanzen und Bildern auf Charlottenhof widerscheint. Besonders wichtig war für Humboldt die Hommage an Goethe, denn er sah sein eigenes Werk häufig als Fortsetzung der botanischen und mineralogischen Studien Goethes. Humboldt teilte Goethes Überzeugung – die berühmte Theorie von der »Urpflanze« – von einer der ganzen Natur zugrundeliegenden morphologischen Ordnung und gegenseitigen Verknüpfung. Aber wichtiger noch war seine Auffassung, daß Goethe jene Einheit von Wissenschaft und Poesie verkörperte, die der Mensch, das höchste Geschöpf der Natur, zur Erforschung der natürlichen Ordnung benötige, von der er und seine subjektiven Wahrnehmungen ein Teil seien. »Kosmos« befaßt sich genauso intensiv mit der Geschichte der menschlichen Wahrnehmungen von Natur in Poesie, Kunst und Landschaft wie mit der physikalischen Beschreibung des Universums und der diesem zugrundeliegenden Ordnung. Während Humboldt an seinem »Kosmos« arbeitete, erkundete Schinkel mit der Verknüpfung von Haus und Grundstück und in seiner Zusammenarbeit mit Lenné die Architektur als Rahmen für eine erhöhte Wahrnehmung der natürlichen wie der vom Menschen geschaffenen Umgebung.

Für den Kronprinzen war Charlottenhof ein Ort, an den er sich vom Pomp und den repräsentativen Pflichten bei Hofe in die Natur zurückziehen konnte. Hier würde er in schlichten Räumen leben, die sich zu den reich bepflanzten Gärten und den anderen Räumen hin öffneten, und in einer Umgebung, die eine ungezwungene und natürliche Beziehung zwischen dem Königspaar und seinen Gästen zuließen. Das kinderlose Paar bewohnte eine Zimmerflucht an der Nordseite des Hauses (Abb. 131–140). Sie teilten ein Doppelbett, das Schinkel theatralisch der Gesamteinrichtung eingefügt hatte, die ihrerseits an seinen früheren Entwurf für die Mutter des Kronprinzen, Königin Luise, auf Charlottenburg erinnerte (Abb. 22) Vom Bett aus konnte sich das Paar an einem 180-Grad-Panorama des Parks erfreuen. Direkt vor ihnen verwies ein Kreis von Bäumen um einen künstlichen Grabhügel auf alte deutsche Sagen. Die Polarität von repräsentativer Architektur und Wohnhausstil verkörpern das majestätische Neue Palais im Westen und ein bescheidenes kleines Wohnhaus im Osten, das Schinkel auf Wunsch des Prinzen für den Hofgärtner in ein typisch italienisches Haus umwandelte. Dieser Kontrast erhält eine weiterreichende Bedeutung, wenn man bedenkt, daß der Kronprinz Charlottenhof immer als Siam, »das Land der Freien«, bezeichnete. Er spielte damit auf die von seinem früheren Hauslehrer Delbrück vertretene Tradition an, den Orient als ein Land natürlicher politischer Freiheit darzustellen, in dem die oberflächliche Höflichkeit der europäischen Kultur keine Bedeutung hat. Neben dem Schlafzimmer lagen beidseitig die privaten Arbeitszimmer des Kronprinzen und der Kronprinzessin, die mit Möbeln eingerichtet waren, die Schinkel speziell entworfen hatte, ein mechanisch verstellbarer Lesesessel für den Kronprinzen und ein Schreibtisch aus versilbertem Gußeisen für die Prinzessin. Das Arbeitszimmer des Prinzen war gefüllt mit Stichen nach Raffael, dem Künstler, dem Schinkel, Wilhelm von Humboldt und Gustav Waagen auf Wunsch des Kronprinzen im Alten Museum den Vorzug geben sollten, und einer Sammlung von Landschaftsgemälden, darunter eines von Salomon

136 Schinkel, Schloß Charlottenhof, Park von Sanssouci, Potsdam, 1822–33. Anonymes Aquarell des Arbeitszimmers der Kronprinzessin mit Blick zum Speisezimmer.

137 Schinkel, Schloß Charlottenhof, Park von Sanssouci, Potsdam, 1822–33. Schinkel entwarf den Schreibtisch im Arbeitszimmer der Kronprinzessin, und der Stuhl war ein Geschenk des Schwagers des Kronprinzen, Zar Nikolaus I.

138 Schinkel, Schloß Charlottenhof, Park von Sanssouci, Potsdam, 1822–33. Der Fries im Arbeitszimmer der Kronprinzessin wurde von den Wandmalereien inspiriert, die Schinkel 1824 in Pompeji bewundert hatte.

Gessner, »La Promenade sur l'eau«, das als Ausgangspunkt für die Umgestaltung des Gärtnerhauses und der schiffbaren Kanäle in Lennés Landschaftsarchitektur diente. Abgesehen von den ungewöhnlichen Möbelstücken, zu denen in den Bediensteten- und Gästezimmern ein von Schinkel entworfener, außen ionischer und innen gotischer Sekretär aus Holz gehörte (Abb. 141), war die Einrichtung bewußt schlicht und entsprach zumeist dem in den bürgerlichen Häusern jener Zeit vorherrschenden Biedermeierstil sowie Schinkels Interesse, antike Motive und die neuesten industriellen Verfahren zur Serienfertigung von Möbelstükken einzusetzen.

Der ungewöhnlichste Raum war das »Zeltzimmer«, dessen Wände und Decke mit blau-weiß gestreiftem Baumwollstoff bespannt waren,[19] um den Eindruck eines Zeltinneren zu erwecken (Abb. 142–143). Das Zeltzimmer, das ursprünglich für die Hofdamen vorgesehen war, liegt an der Südwestecke des Gebäudes, am Ende der Enfilade, die in dem langen Laubengang des terrassenförmig angelegten Gartens beginnt und von wo aus man auf das Dichterwäldchen sieht. Die Zeltform war nicht neu. Sie entsprach vielmehr den berühmten Prototypen, die Bélanger in Bagatelle und Percier und Fontaine in La Malmaison geschaffen hatten, doch erhielt sie hier eine besondere Bedeutung, denn Alexander von Humboldt weilte häufig als Gast in diesem Raum, der so sehr an die Unterkünfte auf seinen Reisen um die Welt erinnerte.

Humboldt sollte bald in einem neuen Gebäude wohnen, das seinem Interesse an Altertum, wissenschaftlicher Forschung und dem Verständnis für natürliche und menschliche Phänomene sogar noch weiter entgegenkam. Im Gärtnerhaus, wo für ihn im zweiten Geschoß ein Gästezimmer reserviert war, konnte er abgeschieden und umgeben von einer anregenden Landschaft schreiben (Abb. 144–153). Humboldt betrachtete die Natur nicht als starres System, sondern als fortlaufenden Schöpfungsprozeß. Er war überzeugt, daß der Mensch fähig sei, das Geheimnis der Morphologie und der Dynamik des Wandels innerhalb der Natur zu entschlüsseln, oder wie er es ausdrückte, »in dem wellenartig wiederkehrenden Wechsel physischer Veränderlichkeit das Beharrliche aufzuspüren«.[20] Der Schlüssel zum Verständnis der Natur durch den Menschen war ein andauernder, aber logischer Prozeß, in dem sich ein einigendes Prinzip allmählich selbst offenbaren würde. Dieser Prozeß ist auch auf das Studium der Geschichte des Menschen anwendbar, wobei Humboldt mit Herder und anderen darin übereinstimmte, daß der menschlichen Verschiedenheit ein logischer Prozeß zugrundeliege; das bedeutete eine Ergänzung der Studien seines Bruders Wilhelm in vergleichender und historischer Sprachwissenschaft, mit denen dieser sich auf seinem Landsitz in Tegel befaßte.

139 Schinkel, Schloß Charlottenhof, Park von Sanssouci, Potsdam, 1822–33. Eine der beiden Nischen im Salon/Speisezimmer.

140 Schinkel, Schloß Charlottenhof, Park von Sanssouci, Potsdam, 1822–33. Schinkel entwarf die Anrichte für das Salon/Speisezimmer.

141 Schinkel, Schloß Charlottenhof, Park von Sanssouci, Potsdam, 1822–33. Der von Schinkel entworfene Sekretär aus Holz ist innen gotisch und außen ionisch. Auf ihm befindet sich ein Modell aus Kork des Vesta-Tempels in Tivoli aus der Sammlung des Kronprinzen.

142 Schinkel, Schloß Charlottenhof, Park von Sanssouci, Potsdam, 1822–33. Anonymes Aquarell des Zeltzimmers, nach 1829.

43 Schinkel, Schloß Charlottenhof, Park von Sanssouci, Potsdam, 1822–33. Im Zeltzimmer wohnten Hofdamen und Gäste, darunter Alexander von Humboldt und Schinkel selbst.

Es muß für Humboldt faszinierend gewesen sein, diesen Gedanken in der Umgebung des Gärtnerhauses nachzugehen. Es war das erste Gebäude Schinkels, das später vergrößert und erweitert wurde. Denn der Bau des Komplexes, zu dem ein elegantes Teehaus, eine Grabstätte im Freien für die Eltern des Kronprinzen und die reichverzierten Römischen Bäder hinzukommen sollten, dauerte unter Persius' Leitung bis in die 1840er Jahre. Im Zuge der Erweiterung verlor er jedoch keineswegs die Klarheit des in der »Sammlung Architektonischer Entwürfe« enthaltenen Planes (Abb. 144). Der Charlottenhof spiegelte Humboldts Überzeugung, daß die unmittelbar aus der Natur kommende Freude das Vorspiel für ein tieferes Verständnis der natürlichen und menschlichen Ordnung sei. Hier erinnerte der Kontrast zwischen dem rustikalen Landsitz und dem Palast an den Gegensatz von typischer Landschaft und zugrundeliegender Ordnung der tektonischen Gestalt. Obwohl der Plan ständig verändert wurde, da Schinkel, Persius und der Kronprinz gemeinsam an Erweiterungen und Verbesserungen arbeiteten, blieb das Kernstück der abgesenkte Garten, ein Raum im Freien, um den herum die Komposition entstand, in der der viergeschossige Turm fest verankert ist. Verbunden sind die einzelnen Baukörper durch weinberankte Pergolen, Außentreppen und niedrige Gartenmauern, Formen Italiens, die für Schinkel »nur dem verständlich sind, der ihr Prinzip kennt« (Abb. 8). Aber der herrschende Geist unterscheidet sich stark von der »Mode« der italienischen Häuser, die England und Frankreich bereits überschwemmte,[21] denn Schinkels Gartenzier nimmt Bezug auf die ordnenden Prinzipien, die die Architektur mit ihrer natürlichen Umgebung gemeinsam hat. Zu diesem Zeitpunkt bereitete er einige seiner italienischen Skizzen für sein geplantes »Architektonisches Lehrbuch« vor, zum Teil als Abbildungen zur Analyse der tektonischen Morphologie, die jeder architektonischen Gestalt zugrundeliegt (Abb. 186–187). Das Gärtnerhaus war gleichzeitig ein poetisches Landschaftselement und eine didaktische Auslegung dieser Gesetze, eine Kombination von intuitiver und analytischer Betrachtungsweise der Natur, die Humboldt im »Kosmos« ins Gleichgewicht bringen wollte.

Es ist vielleicht kein Zufall, daß sich die perspektivischen Ansichten dieses Hauses unter den letzten Vorlagen der »Sammlung Architektonischer Entwürfe« befinden, wo der Leser wiederum zuerst das Haus als Objekt in der Landschaft entdeckt und dann erst als Teil des Vordergrunds in der Ansicht von Charlottenhof selbst (Abb. 148, 150). Kurz, Schinkel schuf das Bild und das Erlebnis der baulichen Entwicklung, die er erstmals in Gillys Denkmal Friedrichs des Großen gesehen hatte. Ungleichmäßiges Bossenwerk, ähnlich dem pelasgischen Steinbau, das Gilly am Sockel des Denkmals verwendet, wird an den äußersten Umfassungsmauern des Gebäudekomplexes sichtbar. Die Mauer stützt die Weinspaliere der rudimentärsten aller Pfeilerformen, der Rechteckpfeiler. Sie weichen den regelmäßigen Mustern des Rustikamauerwerks an der rückwärtigen Wand des Hofeingangs, unter einem Laubengang, der zum Teil von untersetzten, rohen dorischen Säulen, basislos und mit den einfachsten Kapitellen, getragen wird. In der Ecke, die Charlottenhof am nächsten liegt, befindet sich das Teehaus in Gestalt eines mit einem Portikus versehenen Tempels, dessen rechteckige Pfeiler sich nur wenig von denen des Laubengangs unterscheiden; jedoch sind ihre Proportion verändert, und sie sind zu einer architektonischen Ordnung ergänzt durch Kapitelle. Hinter dem Tempel flankieren schließlich zwei dorische Ädikulä mit den Büsten der Eltern des Kronprinzen einen kleinen Küchengarten und stellen das letzte Glied in der Kette der tektonischen Formen dar.

Das Fortschreiten der tektonischen Struktur, von rudimentären gerüstartigen Pfeilern zu den Prinzipien der klassischen Ordnung, findet in der Natur eine Parallele im bezaubernden, mit Spalieren bedeckten Vorhof (Abb. 149). Unter den Spalieren mit ihrer Exedrabank hat Schinkel einen dicken Baumstamm und eine bärtige Herme des Bacchus, der auf seinem Kopf einen Korb trägt, nebeneinander gestellt. Beide stützen die Weinreben, die hier vom Boden aufwachsen und das gesamte Spalier bedecken. Dieser Bereich, der als kühler Platz zum Verweilen im Freien gedacht ist, gleicht einem Kuriositätenkabinett, in dem ein Mikrokosmos von Pflanzenarten, antike Fragmente und architektonische Motive nebeneinander stehen. Dies ist nicht die Wunderkammer eines Barockfürsten, sondern eine didaktische Zurschaustellung der Aufgabe, die Humboldt sich im »Kosmos« stellte, sein Bestreben, die Erscheinungsform physikalischer Objekte in ihrer allgemeinen Beziehung zu begreifen und die Natur als ein großes Ganzes darzustellen, das von inneren Kräften bewegt und angeregt wird. Wie für Charlottenhof bildete Schinkel erneut den mit einem Portikus versehenen Eingang des Schauspielhauses nach, wobei er hier die Treppenanlage des Alten Museums als Vorspiel nimmt, sich selbst in der großen Ordnung dieses Platzes zu entdecken. Auf dem Stich weisen zwei Repoussoirfiguren den Weg, obwohl ihr Maßstab in keinem Verhältnis zu diesem sehr intimen Bereich steht. Während der Bogengang direkt in den abgesenkten Garten in der Mitte der Komposition führt, laufen die Treppen zurück und geleiten den Besucher auf die Dachterrasse über den Römischen Bädern. Schinkels Stich von der Gartenseite des Hauses mit ihrem erhöhten Standpunkt zeigt den Blick von der Terrasse aus über die Dächer des Gärtnerhauses, des Teehauses und Charlottenhofs mit seinen Pergolen, die die morphologische Kette vollenden.

144 Schinkel, Gärtnerhaus, Charlottenhofer Schloßpark, Potsdam, 1829–40. Perspektivische Ansicht der Hauptfassade und des Grundstücksgrundrisses (vor dem Anbau der Römischen Bäder durch Ludwig Persius in den 1840er Jahren).

145 (umseitig) Schinkel, Gärtnerhaus, Charlottenhofer Schloßpark, Potsdam, 1829–40. Haus und Garten von der Terrase aus gesehen, mit Blick auf den See.

146 Schinkel, Gärtnerhaus, Charlottenhofer Schloßpark, Potsdam, 1829–40. Ausschnitt von Spalier und Stibadium im Eingangshof.

47 Schinkel, Gärtnerhaus, Charlottenhofer Schloßpark, Potsdam, 1829–40. Garten und von Schinkel entworfene Gartenmöbel aus Gußeisen unter der Arkade der Römischen Bäder.

Nach Schinkels Meinung konnte der Architekt ebensowenig eine neue Sprache der Architektur erfinden, wie er eine neue Sprache mit seinen Auftraggebern sprechen konnte. Doch die architektonische Gestalt würde sich weiterentwickeln durch die Prinzipien, die alles in der Architektur miteinander verbinden, eine Vorstellung, die deutlich wurde im Seitenaufriß des Gärtnerhauses, wie er sich den mit einer Gondel ankommenden Besuchern bot. Diese sollten das Haus durch die »natürliche Architektur« der Weinranken über den Kanal betreten, der für die Arkaden der Römischen Bäder das ist, was der Laubengang des Vorhofes für die Ädikulä und die Tempelfassaden. Schinkels Theorie war, die Architektur befinde sich genau auf dem Schnittpunkt der natürlichen Gesetze von Material und Statik und der Gesetze, die die Strukturen von Form und Bedeutung bestimmen. Diese Auffassung hatte eine Parallele in Humboldts Bestreben, die Struktur des Universums zur Geschichte der menschlichen Wahrnehmung des Universums durch Sprache in Beziehung zu setzen.

Schinkel hatte hinter der von Arkaden umgrenzten Orangerie (1832/33) an der Nordseite des Gartens einen einzigen Raum geplant, der atriumartig um ein Impluvium angeordnet und nach der großen Fontäne im Garten ausgerichtet sein sollte. Aber von Anfang an erkannte er, daß diese Stelle, die auf dem Stich als weißer Fleck erscheint (Abb. 144), eine Vergrößerung oder Erweiterung der Gebäude im gewünschten Stil erlaubte. Zwischen 1834 und 1840 schuf Persius mehrere Räume, ein Atrium, Impluvium, Caldarium und ein Billardzimmer mit offenem Kamin, sowie eine von Kolonnaden gebildete Terrasse gegenüber dem Kanal, von der aus man die Gondeln des Kronprinzen besteigen konnte, die Schinkel auf einigen Stichen festgehalten hat (Abb. 150–151). Diese als Römische Bäder bekannten Räume waren als ein kühler Ort gedacht, an den man sich an heißen Sommertagen zurückziehen konnte und der für die wachsende Antikensammlung des Kronprinzen Platz bot. Ihren Höhepunkt bildeten die Oberlichter, die antiken römischen und pompejanischen Skulpturenfragmente und Fresken im pompejanischen Stil. An den tiefroten Wänden des Atriums hängen zwei Gemälde der Bucht von Neapel, die von Eichhorn und Lampeck nach Skizzen des Kronprinzen ausgeführt waren (Abb. 153). Sie sind bewußt neben das Bild vom Außenbereich gestellt und sollten mit ihrer Fülle exotischer Pflanzen den Kronprinzen an das geliebte Mittelmeer erinnern.

Wie für die Villa wurde auch das Mobiliar für die Römischen Bäder und das Gärtnerhaus von Schinkel entworfen. Er stützte sich auf antike Modelle, besonders jene, die gerade erst in Pompeji ausgegraben worden waren. Doch baute er sie aus Gußeisen, dem Material, das er verwendet hatte, seitdem ihn die Befreiungskriege zur Stärkung und Ent-

148 Schinkel, Gärtnerhaus, Charlottenhofer Schloßpark, Potsdam, 1829–40. Perspektivischer Stich des Gartens und der Gartenfassaden mit dem Teehaus auf der linken Seite und einem Blick über das Dach von Schloß Charlottenhof am Horizont.

149 Schinkel, Gärtnerhaus, Charlottenhofer Schloßpark, Potsdam, 1829–40. Perspektivischer Stich des überrankten Eingangshofes.

150 Schinkel, Gärtnerhaus, Charlottenhofer Schloßpark, Potsdam, 1829–40. Perspektivischer Stich des Seitenaufrisses mit den Arkaden der Römischen Bäder und Eingangsallee.

151 Schinkel, Gärtnerhaus, Charlottenhofer Schloßpark, Potsdam, 1829–40. Blick auf die Römischen Bäder vom Atrium zum Impluvium. Das Becken aus grünem Jaspis war ein Geschenk des Schwagers des Kronprinzen, Zar Nikolaus I. von Rußland.

152 Schinkel, Gärtnerhaus, Charlottenhofer Schloßpark, Potsdam, 1829–40. Das von Schinkel entworfene Teehaus mit einem Gestell aus Terrakotta. Einrichtung aus dem 18. Jahrhundert.

153 Schinkel, Gärtnerhaus, Charlottenhofer Schloßpark, Potsdam, 1829–40. Das Atrium der Römischen Bäder mit einer Ansicht der Bucht von Neapel, gemalt von Eichhorn und Lampeck nach einer Skizze des Kronprinzen.

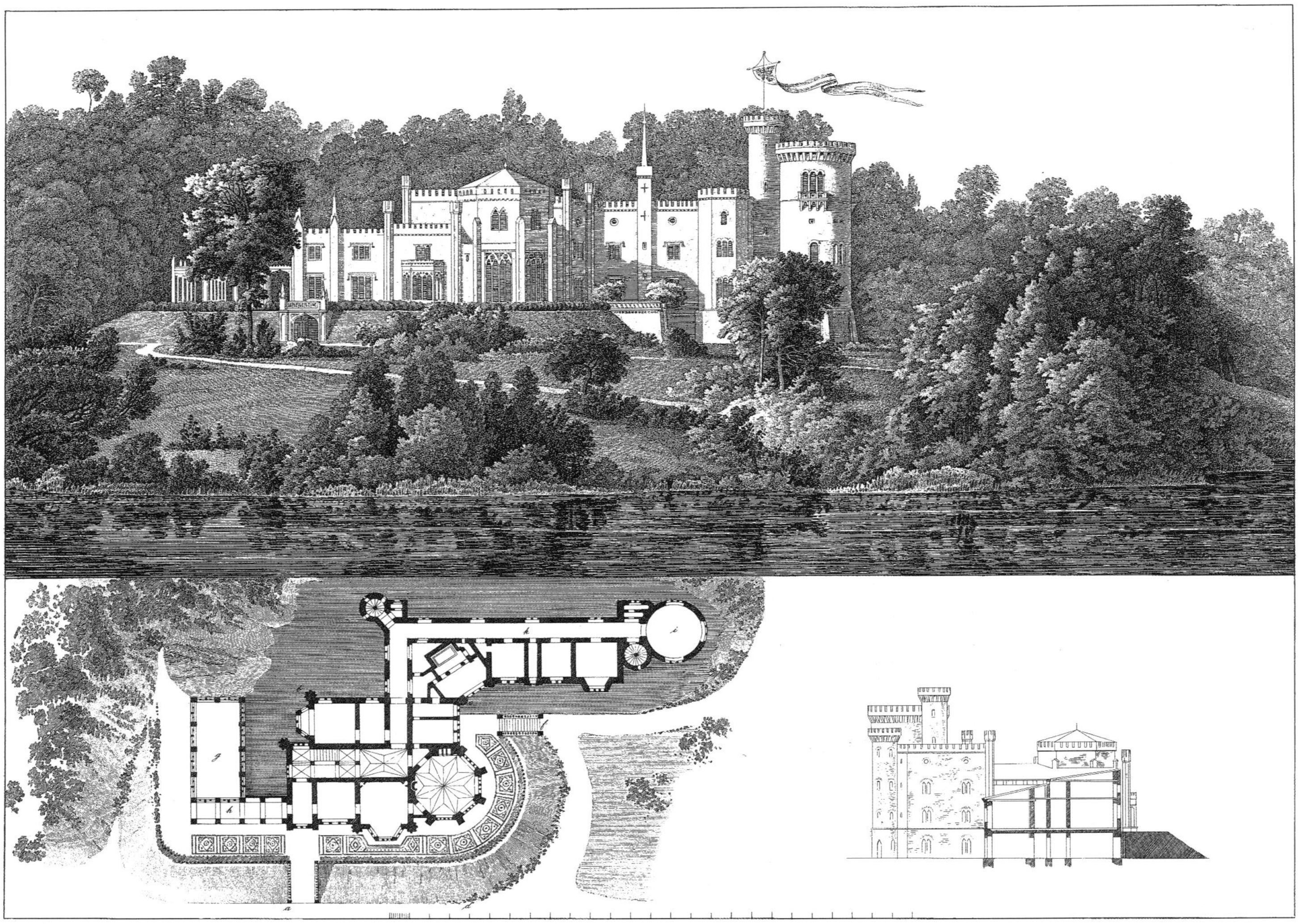

154 Schinkel, Schloß Babelsberg, 1832–49 (von Ludwig Persius und Heinrich Strack vollendet). Gesamtansicht, Grundriß und Querschnitt.

wicklung jenes preußischen Industriezweiges veranlaßt hatten. Als die Arbeit am Gärtnerhaus beendet war, entwarf Persius eine Reihe anderer Häuser in und um Potsdam. Mitte der 1850er Jahre war ein Villenstil, der auf dem Experiment in Charlottenhof beruhte, der übliche Stil für das Potsdamer Bürgertum geworden. Jene Wohnhäuser säumten die langen Straßen der nördlichen Stadtviertel, zwischen dem ursprünglichen Stadtkern und der Glienicker Brücke, in unzähligen Versionen des Wohnhaustyps, den Schinkel und seine Schüler für die Landsitze der königlichen Familie geschaffen hatten.[22]

Der letzte Prinz, der in der Potsdamer Gegend baute, war Wilhelm, der Jüngste der Brüder. Er war der einzige, der ein neues Gebäude in Auftrag gab. 1827 wählte der Kronprinz für seinen Bruder ein Grundstück an den Hängen des Babelsberges, eines der höchsten Hügel im Seengebiet der Havellandschaft, unmittelbar östlich von Potsdam und südlich von Glienicke. Lenné und Schinkel wurden beauftragt, ein Haus zu bauen, das sich von den anderen in der Landschaft verstreuten Anwesen abheben und die unvergleichlichen Ausblicke des Grundstückes nutzen sollte (Abb. 117, 154–156).

Der Kronprinz sah an der höchsten Stelle des Hügels eine große klassische Villa vor, mit einem monumentalen Arkadenportikus an der Vorderseite, einem Motiv, das er noch für weitere nicht ausgeführte Projekte auf den Hügeln nördlich von Sanssouci vorschlug. Aber Prinz Wilhelm und insbesondere seine anglophile Gattin, Prinzessin Augusta, wollten einen Landsitz im gotischen Stil. Das gotische Schloß, das schließlich gebaut wurde, schlängelt sich über den Kamm der Anhöhe. Das Gebäude entwickelte sich aus einem Kernstück heraus, das Schinkel entworfen und dessen Bau Persius von 1832 bis 1835 beaufsichtigt hatte, bis es später nach Persius' und danach Heinrich Stracks Plänen in der Länge erweitert wurde und erst 1849 seine endgültige Ausdehnung erreichte. Nur ungern versah Schinkel das Schloß mit Türmen und Zinnen, Elemente, die er bei einer Handvoll anderer Landsitze in der Potsdamer Gegend nur angewandt hatte, wenn sein Auftraggeber es ausdrücklich wünschte.[23] Aber Prinzessin Augusta zeigte ihm immer wieder Modelle, wie sie sich das Gebäude vorstellte. Als Kind hatte sie angeblich mit Goethe in Weimar gotische Schlösser gezeichnet, und nun ließ sie sich die englischen Musterbücher senden, die sie so oft durchblättert hatte, darunter auch Robert Lugars »Architectural Sketches for Cottages, Rural Dwellings, and Villas in the Grecian, Gothic and Fancy Styles« (1815) und Papworths »Rural Residences« (1818). Obwohl Schinkel keine dieser Vorlagen befolgte, ist das mit Türmen und Zinnen versehene Gebäude eines der wenigen Bauwerke, das der englischen Vorstellung vom Pittoresken im bewußten Gegensatz von unregelmäßigem Baukörper und Grundstück nahekommt. Aber wie bei allen Werken Schinkels kann man den Grundriß des Hauses nur verstehen, wenn man seine Außenterrassen, die Pergolen und Treppenaufgänge berücksichtigt.

Schloß Babelsberg windet sich spiralförmig von einer gotischen Pergola auf der linken Seite durch einen gewölbten achteckigen Raum in der Mitte bis zu einem mit Zinnen versehenen Rundturm auf der rechten Seite hinauf. Die Räume sind an der Rückseite des Grundstückes über einen engen Korridor, eine Art doppelte L-förmige Trennwand und über eine durchlaufende Terrasse an der Vorderseite verbunden. An den Hängen des Grundstücks schuf Lenné eine dicht bewaldete englische Parklandschaft. Von Glienickes Großer Neugierde aus ist das Gebäude immer wieder zwischen den Bäumen zu sehen. Der Blick aus dem Innern wechselte ständig, er glitt von Glienicke zum Neuen Garten am Nordrand von Potsdam bis zur Stadt Potsdam selbst. Vom Turm aus war die Nikolaikirche als deutlicher Kontrast zum gotischen Bergfried zu sehen. Sowohl die Kuppel der Kirche als auch der Schloßturm wurden in den 1840er Jahren, nach Schinkels Tod, gebaut.

Wie bei den anderen königlichen Landsitzen hatte Schinkel die Einrichtung der Innenräume und des Gartens im Stil des Hauses entworfen. Als Material benutzte er unverputzten Backstein, den er für viele seiner öffentlichen Bauwerke in den 1830er Jahren, aber nicht für königliche Residenzen, verwendet hatte. Zu dieser Zeit hatte er das Material Eisen (Abb. 162) an den eindrucksvollen Freitreppen des Prinz-Albrecht-Palais in Berlin eingesetzt (1830–1833, 1944/45 zerstört). Schinkel plante Schloß Babelsberg nicht als unabhängige Anomalie, sondern als Teil des andauernden Prozesses der Wiederentdeckung und Wiedererfindung der Potsdamer Havellandschaft, einer Landschaft, in der er unter der Herrschaft Friedrich Wilhelms IV. noch viele neue Gebäude errichten würde; dieser bestieg den Thron und ließ die architektonischen Vorstellungen sich frei entfalten, als Schinkel von seiner letzten Krankheit bereits geschwächt war. Als er 1841 starb, hatte er die Landschaft nicht nur erneuert, sondern eine Architektur geschaffen, die die Betrachtung der Natur zu einem Teil der Erforschung des Selbstbewußtseins machte, was er zuerst im öffentlichen Raum Berlins erprobt hatte.

155 Schinkel, Schloß Babelsberg, 1832–49 (von Ludwig Perius und Heinrich Strack vollendet). Nach Schinkels Vorlage entworfene neugotische Gartenbank.

156 Schinkel, Schloß Babelsberg, 1832–49 (von Ludwig Persius und Heinrich Strack vollendet).

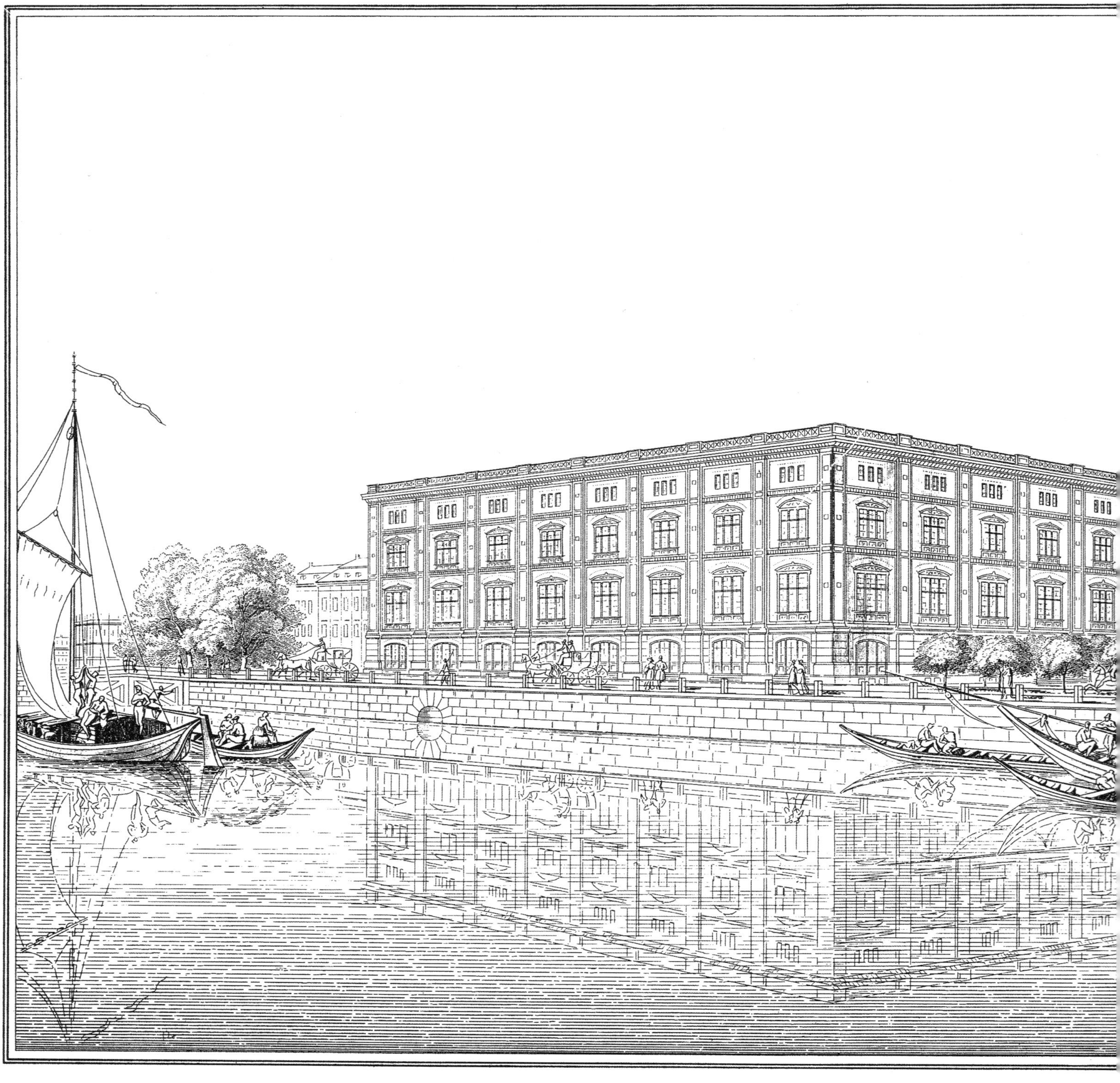

157 Schinkel, Bauakademie (ehemals Allgemeine Bauschule), Berlin, 1831–36. Perspektivischer Stich von der Schloßbrücke aus, mit Friedrichswerderscher Kirche und Zollverwaltung.

VIERTES KAPITEL

Architektur und Industrie: Schinkel, Beuth und das Aufblühen der preußischen Wirtschaft

Die Stühle aus Gußeisen und die Dampfpumpen, die Schinkel für die Gärten in Potsdam schuf, waren mehr als nur dekorative Ergänzungen der malerischen Landschaft. Vielmehr spiegelt sich in der Verwendung von Gußeisen und der Nutzung technischer Neuheiten das ehrgeizige industrielle Entwicklungsprogramm des preußischen Staates, das die Reformen Steins und Hardenbergs in Gang gesetzt hatten. Steins Abschaffung der Zünfte zwischen 1804 und 1806 bereitete dem lebhaften Aufschwung der Privatwirtschaft Preußens und der paternalistischen Führung der öffentlichen Hand den Weg. Beides blühte nach den Napoleonischen Kriegen auf. Schinkel, der mit seinen Entwürfen für das gußeiserne Kreuz und die Grabmale und Denkmäler der Befreiungskriege der preußischen Industrie einen patriotischen Stempel aufgedrückt hatte, spielte zwischen 1820 und 1840 eine Schlüsselrolle. Er trug zur Förderung der Privatwirtschaft bei und unterstützte begeistert die Bildungspolitik des Finanzministeriums, das für Handel, Gewerbe und Industrie zuständig war. Während seiner gesamten Laufbahn verband Schinkel seine politischen Ziele mit der Suche nach neuen Herstellungstechniken und Materialien. Diese Suche fand ihren Höhepunkt im Entwurf für die Bauakademie, die zugleich Sitz der Preußischen Bauschule und der preußischen Baubehörde war.

Die Verbindung mit der 1811 gegründeten Technischen Deputation für Gewerbe bedeutete für Schinkel den Beginn seiner Zusammenarbeit und Freundschaft mit Peter Christian Wilhelm Beuth (1781–1853), einem herausragenden Vertreter der neuen Generation von Staatsbediensteten. Die beiden gleichaltrigen Männer traten im selben Jahr, 1809, in den Staatsdienst ein.[1] Sie hatten denselben Bekanntenkreis — auch Beuth war ein Freund der Humboldts und ein Schützling Hardenbergs — und dieselben intellektuellen Vorlieben. Caroline von Humboldt schrieb: »Beuth besitzt außergewöhnlich gute Kenntnisse der Kunst, besonders der Malerei und Literatur des Mittelalters.«[2] Schinkel war Stammgast der Gesellschaften, die jeden Sonntag nachmittag bei Beuth stattfanden und zu denen sich Künstler ebenso wie Regierungsbeamte einfanden. Er war Beuths bevorzugter Partner für Gespräche über die Kunst, und Beuths Geschmack wandte sich genauso wie Schinkels um 1819/20 immer mehr dem Klassischen zu.

1819 wurde Beuth zum Leiter der Technischen Deputation ernannt, und Schinkel gehörte zu seiner Elitetruppe. Beuth erweiterte das Aufgabengebiet dieser Institution, indem er das einfache Forschungsinstitut in eine umfassende Bildungseinrichtung umwandelte. Um die Industrie zu fördern und das Handwerk in Preußen zu stärken und zu modernisieren, gründete er das Gewerbeinstitut, eine Lehranstalt, die sich dem Industriedesign widmete und dabei britische und französische Prototypen zum Vorbild nahm. 1822 hatte Beuth einen Lehrplan für die neue Schule aufgestellt, die eine Bibliothek, Sammlungen von Zeichnungen und Stichen, Maschinen, Produkte, Muster und Modelle sowie Klassenzimmer, Werkstätten und Labors umfassen sollte, in denen die Studenten aus den Berliner Handwerkerfamilien die Grundlagen der Formgebung und maschinellen Produktion erlernen sollten. Sein Ziel war es, die maschinelle Produktion den höchsten Prinzipien der Kunst zu unterwerfen, verbunden mit der Hoffnung, daß Preußen sich auf den konkurrierenden Märkten des industrialisierten Europas selbstsicher behaupten könne.

Schinkel begann in der Klosterstraße mit dem Umbau einiger Häuser aus dem 18. Jahrhundert, in denen Klassenzimmer und Galerien sowie eine Dienstwohnung und ein Büro für Beuth im obersten Geschoß untergebracht werden sollten. Sechs Jahre später schuf er im Nebengebäude ein abstrakt gegliedertes Pilastersystem vor einer ausladenden Fensterwand, das er als Ordnungsprinzip erstmals in Tegel eingesetzt hatte (Abb. 159). 1821 gaben Schinkel und Beuth bereits den ersten Band einer Stichsammlung mit Musterentwürfen für verschiedene Materialien heraus, für Keramik, Silber, Holz, gegossene Metalle, die »Vorbilder für Fabrikanten und Handwerker«.[3] Das Werk wuchs in den nächsten Jahren auf mehrere Bände an. Die meisten Zeichnungen für die Stiche, die in der Druckerei des Gewerbeinstituts gedruckt wurden, lieferte Schinkel. In jedem Band versuchte er, die neuesten Materialien und Produktionstechniken vorzustellen und mit den Prinzipien der guten Form zu verbinden. Die Objekte wurden sowohl nach dem Material, Bronze, Eisen und Glas, als auch nach der Funktion zusammengestellt, womit deutlich gemacht werden sollte, daß die Form sich aus dem Wechselspiel von Material und Programm ergab. Die zahlreichen Mappen enthielten ein ganzes Sortiment von Mustern: Metallarbeiten für Zäune und Geländer, Holzarbeiten für Parkettfußböden, Entwürfe für Glasarbeiten und Entwürfe von gegossenem und graviertem Metall für Kandelaber und Gefäße aller Art, einschließlich des später in Schloß Charlottenburg aufgestellten großen Bronzebrunnens (Abb. 130).[4] Einige Entwürfe wurden direkt nach antiken Modellen gezeichnet, aber die meisten hatte Schinkel entworfen, oder sie waren nach seinen Berliner Projekten gezeichnet. In seinem an Handwerker und Fabrikanten gerichteten Vorwort unterstrich Beuth das pädagogische Ziel und wies darauf hin, wie notwendig und nützlich es sei, die Arbeit nicht nur technisch perfekt, sondern auch in vollendeter Form auszuführen. Nur ein Werk, das beides miteinander verbinde, könne die Arbeit eines Handwerkers der eines Künstlers nahebringen, sie verfeinern und ihr einen Wert geben, der beständi-

158 Eduard Gärtner, Die Bauakademie, Berlin, 1868. Neben Schinkels Bauakademie zeigt dieses Gemälde auch seine Friedrichswerdersche Kirche. Von der Schleusen-Brücke aus gesehen.

ger ist als der ihres Materials.[5] Diese Botschaft war ebenso sehr an den Hersteller wie an den Markt gerichtet.

England blieb das Vorbild, nicht nur für die neuesten Erfindungen, sondern auch für Preußens Übergang zum kapitalistischen System, das in der britischen Gesellschaft bereits gefestigt und, wie Napoleons Frankreich gezeigt hatte, mit einer starken Zentralregierung und einer Monarchie durchaus vereinbar war. Durch Zeitschriften und Reisen hielt sich die Technische Deputation über die Entwicklungen in England auf dem laufenden. Alle Bestrebungen richteten sich auf die wirtschaftlichen, gesellschaftlichen und künstlerischen Folgen einer kapitalistischen Wirtschaft mit einer wahlberechtigten Klasse von Kaufleuten und Fabrikanten. Doch bevor Schinkel 1826, zur Zeit der Regentschaft des späteren Georg IV., nach London fuhr, um das Geschäftsleben mit eigenen Augen zu sehen, hatte er bereits begonnen, sich mit neuen Formen von industrieller Architektur und den komplexen Verbindungen von staatlicher Planung und privater Grundstücksspekulation auseinanderzusetzen. Als er 1818 das Gelände um das Schloß und die Neue Wache am Ostende der Straße Unter den Linden umgestaltete, traf er am Westende, wo der Boulevard auf den Pariser Platz und das Brandenburger Tor stieß, auf noch komplexere Wechselbeziehungen von Staatsministerien und Privatindustrie. Hier hatten die Anwohner seit langem eine geeignetere Brücke über die Spree gefordert, um die Stadt mit den schnellwachsenden Vororten im Norden zu verbinden, einem Stadtgebiet, in dem die Industrie in den nächsten Jahrzehnten besonders stark wachsen sollte. Schinkel ergriff die Gelegenheit, die Verkehrsprobleme großräumig zu lösen. Er schlug vor, die bestehende Holzbrücke über eine neue Trasse zu führen und eine neue Straße zu bauen, die die Straßenfront Unter den Linden durchbrechen und auf einer Linie mit der Wilhelmstraße liegen würde, der wichtigen Nord-Süd-Achse an der eleganten Westgrenze der Hauptstadt (Abb. 160). Die meisten Grundstücke wurden von der Zollverwaltung eingenommen, andere vom Militär und von den Hinterhofgärten der Häuser Unter den Linden. Über zehn Jahre lang mußte Schinkel sich bei Regierungsvertretern dafür einsetzen, die Zolleinrichtungen, die bis dahin entlang der Spree verstreut lagen, auf einem einzigen Grundstück am Nordende der Spreeinsel zusammenzulegen.

159 Eduard Gärtner, Ansicht der Klosterstraße, 1829. Vorne rechts die Fassade von Schinkels Gewerbeinstitut.

160 Schinkel, Verlängerung der Wilhelmstraße, Berlin, 1818. Stich des Aufrisses Unter den Linden, Perspektivische Ansicht von der neuen Brücke aus und Grundriß von Grundstück und Gebäude.

Schinkel stellte sich eine Geschäftsstraße mit neuen Läden vor, aus deren Einnahmen man das Haus Unter den Linden Nr. 76 für die nördliche Verlängerung der Wilhelmstraße erwerben könnte. Gleichzeitig nahm er die Verhandlungen mit dem Militär auf, das seine Ingenieur-und-Artillerie-Schule hierher verlegen wollte. Im Mai 1818 begann er, ein Grundstück für die Schule auszuheben und eine strenge, dabei palastartige Fassade für das

A

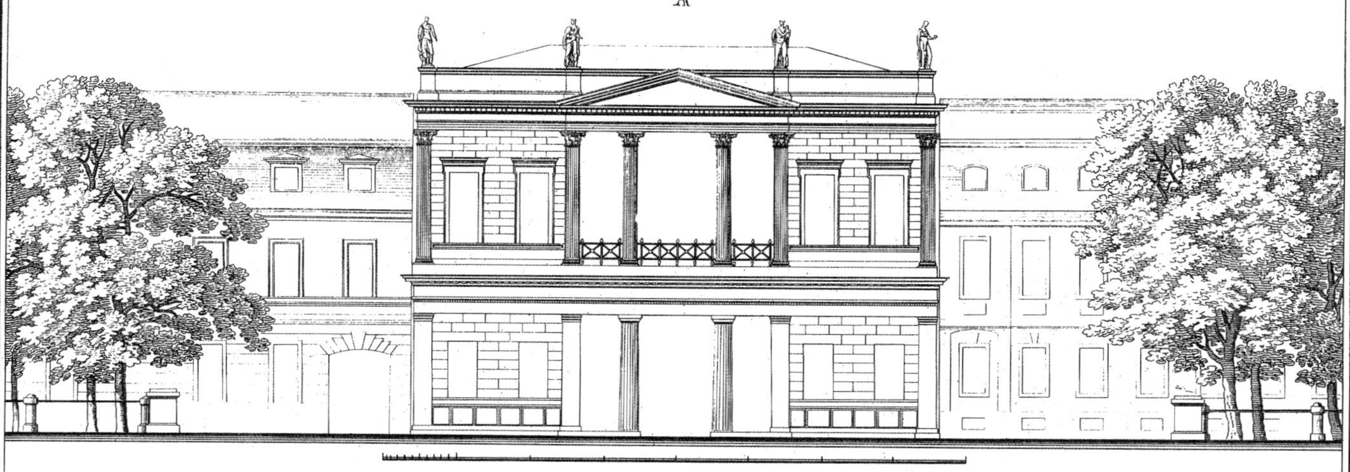

Facade des Durchgangs der verlängerten Wilhelms-Strasse unter den Linden.

B

Perspectivische Ansicht der verlängerten Wilhelms-Strasse

C

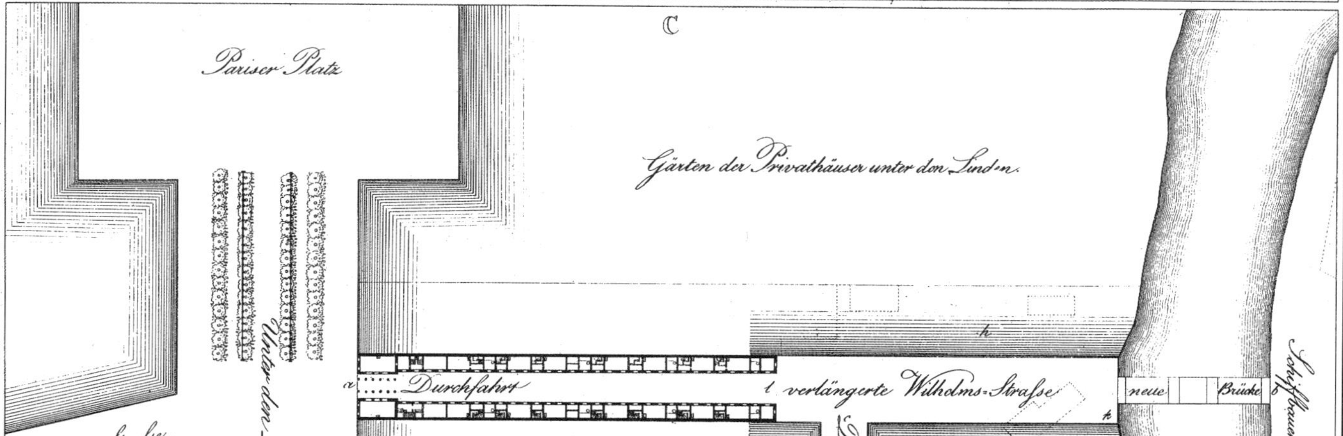

Gebäude an der Paradestraße zu entwerfen. Über ein angrenzendes Grundstück hatte er bereits schwierige Kaufverhandlungen begonnen (er selbst hatte Gelder für Kauf und Abbrucharbeiten bereitgestellt), um eine Geschäftsstraße zu schaffen, die in Preußen ohne Beispiel war. Sie begann mit einem schmalen Gebäude gegenüber der Straße Unter den Linden. Eine Arkade führte unter der Front aus palladianischen Herrenhäusern hindurch. In der Straße dahinter, die im wesentlichen eine Einkaufszone war, standen Geschäfte in zwei parallelen Reihen entlang der neu geschaffenen Verlängerung der Wilhelmstraße, wodurch die potentiellen Mietobjekte Unter den Linden tief in das Grundstück hineinreichten. Diese Lösung war bereits in London und noch ausgeprägter in Paris realisiert worden. Bei seinem Besuch in Paris 1805 hatte Schinkel bereits die ersten Einkaufsarkaden gesehen, vor allem die Passage Feydeau, die Gilly 1797 skizziert hatte. In Berlin übernahm Schinkel diesen Gebäudetyp und diese Struktur für eine offene Straße. Vermutlich angeregt durch die Cafés and Leseräume des Palais Royal in Paris, schlug Schinkel vor, einen großen kommerziellen Ausstellungsraum im oberen Geschoß des Kopfgebäudes mit Räumen zu flankieren, die für die Allgemeinheit bestimmt waren. Dahinter war die Straße auf beiden Seiten mit Geschäften gesäumt, deren Eingangsfront von Kolonnaden gebildet wurde. In den darüberliegenden Halbgeschossen befanden sich Wohnungen für die Ladenbesitzer. Das Ganze ist, wie Erik Forsmann beobachtet hat, eine Gestaltung der Geschäftshäuser in der Formensprache der antiken römischen *tabernae*,[6] die Schinkel im Forum Romanum und in Pompeji gesehen hatte. Überall waren Archäologie und Industrie geschickt vereint, aber das Unternehmen endete in einem Fiasko. Die Straße wurde überwiegend von den ärmeren Bewohnern der Stadt als Abkürzung zwischen dem Zentrum und den Vororten im Norden genutzt, und die Läden zogen nicht die vornehme Kundschaft an, die für den Erfolg des Projektes ausschlaggebend gewesen wäre.

Anfang der 1820er Jahre reiste Beuth einige Male nach England, um neue Techniken und Maschinen für Preußens junge Industrie aufzuspüren und die Folgen der industriellen und kommerziellen Revolution an Ort und Stelle zu beobachten. »Die Wunder neuerer Zeit, mein Freund, sind nur hier die Maschine und die Gebäude dafür, Faktoreien genannt«, schrieb er 1823 an Schinkel und gab ihm eine Beschreibung dieser Gebäude. »So ein Kasten ist acht, auch neun Stock hoch, hat mitunter vierzig Fenster Länge und gemeinhin vier Fenster Tiefe.«[7] 1826 wurde eine offizielle Delegation gebildet, und Schinkel konnte Beuth auf einer viermonatigen Reise auf die Britischen Inseln begleiten. Sie reisten über Paris, wo sich Schinkel die Innenräume des Louvre im Hinblick auf die Einrichtung des Alten Museums ansehen sollte. Zwar machte er die vereinbarten Rundgänge, einschließlich einer längeren Besichtigung des Louvre, in Begleitung des Architekten, Pierre Fontaine, doch wollte er vor allem die Zeugnisse der überlegenen wissenschaftlichen und technischen Kultur sehen. Schinkel und Beuth verbrachten im berühmten Pariser Conservatoire des Arts et Métiers genauso viel Zeit wie im Louvre. Alexander von Humboldt, ihr Pariser Gastgeber, hatte sie eingeführt, und sie wurden vom Direktor und einem der Zeichner begleitet. Diese Zeichner fertigten Maschinenzeichnungen für die Studenten und für das staatliche Patentbüro, das im Conservatoire untergebracht war.[8] Während ihres dreiwöchigen Aufenthalts in Paris verbanden sie ihre täglichen Besuche bei berühmten Künstlern mit Rundgängen durch Ateliers, Gießereien und kleine Fabriken im Marais und den östlichen Vororten. Schinkel zeichnete den Grundriß und die Gestaltungselemente von Chalgrins Pfarrkirche St. Philippe du Roule, die Friedrich Wilhelm III. so beeindruckt hatte, daß er sie als Modell für den Wiederaufbau der Nikolaikirche in Potsdam verwendete. Aber er machte sich auch sorgfältige Notizen und Zeichnungen von der gußeisernen Kuppel über dem Getreidemarkt und dem Metalldach und Heizungssystem der Börse Brongniarts. Humboldt führte sie in den Salon des Malers Gérard ein und in die Vergnügungsstätten an den Boulevards, darunter das Georama, ein Panorama der Mineralogie.

161 Schinkel, Leuchtturm am Kap Arkona, Insel Rügen, 1825/26.

Ihre Reise zu den Britischen Inseln führte sie von Brighton, wo sie die berühmten gußeisernen Palmensäulen in den Küchen von Nash im Königlichen Pavillon bewunderten, bis zu den Shetland-Inseln und auf der langen Rückfahrt durch die schnell anwachsenden Industriegebiete in den westlichen Midlands und den Tälern von Gloucestershire. In London besuchten sie mehrere führende Architekten, darunter auch John Nash, der, wie Schinkel in seinem Tagebuch vermerkte, wie ein Fürst lebte. Doch galt ihr Interesse ebenso Telfords und Brunels neuen Brücken, dem Themse-Tunnel und den berühmten Docks sowie den Märkten, Werkstätten und der Infrastruktur der britischen Hauptstadt. Das Reisetagebuch enthält verhältnismäßig wenige Skizzen von öffentlichen Gebäuden. Statt dessen gibt es Anmerkungen und Skizzen zum technischen Einfallsreichtum, dem er überall begegnete, von holzverkleideten Eisenrohren auf der Baustelle des Britischen Museums bis zu den Hinterbühnen der Theater Covent Garden und Drury Lane. Er machte sich ausführliche Notizen über die städtische Gasbeleuchtung, die Kaffeehäuser, die Geschäfte und Werkstätten und die Bautechniken in einer Hauptstadt, in der, wie in Berlin, Backstein das allgemein übliche Baumaterial war.

Die Fabriklandschaft der Midlands flößte auch ihm, wie Beuth drei Jahre zuvor, Ehrfurcht ein (Abb. 162–163). Besonders interessiert war er an

162 Schinkel, Englisches Reisetagebuch, 1826. Auf Seite 62 sind Fabrikgebäude in Manchester und eine Markthalle in Liverpool zu sehen.

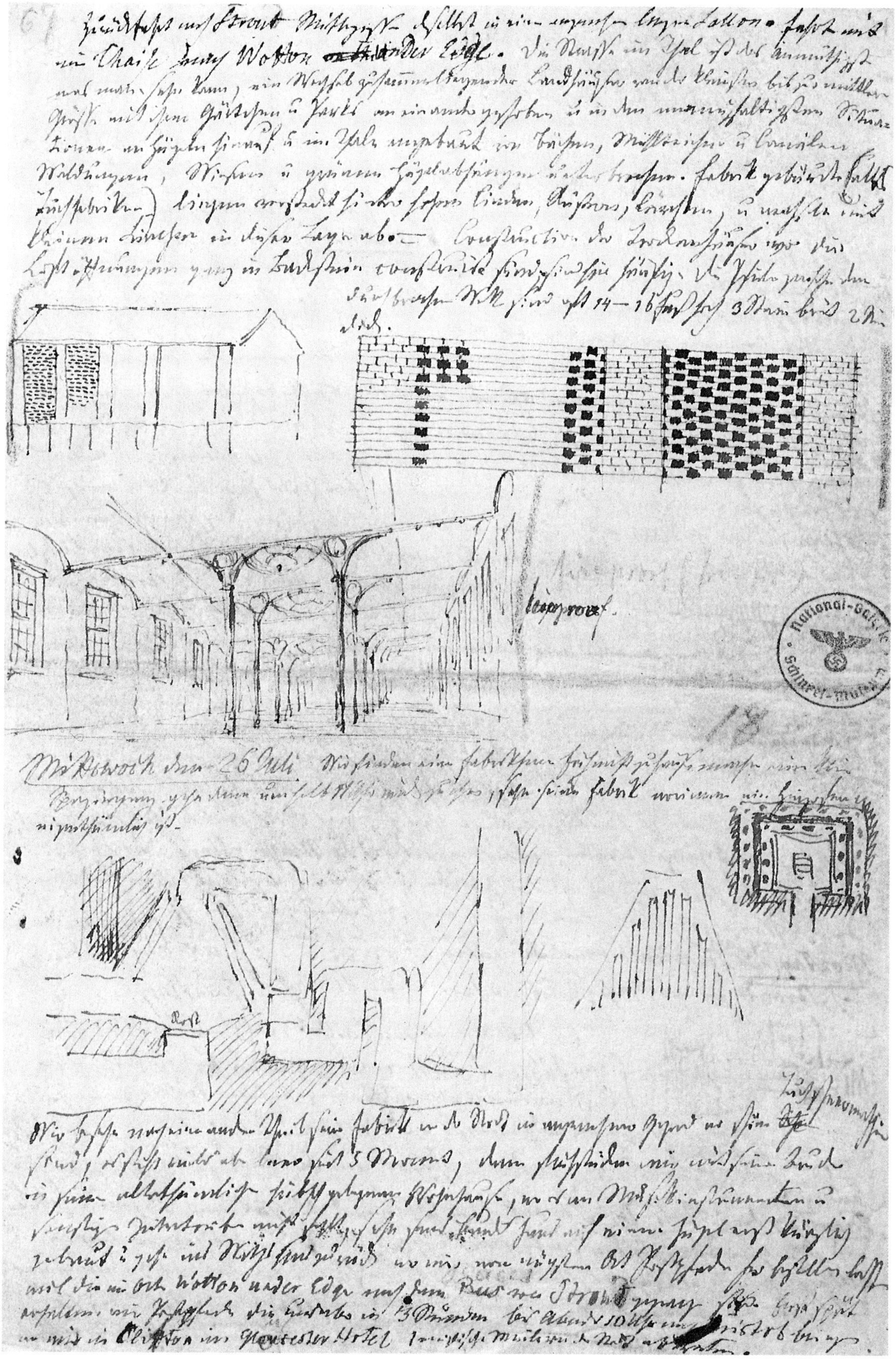

163 Schinkel, Englisches Reisetagebuch, 1826. Auf Seite 67 sind Ausschnitte einer Textilfabrik im Stroud Valley in Gloucestershire zu sehen (Schuppen mit Eisenstützen, Trockenschuppen, Ofen).

den Textilfabriken im Stroud Valley, vor allem an den großen Fabriken in Stanley, die 1812/13 errichtet worden waren und deren inneres System von Stockwerken, die von flachen Backsteingewölben getragen wurden, die ihrerseits auf dünnen Säulen und Spannbögen aus Gußeisen ruhten, unübertroffen war.[9] Wie zwanzig Jahre zuvor in Italien, nahm sich Schinkel auch hier, für das Schauspiel der Moderne, einen erhöhten Standpunkt. »In Manchester, wo wir gestern waren, sind seit dem Kriege 400 neue große Fabriken für Baumwollspinnerei entstanden, unter denen mehrere Gebäude-Anlagen in der Größe des Königlichen Schlosses zu Berlin stehn«, schrieb er in sein Tagebuch und skizzierte auch das Industriepanorama. »Tausende von rauchenden Obelisken der Dampfmaschinen ringsum, deren Höhe 80 bis 100 Fuß allen Eindruck der Kirchtürme zerstört. Es macht einen schrecklich unheimlichen Eindruck: ungeheure Baumassen von nur Werkmeistern ohne Architektur und fürs nackteste Bedürfnis allein und aus rotem Backstein aufgeführt«. Schinkel fand die Häuserreihen für die Arbeiter in den neuen Industriestädten »unheimlich bedrückend« und fürchtete, wie er seiner Frau Susanne in Briefen anvertraute, daß der soziale Preis zu hoch sei. »Alle diese Anlagen haben so enorme Massen von Waren produziert, daß die Welt davon überfüllt ist, jetzt 12 000 Arbeiter auf den Straßen zusammenrottirt stehn weil sie keine Arbeit haben, nachdem die Stadt schon 6 000 Irländer auf eigene Kosten in ihr Vaterland zurückgesendet hat. Andere Arbeiter für 16stündige Arbeit des Tags doch nur 2 Schilling, etwa 15 Groschen wöchentlich verdienen können. Man ist sehr in Zweifel, was aus diesem furchtbaren Zustande der Dinge werden soll.«[10]

Zwanzig Jahre, bevor Engels seine Untersuchungen über die Lebensbedingungen der Arbeiterklasse in Manchester durchführte, hatte Schinkel die Gefahren wie auch die Fortschritte dieses ersten industrialisierten kapitalistischen Wirtschaftssystems erkannt.

Wie Beuth kehrte auch Schinkel mit vielen Entdeckungen nach Hause zurück: neue Techniken für eine feuersichere Konstruktion, die Übernahme von Eisenkonstruktion und Backsteingewölbe, Methoden der Skelettkonstruktion. Und wie Beuth nach speziellen Lösungen für die Probleme der preußischen Industrie gesucht hatte, bezogen sich Schinkels Entdeckungen auf die Architektur, auf seine Suche nach einer Bauweise mit Skelett und Füllung, wie er es bereits am Schauspielhaus und in Tegel ausprobiert hatte, und auf sein Bestreben, industriell hergestellten unverputzten Backstein und Terrakotta zu verwenden, was ihn bei der Friedrichswerderschen Kirche in gleichem Maße wie die Fragen des historischen Stils beschäftigt hatte.

Im Januar 1827, wenige Monate nach seiner Rückkehr nach Berlin, legte Schinkel einen ausführlichen Entwurf für einen gewaltigen Ladenkomplex vor, ein »Kaufhaus«, wie er es nannte, das aus unverputztem Backstein an der Nordseite der Straße Unter den Linden, nicht weit entfernt von der viel kleineren Einkaufspassage in der Wilhelmstraße, gebaut werden sollte. Das große U-förmige Gebäude, das in Dimension und Gliederung mit den angrenzenden Palais in Einklang gebracht war, sollte die Technologie der englischen Fabriken mit der palastartigen Größe und dem pulsierenden Leben des Palais Royal in Paris vereinigen und seine durchgehend mit Geschäften gesäumten Passagen um einen weitläufigen öffentlichen Park anordnen (Abb. 166). In einem Brief an Pierre Fontaine, in dem er die französische und englische Architektur und Industrie miteinander verglich, schrieb er, daß er über die Reichtümer und den Wohlstand in England verblüfft sei, die sich nur selten in einem Gefühl für die künstlerische Form oder Größe zeigten: »Parmi toutes ces grandes productions j'ai vu très peu qui porte le caractère d'un monument; la plupart ne presente que le plus nud nessessaire (sic) arrangé non pas par des artistes mais par des simples ouvriers.«[11] Auf dem Grundstück der ehemaligen Akademie wollte Schinkel demonstrieren, daß Funktion, Charakter der Backsteinbauweise und die freie Entfaltung des Handels in einem öffentlichen Gebäude vereint werden können.

Schon vor seiner Reise nach England hatte Schinkel innovative Entwürfe für Backsteinsteinbauten gefertigt, aber nie im Hinblick auf einen derart öffentlichen Zweck oder in einer so prestigeträchtigen Gegend. Bei der Begutachtung von Entwürfen für Kasernen und Gefängnisse der Militärverwaltung hatte er die ortsansässigen Architekten an den Zeichentisch zurückgeschickt mit der Anweisung, den Charakter sowohl der Institution als auch des Materials zum Ausdruck zu bringen. Die massive Mächtigkeit des großen Kasernenblocks für die Lehr-Eskadron in der Lindenstraße südlich des Stadtzentrums (1818, im Zweiten Weltkrieg zerstört), zu dem auch ein Militärgefängnis gehörte, wurde durch die veränderte Gestaltung der Backsteinfassaden bei einem Entwurf erreicht, den zwei Stabsarchitekten zur Begutachtung vorgelegt hatten (Abb. 165). Schinkel forderte, der Charakter des Militärischen selbst müsse auf den Backstein übertragen werden, und er demonstrierte, daß sogar bei einfachsten Entwürfen ein monumentaler Eindruck entstehen kann, wenn mit größter Sorgfalt auf die Verarbeitung der Fugen und auf die Darstellung miteinander verwobener Schichten und Größen geachtet werde. Als er nach England abreiste, befand sich einer von Schinkels Entwürfen, ein noch einfacheres Gebäude, im Bau, der Leuchtturm am Kap Arkona auf der Ostseeinsel Rügen (Abb. 161).

Während diese Bauten ihre Wirkung überwiegend durch breite ungegliederte Backsteinflächen

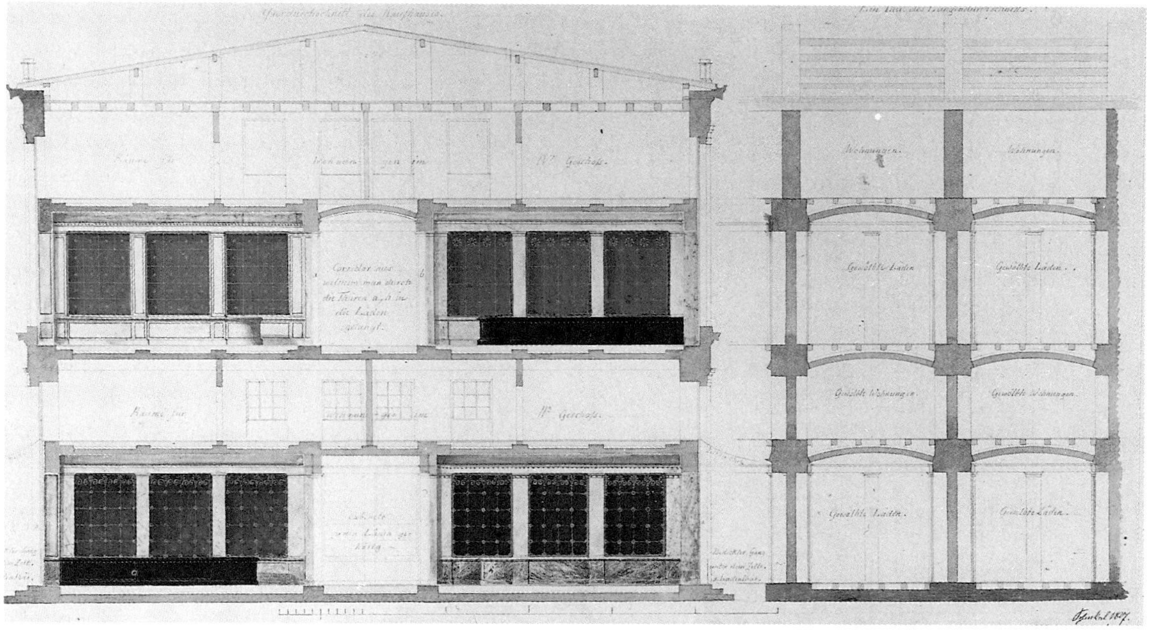

164 Schinkel, Plan für eine Ladenstraße Unter den Linden, Berlin, 1827. Querschnitt und Längsschnitt.

165 Kasernen und Militärgefängnis der Lehr-Eskadron, Berlin, 1818. Das von zwei Stabsarchitekten entworfene Projekt wurde von Schinkel überarbeitet.

166 Schinkel, Plan für eine Ladenstraße Unter den Linden, Berlin, 1827. Perspektivische Ansicht.

167 Schinkel, Feilnersches Wohnhaus, Berlin, 1828/29.

168 Schinkel, Feilnersches Wohnhaus, Berlin, 1828/29. Grundriß und zwei Fensterbrüstungen aus Terrakotta.

erzielten, die sich in einem geordneten Raster stufenweise nach hinten entwickelten – ein erstmals in Schloß Tegel angewandtes System –, war die Ladenstraße Schinkels erster Vorschlag für einen richtigen Skelettbau der Art, wie er ihn in den Fabriken der englischen Midlands studiert hatte. Das Innere bestand aus vier Geschossen, zwei für die Geschäfte, mit Zwischengeschossen darüber für die Wohnungen der Ladenbesitzer, alle aus Backsteinpfeilern konstruiert, die von einem Flachgewölbe, ebenfalls aus Backstein, überspannt wurden. Das Ergebnis war ein freistehendes, feuersicheres Gerüst. Das Äußere sollte mit seinen großen rechtwinkligen, verglasten Travéen die offene Skelettkonstruktion sichtbar machen, obwohl die Zwischengeschosse unterschlagen wurden, um den Maßstab der beiden höheren Geschosse zu betonen, wie es im angrenzenden Palais, in dem sich die Universität befand, auch der Fall war. Anstelle fester Arkaden, unter denen man beim Einkauf bummeln konnte, schlug Schinkel Markisen aus Segeltuch vor, befestigt an dünnen Pfosten, eine neuartige Lösung, die er zwei Jahre zuvor für das Theater in Hamburg vorgesehen hatte. Im Januar 1827 wurden die Zeichnungen, auf denen die Einteilung der zweihundert einzelnen Läden genau angegeben war, dem Präsidenten der Staatsbank, Christian von Rother, vorgelegt, der einen ausführlichen Plan für eine Aktiengesellschaft nach dem Vorbild der Trägergesellschaft des Palais Royal in Paris ausarbeitete. Aber die Krone, die dieses Geschäftsviertel, nur knapp hundert Meter vom Königlichen Schloß, der Neuen Wache und der Oper entfernt, mit Argwohn betrachtete, wies den Plan zurück.[12]

Tobias Christoph Feilner war der erste, der Schinkel in seinen Backsteinexperimenten unterstützte. Er war der Typus eines Fabrikanten, den Beuth sich als Leitfigur sowohl für den industriellen Fortschritt als auch für den öffentlichen Geschmack vorstellte. Feilner war 1793 als junger Mann nach Berlin gekommen. Er kaufte eine Töpferwerkstatt, die auf die großen, in deutschen Haushalten so beliebten Kachelöfen spezialisiert war. Unaufhörlich experimentierte er mit neuen Zusammensetzungen für Terrakotta und Keramik sowie neuen Brenntechniken. Bereits 1814 hatte Schinkel einen Kachelofen für Feilners Unternehmen entworfen. In den 1820er Jahren begann er, mit Feilner und dessen Schwiegersohn, dem Bildhauer Ludwig Wichmann, sein eigenes ornamentales Vokabular zu formulieren. So arbeiteten sie 1824 gemeinsam an zwei Prototypen für einen Kandelaber aus Terrakotta, der mit einer Höhe von zweieinhalb Metern Feilners Fähigkeit bewies, in einem beispiellosen Maßstab mit höchster Präzision zu arbeiten. Feilner stellte auch viele Backstein- und Terrakottaeinzelteile der Friedrichswerderschen Kirche her, darunter die riesige Terrakottastatue des hl. Michael über dem Haupteingang (Abb. 83).

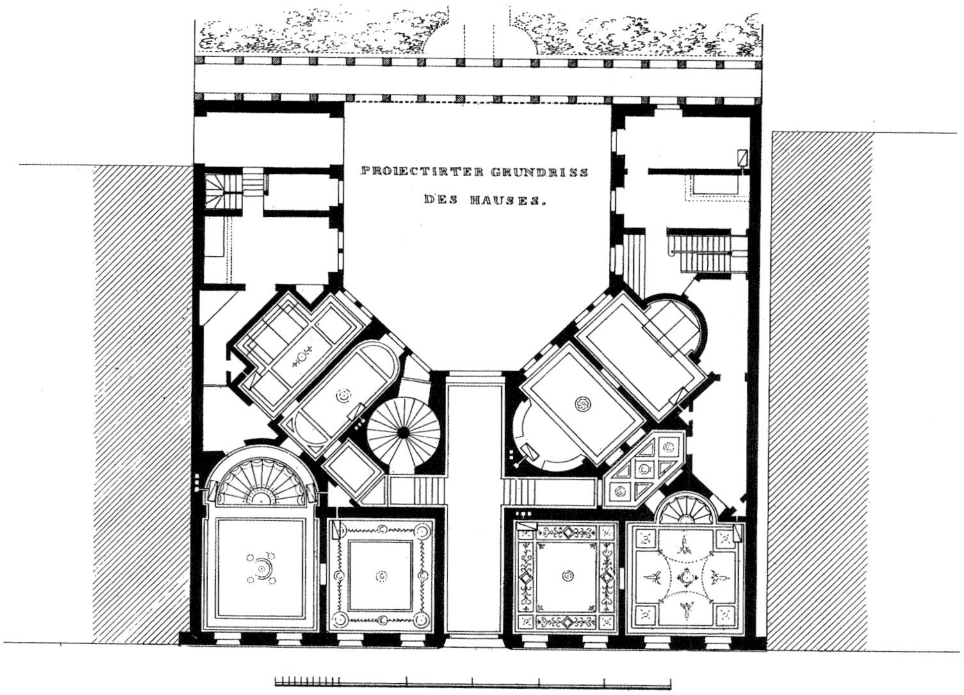

ZWEI FENSTER-BRÜSTUNGEN DES HAUSES IN GEBRANTER ERDE AUSGEFÜHRT.

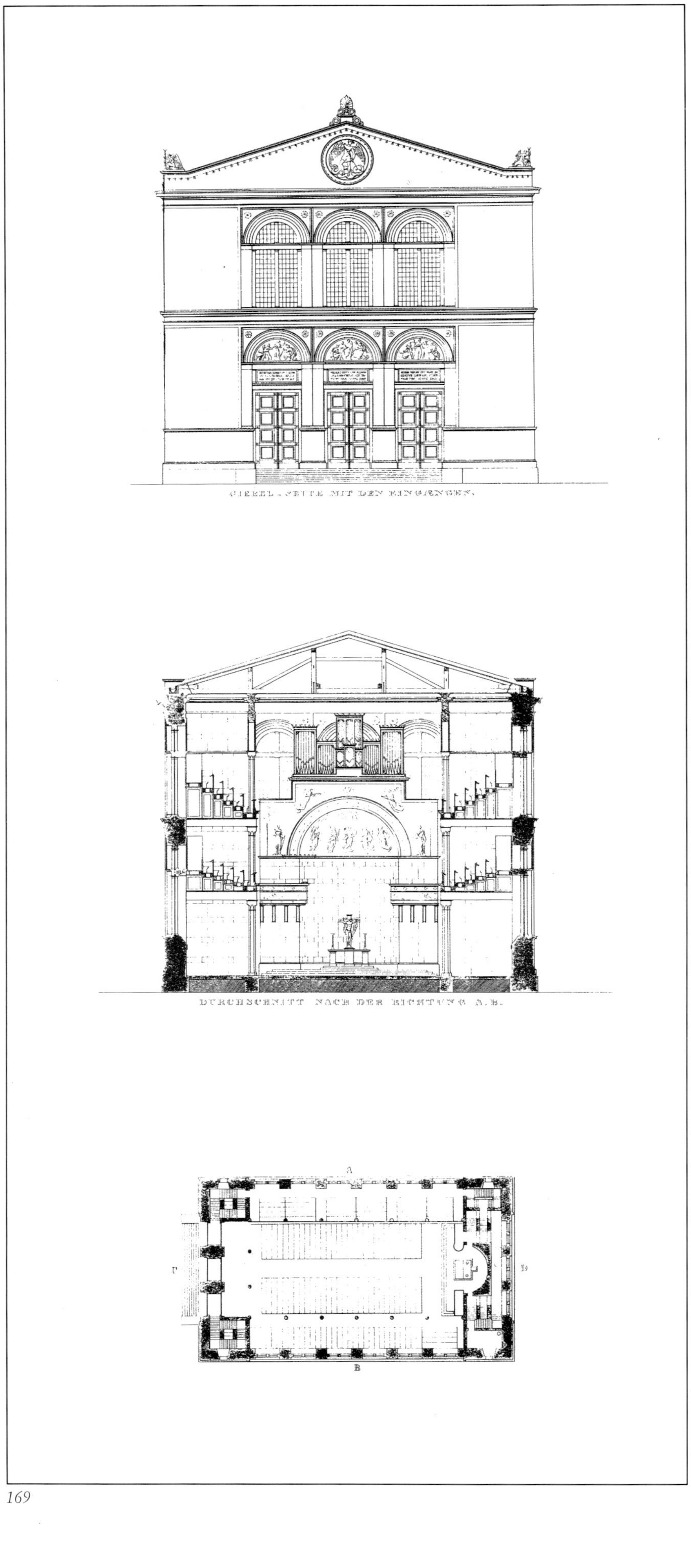

169

Anfang 1828 erhielt Feilner die Genehmigung, ein neues Haus in der Hasenhegerstraße (der heutigen Feilnerstraße) zu bauen, einer kurzen Straße, die zwischen Feilners Fabrik und Schinkels Kasernen der Lehr-Eskadron lag. Die Pläne wurden vom Maurermeister und vom Zimmermann erstellt, die die Arbeiten ausführen sollten, aber Schinkel überredete seinen Freund, ihm die Entwürfe zur Prüfung zu überlassen. Bei der Verbesserung der Pläne erfand er das berühmte »Berliner Zimmer«, ein schräges Zimmer an den Ecken zum Hof, von dem aus die Räume der Hausrückseite Licht erhalten. Vor allem aber entwarf er eine neue Fassade aus unverputztem Backstein und Terrakotta (Abb. 167–168). Mit ihren Mustern aus polychromem Backstein sowie mit Relieftafeln und Architekturteilen aus Terrakotta war diese Fassade ein wahrer Katalog aller Bauteile, die in Feilners Fabrik hergestellt wurden, und ein Beispiel für die Verwendung unverputzten Backsteins für elegante Wohnhausarchitektur. »Es ist sehr zu wünschen«, schrieb Schinkel in seiner »Sammlung Architektonischer Entwürfe«, »daß diese dauerhafte, schöne und wahre Architektur aus gebranntem Thone ohne Uebertünchung recht viel Nachahmung, sowohl für öffentliche Gebäude als Privathäuser, finden möge.«[13]

In den folgenden Jahren bediente sich Schinkel zunehmend der künstlerischen Möglichkeiten von Terrakotta. Für fast alle seine Projekte, von den zweckbetonten bis zu den luxuriösesten, verwendete er Feilners Terrakotten, darunter eine Kamineinfassung in einem der letzten fertigzustellenden Räume der Römischen Bäder in Charlottenhof und eine große, ganz aus feinen Terrakottatafeln gebildete baldachinbekrönte Kanzel in der Apsis der Nikolaikirche in Potsdam. Fast alle Entwürfe, die Schinkel 1828/29 dem König zur Genehmigung vorlegte, sahen Backstein vor, darunter der Plan für die Zolleinrichtungen auf der Insel hinter dem Museum und seine auf Bitte des Königs erarbeiteten Vorschläge für neue Kirchen in den schnell wachsenden Vierteln im Norden, außerhalb der alten Stadtmauern.

Mehr als zehn Jahre lang hatten die strengen religiösen Anschauungen Friedrich Wilhelms III. Diskussionen über die angemessene Form und Gestaltung einer modernen protestantischen Kirche ausgelöst, aber nur wenige neue Kirchen waren in der Hauptstadt tatsächlich gebaut worden. Der König war entschlossen, eine Vereinigung der lutherischen und calvinistischen Kulte herbeizuführen.[14] Während des Umbaus der Friedrichswerderschen Kirche hatte er sich einer Spaltung der deutschen lutherischen und der französischen calvinistischen Gemeinde widersetzt. Er verlangte, daß Schinkel die liturgischen Erfordernisse, die er 1817 in einer Direktive dargelegt hatte, genau beachtete. Die Vorschläge des Königs für neue Kirchen in den nördlichen Vororten enthielten eine Reihe lästiger

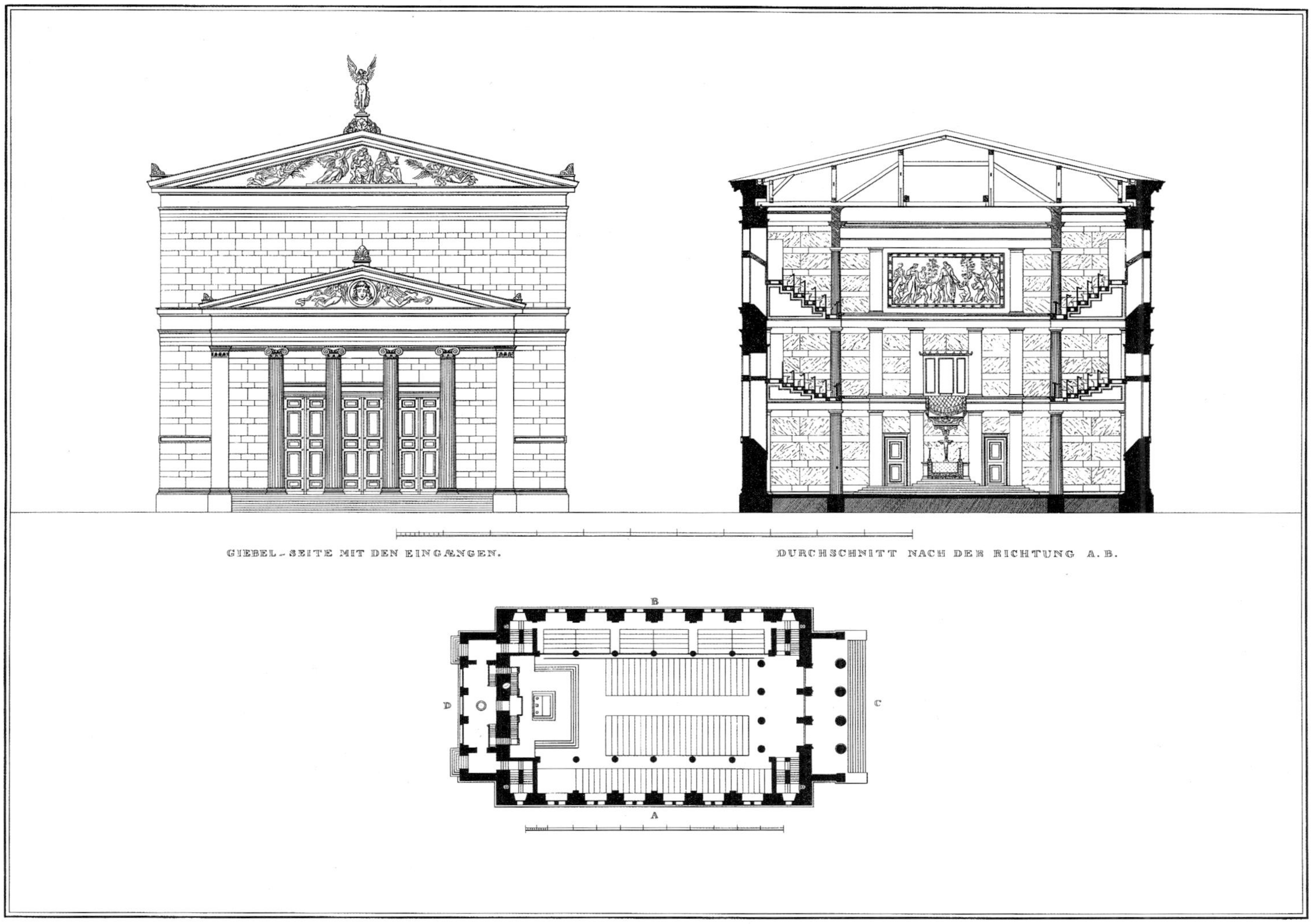

169 Schinkel, erster von fünf Kirchenentwürfen für Oranienburg, Berlin, 1828. Fassade, Querschnitt und Grundriß.

170 Schinkel, zweiter von fünf Kirchenentwürfen für Oranienburg, Berlin, 1828. Fassade, Querschnitt und Grundriß.

PERSPECTIVISCHE ANSICHT.

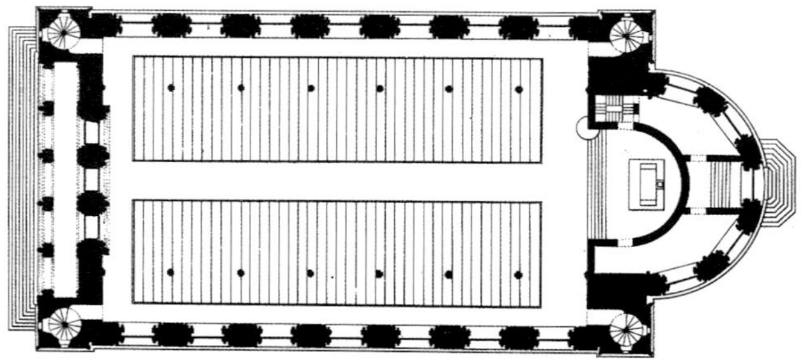

GRUNDRISS.

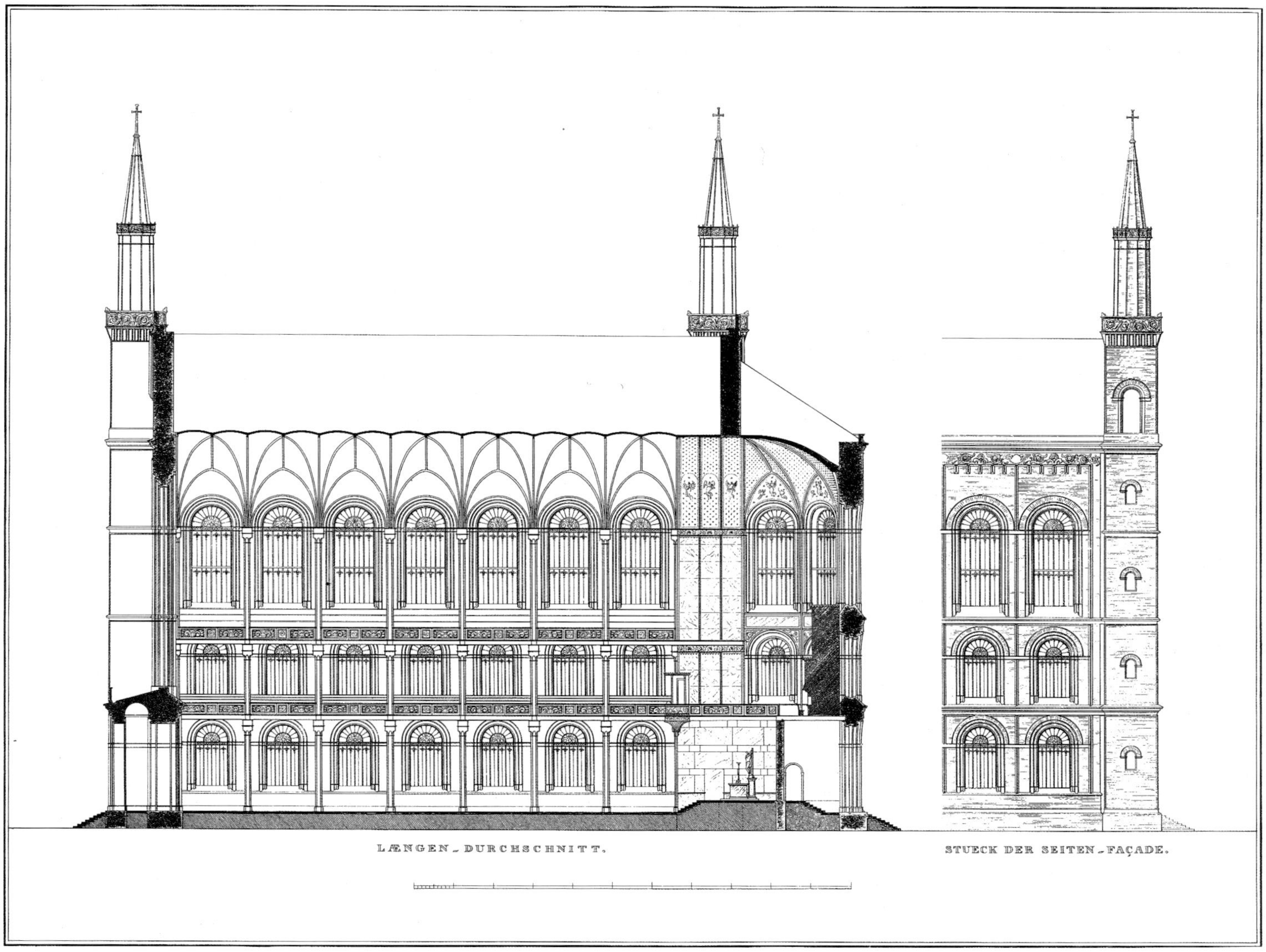

171 Schinkel, dritter von fünf Kirchenentwürfen für Oranienburg, Berlin, 1828. Perspektivische Ansicht und Grundriß.

172 Schinkel, dritter von fünf Kirchenentwürfen für Oranienburg, Berlin, 1828. Längsschnitt und Teil des Seitenaufrisses.

173 (folgende Seite, links) Schinkel, vierter von fünf Kirchenentwürfen für Oranienburg, Berlin, 1828. Außenansicht.

174 (folgende Seite, rechts) Schinkel, vierter von fünf Kirchenentwürfen für Oranienburg, Berlin, 1828. Schnitt und Grundriß.

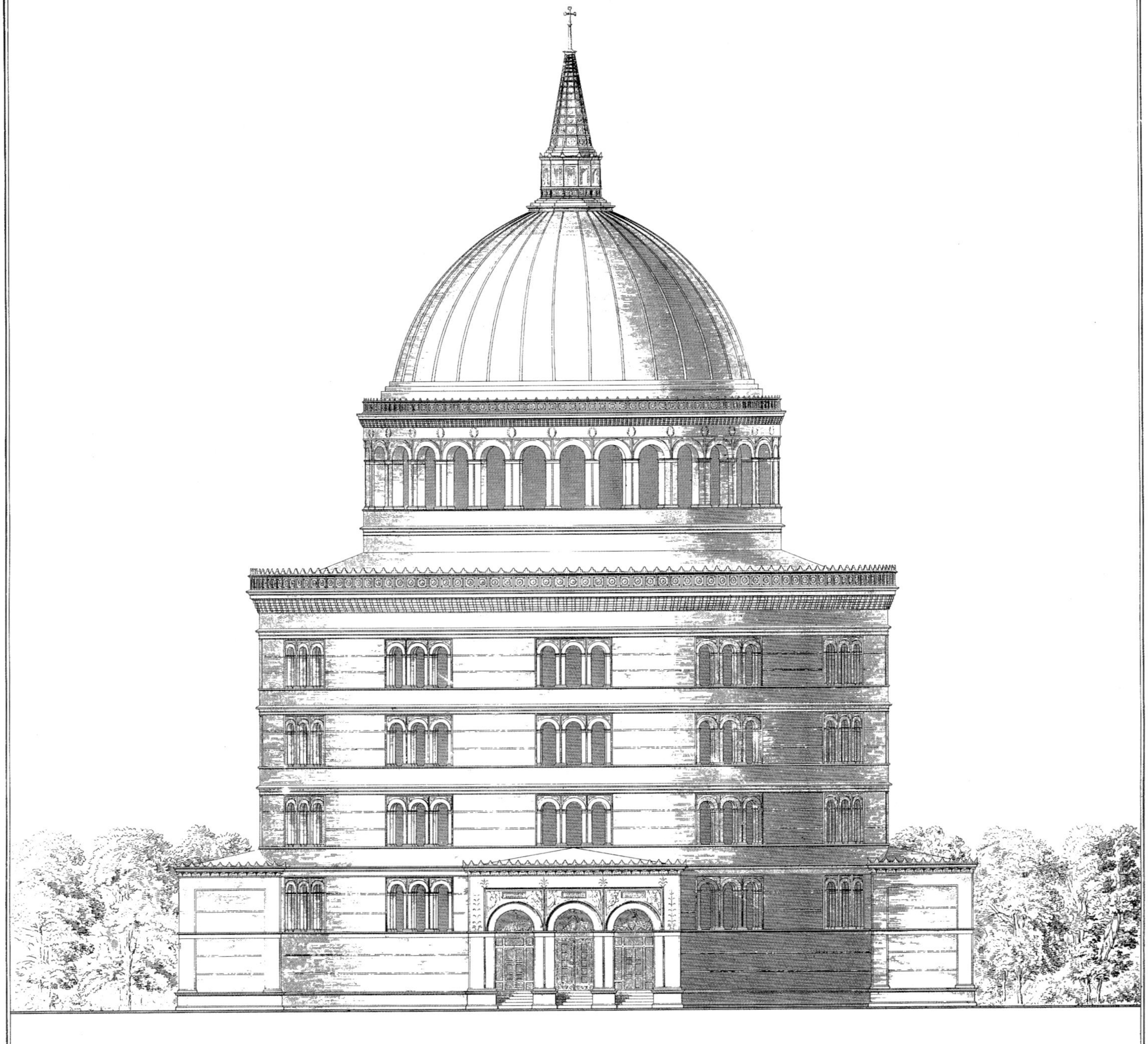

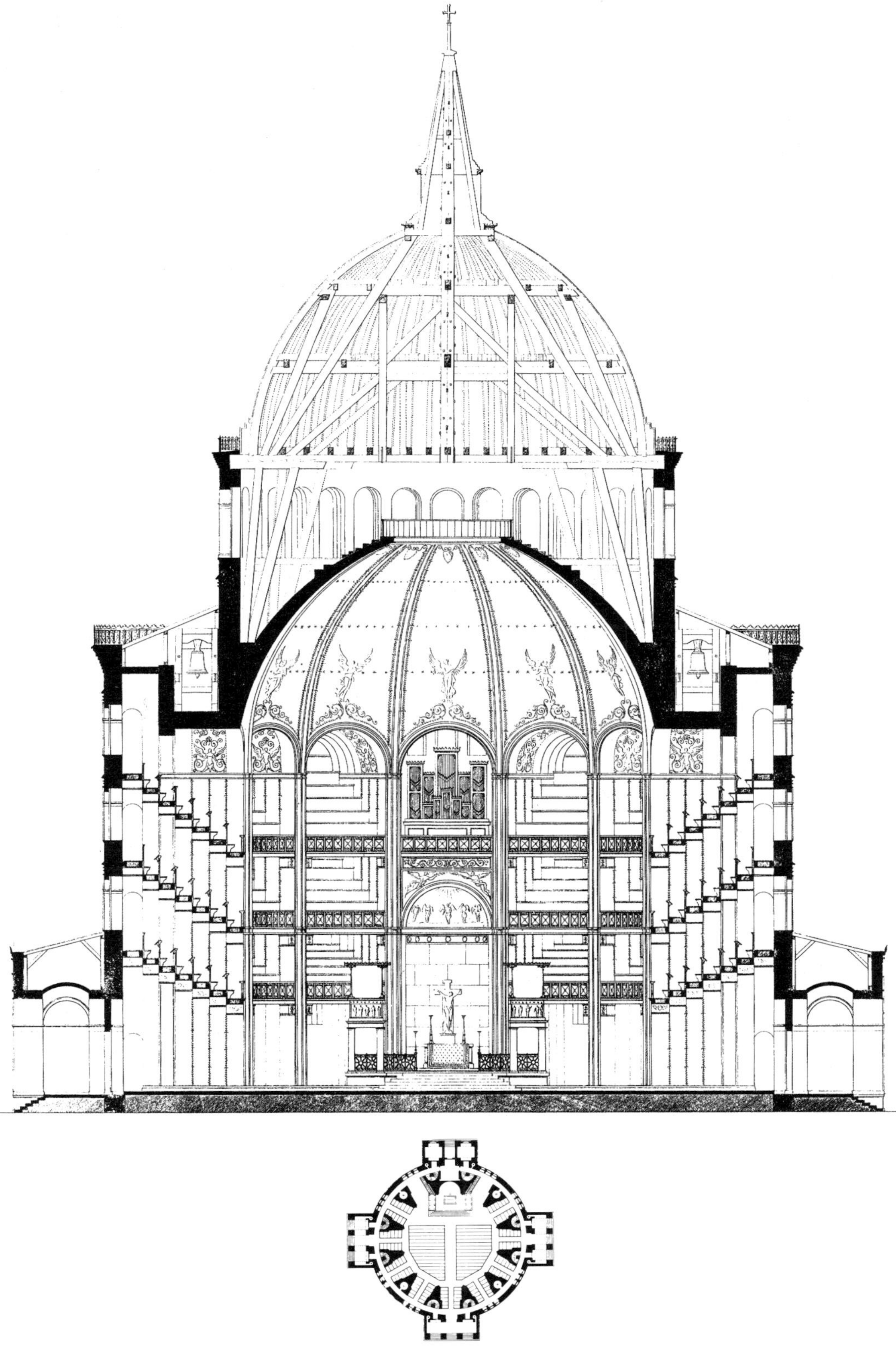

PERSPECTIVISCHE ANSICHT DES ENTWURFS № V EINER KIRCHE IN DER ORANIENBURGER VORSTADT BEI BERLIN.

175 Schinkel, fünfter von fünf Kirchenentwürfen für Oranienburg, Berlin, 1828. Außenansicht.

Vorschriften. So sollten die neuen Gebäude jeweils für sehr große Gemeinden von 2 500 bis 3 000 Gläubigen bestimmt sein, und von jedem Platz aus sollte man den Altar ungehindert sehen und jedes auf der Kanzel gesprochene Wort gut verstehen können. Und hierfür stand nur die Hälfte des Budgets zur Verfügung, wie es für kleine Kirchen auf dem Land angesetzt wurde.[15]

Bestimmte Standorte waren festgelegt, und die Aufgabe des Architekten bestand darin, mehrere Modellösungen vorzulegen. Schinkel veröffentlichte alle fünf Entwürfe in seiner »Sammlung Architektonischer Entwürfe«, damit sie unverzüglich in ganz Preußen als Vorbilder dienen konnten, obwohl der König erklärt hatte, daß nur zwei davon umgehend in Berlin gebaut würden. Von den fünf am 14. August 1828 vorgestellten Entwürfen zeigten drei die vom König bevorzugte basilikale Kirche. Die beiden anderen waren originelle Zentralanlagen, die eine ein perfekter Zylinder, die andere ein Achteck (Abb. 169–175). Sie entsprachen genau den Ansichten des Kronprinzen, der bei der Planung der Nikolaikirche in Potsdam auf einem Kuppelbau bestanden hatte, sowie Schinkels eigenem Interesse, den Innenraum der Kirche als eine Art religiöses Amphitheater zu behandeln, in dem von allen Sitzplätzen aus das Geschehen am Altar zu verfolgen wäre. Im Gegensatz zu den rudimentären Entwürfen für etwa sechshundert neue »Auftraggeberkirchen« in England,[16] von denen er einige besichtigt hatte, verwendet Schinkel bei seinen Entwürfen industrielle Baustoffe, Backstein und Gußeisen, mit starker dekorativer Wirkung.

In einer Kirche für eine große Gemeinde läßt sich der Sichtkontakt zum Altar nur wahren mit mehreren Emporen übereinander, was aber Schinkels Streben nach einem von Tageslicht durchfluteten Raum erschwert hätte. Schinkel löste dieses Problem in jedem Entwurf auf unterschiedliche Weise. Wie schon in seinem abgelehnten Entwurf für die Singakademie, das Theater für religiöse Musik,[17] stellte sich Schinkel ein Bauwerk innerhalb des Bauwerks vor und verband dann die inneren und die äußeren Membranen miteinander, so daß der Mittelpunkt des Raumes, das große leere Theater, von Licht erfüllt bleiben würde. Um die Kirchen errichtete er unabhängig vom Grundriß zwei oder drei Emporen übereinander, die auf Säulen oder Arkaden aus Gußeisen ruhten, um die Masse der Innenmembran zu verringern. Der radikalste seiner Basilikagrundrisse (Abb. 171–72) basiert auf der aus dem 4. Jahrhundert stammenden römischen »Basilika«, dem Audienzsaal, in Trier. Hier kombinierte Schinkel von Strebepfeilern gestützte Wände mit vielen Fenstern, die er und seine Zeitgenossen Heinrich Hübsch in Karlsruhe und Friedrich von Gärtner in München an den Bogengerüsten der Rundbogenbauten von der Spätantike bis zum Mittelalter bewunderten. Im selben Jahr, 1828, plädierte Hübsch in einer Broschüre, deren Titel die Frage stellte »In welchem Style sollen wir Bauen?«,[18] für den »Rundbogenstil« als eine progressive Synthese von klassischer und mittelalterlicher Tektonik. Auch Schinkel näherte sich einer Vorstellung von Architektur, bei der die Ausdrucksweise der Tektonik und des Materials gleichberechtigt oder sogar synthetisch aus dem Architrav des klassischen Entwurfs entwickelt werden konnte oder aus den Bogen- und Gewölbeformen des mittelalterlichen Entwurfs, den er früher immer als Gegensatz zum klassischen betrachtet hatte.[19] Zwar glaubte er nicht, daß man die Formen der Vergangenheit verdrängen könne, doch war er immer mehr der Meinung, daß die neuen Baustoffe Backstein und Eisen in das Gerüst der bekannten baulichen Formensprache eingegliedert werden konnten.

Der ungewöhnlichste Kirchenentwurf war der große zylindrische Bau, eine geänderte Version der Nikolaikirche, die das Ergebnis eines Kompromisses war und bei der die Kuppel buchstäblich aus der Bogenkonstruktion herauswuchs, von der jedes Element innen und außen bestimmt wurde (Abb. 173–174). Während die vermutlich in Feilners Fabrik hergestellten polychromen Backsteine und die Terrakottaornamente an den Bogenzwickeln die Hauptverzierungen am Außenbau darstellten, war das Innere ein riesiges Skelett aus gußeisernen Bögen, auf denen eine leichte Innenkuppel mit einem Ochsenauge ruhte, durch das Licht von der Laterne der Außenkuppel eindringen konnte. Der innere Skelettbau und der äußere Backsteinzylinder waren sorgfältig aufeinander abgestimmt, wobei die steil abgeschrägten Emporen die beiden Membranen miteinander verbanden. Keine der Kirchen wurde jedoch in der von Schinkel vorgeschlagenen komplexen Form gebaut.

1832 bat der König um neue Entwürfe, und Schinkel legte wiederum fünf Modelle vor, alles zweigeschossige Basiliken mit fast identischen Grundrissen. Zwei der Projekte verwendeten ein klassisches Vokabular mit profilierten Wänden und Pilastergliederungen, und drei das Vokabular des »Rundbogenstils«. Die Grundsteine für vier Kirchen, die alle noch in Berlin stehen, wurden 1832 gelegt: St. Elisabeth, direkt vor dem Rosenthaler Tor, von der nur noch die Außenmauern stehen; St. Paul, Gesundbrunnen; St. Johannes, Alt-Moabit, die 1853–1857 von Schinkels Schüler, Stüler, um mehr als das Doppelte vergrößert und reicher verziert wurde; und die Nazareth-Kirche in Wedding. Alle wurden 1835 fertiggestellt. Die fast in ihrer ursprünglichen Form wiederaufgebaute Nazareth-Kirche (Abb. 176) ist im wesentlichen eine vereinfachte Version der 1828 vorgeschlagenen Basilika mit vier Ecktürmen (Abb. 171). Aber selbst mit einem Budget, das auf die Hälfte der 1828 vorgesehenen Mittel reduziert worden war, zeigte Schinkel, daß Backstein bei sorgfältigem Umgang mit den

Materialien und den Proportionen für die höchsten architektonischen Aufgaben verwendet werden konnte. Sein Kirchengebäude erinnert an die Schlichtheit einiger italienischer Dorfkirchen, die er fast dreißig Jahre zuvor skizziert hatte, obwohl er davon überzeugt war, daß ein aus Backstein und Terrakotta errichtetes modernes preußisches Gebäude den Geist des alten Christentums wiederaufleben lassen könnte, wie es sein Gönner wollte, und Schinkels eigenes Bestreben nach einem Originalstil erfüllen würde, der von industriellen Materialien Gebrauch machte.

176 Nazareth-Kirche, Wedding, Berlin, 1832–35.

Seit Ende der 1820er Jahre beschäftigte sich Schinkel vor allem mit Fragen der Originalität in der Baukunst, doch erstrebte er keinen radikalen Bruch mit der Vergangenheit. Seine Vorstellung vom Historismus bestand in der allmählichen organischen Entwicklung von Formen, wie in der Natur, durch die Aufnahme neuer Quellen und durch die Anpassung an neue Anforderungen und Programme: »Jede Hauptzeit hat ihren Styl hinterlassen in der Baukunst, warum wollen wir nicht versuchen, ob sich nicht auch für die unsrige ein Styl auffinden läßt ... der dem Besten, was in jedem andern geleistet ist, nicht widerspricht. Dieser neue Styl wird deshalb nicht so aus allem Vorhandenen und Früheren heraustreten, daß er ein Phantasma ist, welches sich schwer allein aufdringen und verständlich machen würde, im Gegenteil, mancher wird kaum das neue darin bemerken, dessen größter Verdienst mehr in der consequenten Anwendung einer Menge im Zeitlaufe gemachter Erfindungen werden wird, die früherhin nicht kunstgemäß vereinigt werden konnten.«[20]

Mit der Überzeugung, daß die technische Evolution der Form die gesamte Geschichte zu einem Lehrbuch und nicht zu einem Musterkatalog mache, kehrte Schinkel zu der Landschaft zurück, in der er erstmals versucht hatte, die Architektur zur Stärkung des künstlerischen Bewußtseins der Berliner Öffentlichkeit zu benutzen: an das Ufer der Spree und den Kupfergraben, wo dieser den historischen Kern der Stadt durchschnitt.

Mit der Planung für die neue Zollverwaltung auf dem nun freien Grundstück hinter dem Alten Museum wurde 1825 begonnen. Sie zeigte, wie sehr Schinkel sein Museum als Ausgangspunkt für die Umgestaltung des gesamten Stadtzentrums betrachtete. Anfangs stellte er sich vor, daß das Museum als Trennfläche dienen würde, um die Sicht auf Abfertigungshallen und Warenlager zu kaschieren, die bis dahin an verschiedenen Stellen entlang der Spree und des Kupfergrabens (der Kanal zwischen der Spreeinsel und Unter den Linden) verstreut waren. Aber nach seiner Englandreise fügte er die Nutzgebäude als feste Bestandteile in die neue Gebäudelandschaft ein.[21] Eine perspektivische Ansicht des Entwurfs, der 1829 gezeichnet und 1832 gebaut wurde, ist auf einer der letzten Seiten seiner

»Sammlung Architektonischer Entwürfe« zu sehen (Abb. 178). Schinkel stellte fest, daß man die drei Gebäude des Komplexes vor allem von der umgebauten Schloßbrücke und von der Promenade aus sehen konnte, die er entlang der Kaiseite der Spree anlegen wollte. Auf der Landseite lagen die Gebäude an einer geraden Zufahrtsstraße, die einen reibungslosen Verkehr gewährleistete. Vom Fluß aus gesehen, folgte das Gebäudemassiv dem unregelmäßigen Ufer, wodurch die auf der perspektivischen Ansicht erkennbaren Überschneidungen entstanden (Abb. 177–178).

Ganz bewußt variierte Schinkel an den drei Bauten die verschiedenen Materialien und tektonischen Elemente, um ihre Funktionen zu unterstreichen – die Steuerverwaltung, die Registratur und die Wohnung des Leiters der Zollbehörde im ersten Gebäude, die Zollverwaltung im mittleren Gebäude und das Zollager im dritten und größten Gebäude –, und er schuf so eine Vielfalt an Strukturen, Farben, Materialien und Baustilen. Nur das erste Gebäude, die Steuerverwaltung, die verputzt war, hatte dekorative Elemente: einen Giebel mit allegorischen Skulpturen des Handels von August Kiß an der dem Alten Museum gegenüberliegenden Fassade. Ansonsten lag der Schmuck der Gebäude in den Baumaterialien, mit einer Hierarchie vom Würdevollen bis zum Nützlichen, wobei jedes Gebäude zugleich Motive des vorherigen wiederholte und seinen individuellen Charakter offenbarte. Diese Kette begann im ersten Gebäude, das sich auf die Architektur des Museums bezog.

Der Blick folgt den Farbabstufungen vom blassen Ockergelb der Putzschicht des Alten Museums über die satteren Farbtöne des Putzes der Steuer- und der Zollverwaltung bis zum tiefen Rot der Ziegel und der Terrakotta an den vier quadratischen Lagerhäusern. Gleichzeitig wird eine Geschichte der Architektur und Tektonik erkennbar, von den geraden Linien der Antike bis zum Rundbogen des Mittelalters. Wie die anderen Gebäude war auch das Lagerhaus seiner immanenten baulichen Logik gemäß errichtet, und dennoch nimmt es seinen Platz in einem feinen Geflecht von Beziehungen ein. Seine hohen abgekanteten Backsteinwände werden nur durch Gurtgesimse unterbrochen, die die einzelnen Geschosse markieren, und durch Rundbogenfenster, die auf die Backsteingewölbe im Innern verweisen. Aber es erinnert kaum an ein typisch englisches Lagerhaus. Von der Sprache der einheimischen Industriebauten seiner Zeit wollte Schinkel die Großartigkeit und das Proportionsgefühl ableiten, die an die gewaltigen mittelalterlichen Backsteinpalazzi Italiens erinnerten. Der große kubische Baukörper hat mit allen anderen Gebäuden in der Architekturlandschaft die klaren Umrisse und die geordnete Gestalt gemein, aber die Höhe der Geschosse nimmt nach oben hin allmählich ab, einerseits um deutlich zu machen, daß die zu tragende Last kleiner wird, je höher die Wände steigen, und andererseits, um die perspektivische Wirkung im Zusammenhang mit den anderen Gebäuden zu verstärken.

Die Vorlagenserie in seiner »Sammlung Architektonischer Entwürfe« schloß Schinkel mit einer Panoramaperspektive ab, die den Blick auf das Schloß wiedergibt (Abb. 178). Er betonte die zentrale Lage der Zolleinrichtungen, indem er den Blick in die entgegengesetzte Richtung mit seinem letzten Gebäudekomplex in der Spreelandschaft abschloß: der Bauakademie. Die Allgemeine Bauschule, wie sie zu Schinkels Lebzeiten genannt wurde (das 1848 in Bauakademie umbenannte Gebäude wurde 1961 abgerissen), bestand aus unverputztem Backstein und Terrakotta und bildete ein Bindeglied in einer Panoramalandschaft, die spreeauf- und spreeabwärts von den Backsteintürmen der Friedrichswerderschen Kirche neben der neuen Bauakademie bis zu den Zollagern des Packhofs reichte (Abb. 179).

Die neue Bauakademie war der Höhepunkt der jahrzehntelangen Zusammenarbeit von Beuth und Schinkel. 1830 wurde Schinkel Oberbaudirektor, womit er an die Spitze der preußischen Bauhierarchie gelangte, der er seit 1809 angehörte. Ein Jahr später wurde Beuth zum Direktor der Bauakademie ernannt, die schon längst aus ihren Räumen in den oberen Geschossen der Münze Heinrich Gentzs am Werderschen Markt herausgewachsen war (Abb. 76). In den 1820er Jahren wurden die Akademie und die Bauverwaltung auf Behelfsquartiere in der Innenstadt verteilt. So befand sich die Bibliothek in ungeheizten Räumen an einem Ort und die Sammlung der Karten und Baupläne an einem anderen. Diese Pläne, die täglich von den Angestellten der Oberbaudeputation gebraucht wurden, waren von Wasser, Feuchtigkeit und Feuer bedroht. Als das vorzüglich gelegene Grundstück jenseits der Spree, dem Schloß gegenüber, durch die Verlegung der Zolleinrichtungen frei wurde, ergriffen Schinkel und Beuth die Gelegenheit, einen monumentalen, feuersicheren neuen Bau vorzuschlagen, in dem Akademie und Verwaltung unter einem Dach untergebracht werden sollten. Wie schon acht Jahre zuvor für das neue Museum, versuchte Schinkel auch hier, die Unterstützung des Königs für dieses zunächst nicht vorgesehene öffentliche Bauvorhaben zu gewinnen, indem er die zahlreichen wirtschaftlichen Vorteile für das Stadtviertel aufzeigte. Anstatt das Grundstück privaten Bodenspekulanten zu überlassen, wie der König mit Blick auf die erwarteten Einnahmen anregte, sollte der Staat nach Schinkels Vorschlag einen Teil des Grundstücks bebauen, aber dabei die Gelegenheit nutzen, die Straßenführungen, die öffentlichen Plätze, die Kais und sogar den Schiffsverkehr neu zu gestalten.

Die Errichtung eines einzigen freistehenden Gebäudes, der Bauakademie, würde ein Modellviertel

177 Schinkel, Zollverwaltung, Berlin, 1829–32. Perspektivische Ansicht von der Schloßbrücke aus, Zeughaus und Altes Museum rahmen den Blick ein.

FRIEDERICUS GU

178 Schinkel, Zollverwaltung, Berlin, 1829–32. Perspektivische Ansicht der Schloßbrücke, im Hintergrund das Schloß.

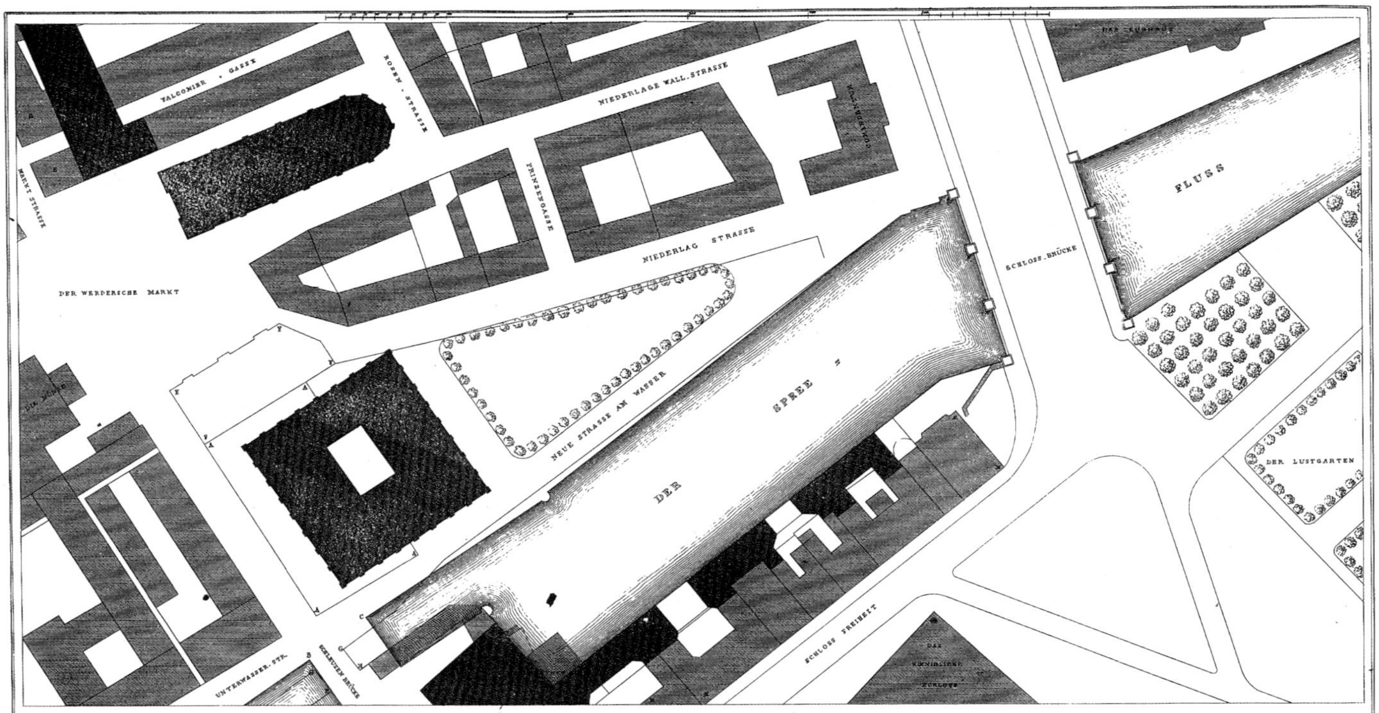

ERSTES HAUPTGESCHOSS.
ENTHÆLT DIE LEHR. UND BIBLIOTHEK. ZIMMER FÜR DIE BAUSCHULE

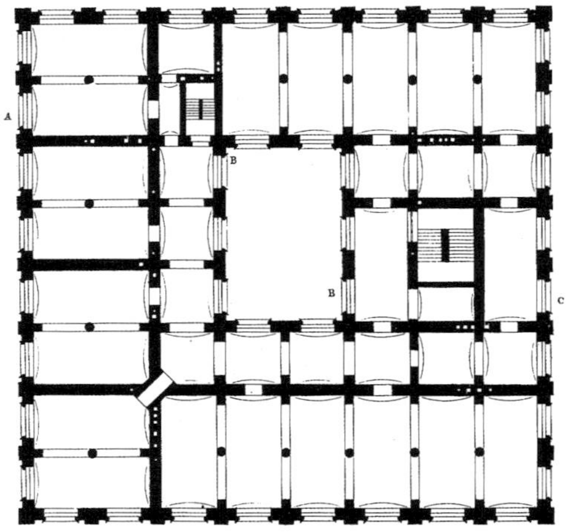

ERDGESCHOSS
ENTHÆLT WAARENGEWŒLBE ZUM VERMIETHEN

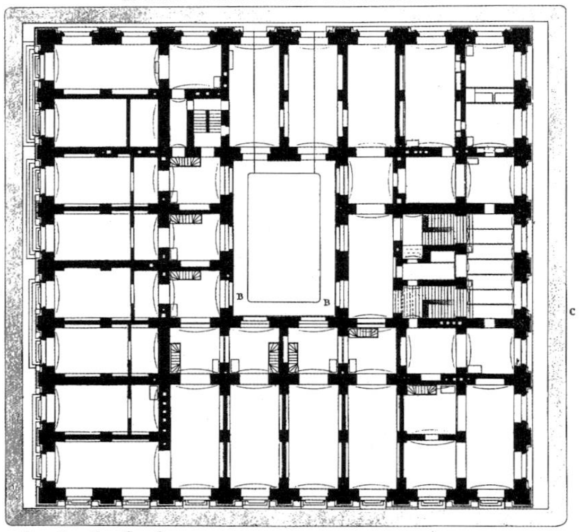

DURCHSCHNITT NACH DER RICHTUNG ABC.

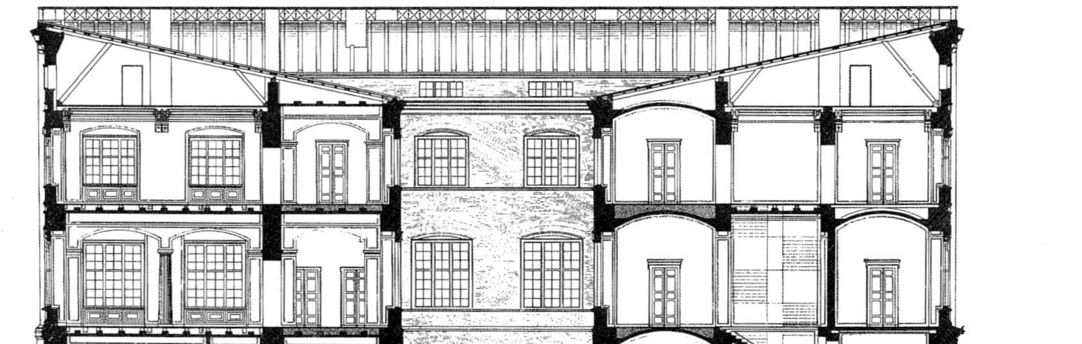

mit breiten Straßen und soliden neuen Bauten schaffen (Abb. 179–180). Gleichzeitig könnte Schinkel die öffentliche Baulandschaft vollenden, die er entlang der Spree 1823 mit dem Museum begonnen hatte. Die in sich geschlossene Bauakademie, ein um einen Innenhof angeordneter Würfel, würde als Katalysator für die Umwandlung der städtischen Umgebung an allen vier Seiten dienen. Das Gebäude, das ganz am Ende des langen dreieckigen Grundstückes am Fluß errichtet werden sollte, wäre zugänglich über einen von Bäumen umsäumten Park, ein Pendant zur Grünanlage des Lustgartens auf der anderen Seite der Schloßbrücke. Auf dem der Bauakademie gegenüberliegenden Ufer sollten die dichten Reihen von Fabriken und Häusern verschwinden, die sich über das ganze Ufer zu Füßen des Schlosses verteilten, um den Blick vom Schloß aus freizugeben. Schinkel betrachtete die Lichtung als idealen Standort für ein neues Warenhaus von der Art, wie er es schon früher für Unter den Linden vorgeschlagen hatte. Ein großer Vorteil der Lage am Wasser waren die Anlegeplätze zum Verladen der Waren. Die Schleuse und die Zugbrücke, die an dieser Stelle über den Kupfergraben führten, mußten der Breite der neuen Straßenführung angepaßt werden, die durch die Bauakademie entstanden war. Die Fassaden des Gebäudes würden außerdem neue, weitläufigere und geradere Straßenfronten auf dem wahllos gestalteten Werderschen Marktplatz im Westen entstehen lassen. Der Platz würde nun von einigen monumentalen öffentlichen Gebäuden beherrscht werden: der Bauakademie, der Friedrichswerderschen Kirche, der Münze und anderen öffentlichen Gebäuden, die an der vierten Seite des Platzes, gegenüber der Bauakademie, errichtet werden sollten.

Schinkels und Beuths Ehrgeiz, den Entwurf der Bauakademie zu einem städtischen Generalplan auszuweiten, wurde zunichte gemacht. Doch stimmten sie 1831 zu, die Bauakademie umzugestalten und im Erdgeschoß an drei der vier Seiten Geschäfte aufzunehmen, wodurch eine noch nie dagewesene Mischung aus öffentlichen und privaten Funktionen in einem einzigen Gebäude entstand. Dies war vielleicht einer der originellsten Aspekte bei Schinkels letztem großen öffentlichen Bauwerk, das zudem am zwingendsten die Verbindung zwischen staatlicher und privater Wirtschaft verkörperte, die er und Beuth seit mehr als zehn Jahren vorangetrieben hatten.

Die gewölbte und vollständig aus Backstein bestehende Bauakademie löste die Spannung zwischen der Wirklichkeit der Struktur und ihrer künstlerischen Darstellung auf, die Schinkel seit dem Schauspielhaus in seinen öffentlichen Bauwerken erforscht hatte. Die über alle vier Geschosse reichenden kolossalen Pfeiler und die gerillten Backsteingesimse zwischen den Geschossen schufen ein gitterartiges Gewebe aus Vertikalen und Horizontalen, das das innere Gerüst aus Backsteinpfeilern und Gewölben an den äußeren Backsteinwänden ganz genau erkennen ließ. Selbst die niedrigen segmentförmigen Profile der inneren Gewölbe finden Widerhall in den großen Fenstern, die die ganze Wand zwischen den einzelnen wuchtigen Pfeilern ausfüllen. Dieses Muster wird nur im vierten Geschoß durchbrochen, wo Dreiergruppen kleiner vertikaler Fenster auf das Halbgeschoß unter dem Dach hinweisen. Das Dach neigt sich nach innen, damit das Regenwasser zum Innenhof hinabfließt. Wie Emil Flaminius, Schinkels Schüler und Baustelleninspektor, erklärte, läßt sich jede Form des Gebäudes aus der direkten Entwicklung seiner grundlegenden Struktur ableiten; das gesamte Repertoire der Formen der vielfarbigen Backstein- und Terrakottafassaden hat seinen Ursprung in der Natur des Rahmenbaus aus Backstein.[22]

179 Schinkel, Bauakademie, Berlin, 1831–36. Grundrisse von Grundstück und zwei Stockwerken und Schnitt.

Die Bauakademie war der erste echte Skelettbau aus Mauerwerk, der in Preußen ausgeführt wurde, wo Fachwerk lange Zeit die Hauptstütze der ländlichen Architektur gewesen war, und der erste, der tatsächlich als Skelett und Füllung gebaut wurde. Im ersten Baujahr wurden die Pfeiler auf eigenen Fundamenten errichtet, so daß sich jeder auf diesem Grundstück am Flußufer unterschiedlich absenken konnte. Die Pfeiler wurden nur durch ein Netz aus Eisenzwingen zusammengehalten, um die verbindenden Gewölbe tragen zu können. Die Backsteingewölbe waren 1833 fertig, und sobald in jedem Joch das Wölbgerüst entfernt war, konnten die Fußböden gelegt werden.1835 war der Skelettraster aus Gewölben und Pfeilern fertiggestellt, und die Maurer begannen, die Wände zwischen den Pfeilern auszufüllen. In der letzten Bauphase wurde das Gebäude »angezogen«, so daß nach dem Abbau des hölzernen Baugerüstes das freistehende Backsteingerüst mit Füllwänden aus Backstein geschlossen und die Pfeiler mit Backstein verblendet wurden. Zum Schluß wurden die großen Fensterrahmen aus Terrakotta auf dem Boden zusammengebaut und an ihre Stelle gehievt. Diese Baugeschichte – eine Vorwegnahme der späteren amerikanischen Wolkenkratzerskelette – ist in die farbigen Backsteinmuster der Fassade eingeritzt, so daß selbst die Dekoration von der Geschichte des Materials und des Baus abgeleitet ist: die breiten Füllwände haben horizontale Bänder aus purpurvioletten Backsteinen zwischen je vier Lagen aus zinnoberroten Backsteinen; an den vorspringenden Pfeilern schaffen sie vertikale Rahmungen, abwechselnd verlängerte Rechtecke und Quadrate, die die einzelnen Geschosse und die dazwischenliegenden Fußböden kennzeichnen. Die regelmäßige Form der vier identischen Fassaden vereinfacht die Unterschiede beim inneren Gewölbesystem, die durch die Probleme bei Wänden an den Ecken entstanden sind und beim Variieren der Form, um sich an die verschiedenen programmatischen Anforderungen

180 Schinkel, Bauakademie, Berlin, 1831–36. Perspektivischer Stich der Eingangsfassade.

in den einzelnen Geschosse anzupassen. Noch nie zuvor hatte Schinkel eine Fassade entworfen, bei der das äußere Erscheinungsbild die innen verwendeten Materialien und Konstruktionen so genau wiedergab. Aber noch einmaliger war ein öffentliches Gebäude ohne eine klare Vorderseite. An der Eingangsseite gab es keinen einzigen großen Eingang, sondern nur Doppeltüren – für die Bauakademie links und die Oberbaudeputation rechts -, die durch einen Pfeiler getrennt und von einem dekorativen Portal aus Terrakottatafeln umrahmt waren, die mit der Stirnseite der Bogenkonstruktion korrespondierten (Abb. 182). Hier gab es ein Gebäude, das alle Lektionen der englischen Industriearchitektur enthielt – ausgenommen die Gußeisenkonstruktion, die in Preußen immer noch zu teuer war –, das aber die neuen Techniken zur Ästhetik eines klassischen Palazzos erhob und Schinkels Motto verkörperte, wonach die Baukunst die »vom ästhetischen Gefühl geförderte Konstruktion« sei.

Von dem Augenblick an, als das Baugerüst abgebaut war, entstand eine heftige Diskussion darüber, ob Schinkel mit der Vollendung seines ersten vollkommen eigenständigen Baus die historischen Quellen übertroffen habe oder nicht. Der englische Historiker und Architekt James Fergusson, stand vielen Gestaltungselementen der Bauakademie kritisch gegenüber, doch rühmte er das Gebäude als modernistischen Bruch mit den historischen Vorgängern: »Es kennzeichnet eine Epoche in der Kunst, in der ein Mann in Schinkels Position es wagte, ein so neuartiges und vom Klassischen und Gotischen losgelöstes Bauwerk zu errichten.«[23] Aber für Schinkels Freund und Biograph, Franz Kugler, war das Gebäude »neu, überwältigend«.[24] Noch aufschlußreicher war die detaillierte Analyse von Friedrich Adler, der in dem Gebäude mehrere Jahre lang Architekturgeschichte lehrte. Als Adler 1869 gebeten wurde, den jährlichen Schinkel-Vortrag zu Ehren des Geburtstages des Baumeisters zu halten, merkte er an, daß das Gebäude seit mehr als dreißig Jahren das eigentliche Modell der modernen Baukunst geblieben und noch immer ein Lehrstück sei, das zu untersuchen und dem nachzueiferner sich immer noch lohne, eben weil es in der Geschichte begründet war und gleichzeitig den stilistischen Revisionismus hinter sich ließ: »Sie (die Bauakademie) ist und bleibt ein Originalwerk. Sie gehört nicht einseitig der Antike an, ebenso wenig dem Mittelalter wie der Renaissance. Sie zeigt den engen geschichtlichen Anschluß frei überwunden; sie gleicht einem Samenkorn, das weitere organische Entfaltung verspricht.«[25]

Adler hatte eine treffende Metapher benutzt, denn Schinkel hatte in der Form des Baus und im komplexen ikonographischen Programm der Fenster- und Türrahmen aus Terrakotta das gesät, was er als den Samen für die moderne Baukunst Preußens verstand (Abb. 181–184). Allerdings sind Fragmente von diesen Ornamenten, die von zwei Schülern Rauchs skulpiert und von Cornelius Gormann aus Berlin gegossen wurden, alles, was von diesem Gebäude übriggeblieben ist, das vor langer Zeit in der Vorgeschichte des modernen Funktionalismus als Heiligtum verehrt wurde, wie von Pevsner, Posener und anderen aufgezeigt.[26] Für Schinkel lag die Bedeutung der Bauakademie ebenso in der Terrakottaornamentik wie in der Backsteinkonstruktion. Hier hatte er einen erstmals von Gilly gemachten Vorschlag verwirklicht, das heimische Material Backstein freizulegen, das jahrhundertelang unter Putz und Stuckfassaden verborgen lag. Aber das ornamentale Vokabular von gebranntem Ton war nicht weniger wichtig, denn wie Schinkel erklärte, schien es ganz interessant, »zu zeigen, wie zwei nebeneinanderstehende, in Anordnung und Construction ganz gleich behandelte Gegenstände durch bildende Kunst Abwechslung erhielten, während ihr Charakter im Allgemeinen sich ganz gleich blieb«.[27] Im Sommer 1831 arbeitete Schinkel gleichzeitig an den Entwürfen für den großen Wandmalereizyklus für die Stoa des Alten Museums und für die Terrakottatafeln der Bauakademie.[28] Diese beiden dekorativen Programme wurden nacheinander entwickelt, und sie sollten danach immer als Pendants behandelt werden, zwei panoramische Zyklen, die den Platz der Malerei, der Skulptur und der Architektur in der Geschichte und in der zukünftigen Entwicklung der Zivilisation darstellten.

1832 wurden einige Terrakottatafeln, die unter den Fenstersimsen im ersten Geschoß angebracht werden sollten, in der Akademie ausgestellt (Abb. 181). Schinkel wollte sie als festen Bestandteil des Bauwerks verstanden wissen, der sich aus der eigentlichen Natur des Gebäudes ergab, ebenso wie die tektonischen Formen und die reichen Farbharmonien der Backsteinmuster. Während er seine Ideen im Text und in den Abbildungen seines geplanten architektonischen Lehrbuches entwikkelte, versuchte er, die einzelnen Lektionen in den Formen und der Dekoration genau des Gebäudes sichtbar zu machen, in dem die nächste Generation preußischer Architekten ausgebildet werden würde.

Aber die Lektionen richteten sich nicht allein an die Studenten. Alles war sorgfältig für den Standpunkt eines Passanten berechnet, wie man es auf der ungewöhnlichen Nahansicht der Fassade in seiner »Sammlung Architektonischer Entwürfe« sehen kann (Abb. 180). Herkömmliche Tafeln mit stilisierten Pflanzenformen, die ihren Ursprung in der Renaissance haben, wurden unter jedem Fenster im dritten Geschoß wiederholt. Für das leichter zu sehende zweite Geschoß dagegen illustrierte Schinkel ein Fries aus vierundzwanzig verschiedenen Tafeln, das an allen vier Fassaden wiederholt wurde. Sie befanden sich etwa auf gleicher Höhe wie das Fries

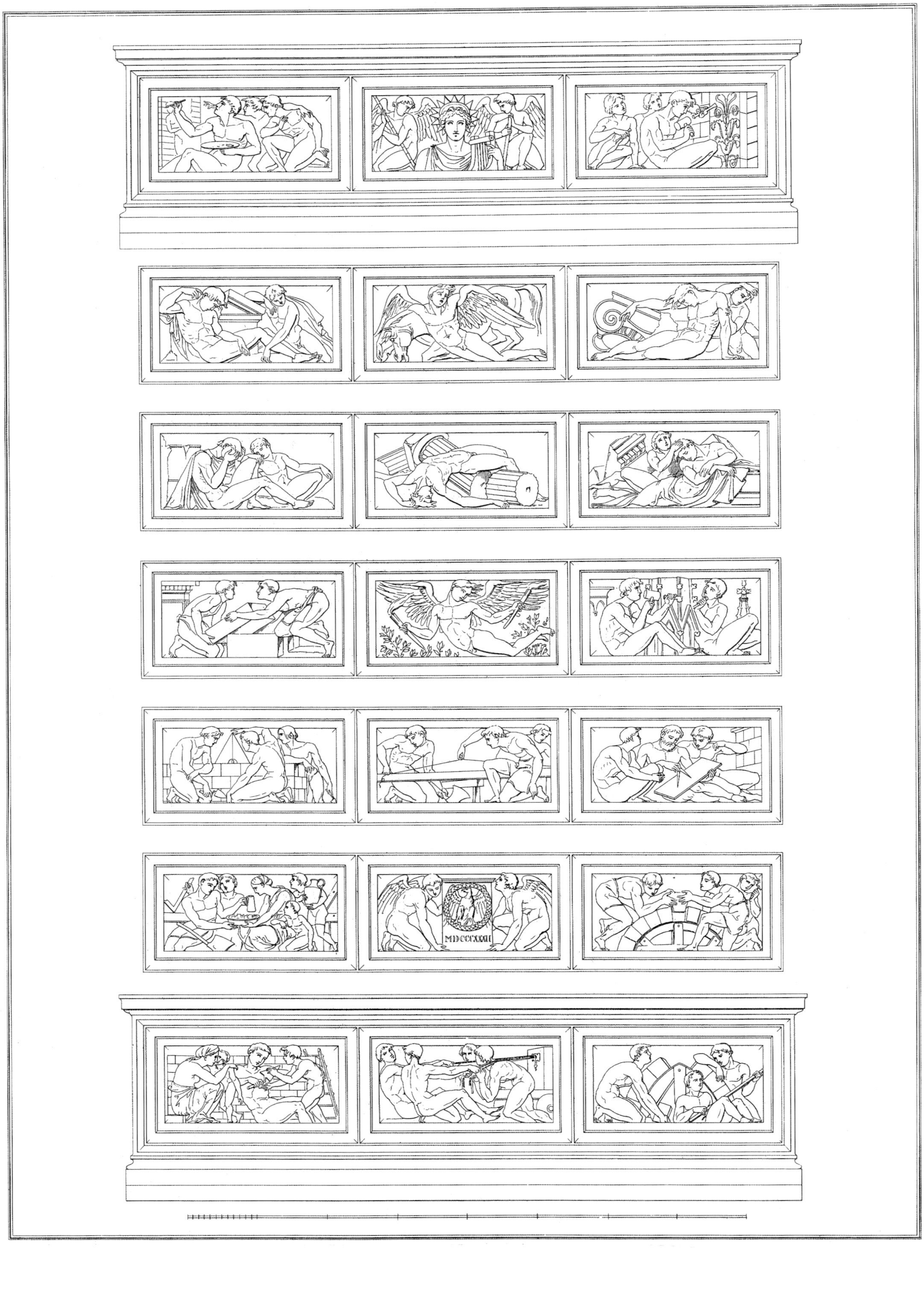
MDCCCXXXII

an der Münze auf der Südseite des Platzes, ein Fries, das Schinkels Lehrer, Gilly, entworfen hatte. Schinkels Fries war in vieler Hinsicht eine Fortsetzung. Wie das Fries Gillys säumte es das Gebäude unterhalb der neuen Fenster der Architekturateliers, und beide zusammen konnten vom Frierichswerderschen Marktplatz aus gesehen werden. Gilly hatte den Genius der Künste, einschließlich der Architektur, im klassischen Gewand dargestellt, worin sich seine tiefe Sehnsucht nach der künstlerischen Blüte in der griechischen Antike widerspiegelte. Man fragt sich, ob Schinkel hoffte, daß beide zusammen gelesen würden. Aber er nahm einundzwanzig dieser Szenen in eine gesonderte Vorlage auf – eins der wenigen Male in der »Sammlung Architektonischer Entwürfe«, daß eine ganze Vorlage dem »Ornament« gewidmet ist.

Das Programm ist komplex, und es gibt bisher erstaunlich wenige Interpretationsversuche über seine Bedeutung. Auf den Tafeln sind die Mythen und die wirkliche Geschichte, die Universalgeschichte der westlichen Baukunst und Elemente der Baugeschichte der Bauakademie selbst miteinander verknüpft. Der Verlauf der mythologischen Geschichte erzählt vom Schicksal des Geistes oder vom Genius der Architektur, der durch eine geflügelte klassische männliche Figur dargestellt ist. Die Erzählung, die im ersten Satz von Tafeln beginnt, berichtet vom Niedergang der klassischen Welt und, in Adlers Worten, »von der Trauer um ihre im Staub versunkene Pracht«,[29] denn Figuren, die den griechischen Kriegerplastiken ähneln, sind auf Säulenfragmente, Giebel und Gebälk gelehnt oder kauern verzweifelt. Aber in der nächsten Dreiergruppe kehrt der Genius zurück, mit lodernden Fackeln in der Hand und von Olivenzweigen umrahmt. Auf beiden Seiten lassen mittelalterliche Vignetten erkennen, daß diese Wiedergeburt eine neue tektonische Gestalt angenommen hat, den Rundbogen und den Spitzbogen, und eine neue Formensprache. Wie die klassischen Bildhauer ihre Gebäude mit Ornamenten verzierten, die ihren Ursprung in der natürlichen Welt hatten, aber stilisiert waren, um mit ihrer architektonischen Umgebung übereinzustimmen, so ist der mittelalterliche Bildhauer hier beim Skulpieren von floralen Ornamenten an einer gotischen Fiale dargestellt. Zwischen diesem Zyklus von Tod und Wiedergeburt der Stile mischen sich Szenen aus dem wirklichen Leben auf einer Baustelle. Zeichen- und Baugeräte stehen nebeneinander – Maurerkellen, Reißdreiecke und Zirkel. Sie geben die Ausgewogenheit wieder zwischen der technischen Meisterschaft der Konstruktion und der Unterweisung in Philosophie und Kunstgeschichte im Lehrplan der Akademie. Auf der direkt über dem Eingang der Akademie angebrachten Tafel weist Apollo mit seiner Leier auf die enge Verbindung zwischen Architektur und Musik hin; er wird begleitet von den Künsten der Malerei und der Bildhauerei, die hier als im Dienste des architektonischen Ausdrucks stehend gesehen werden. Die mittlere Tafel über dem Eingang der Oberbaudeputation zeigt zwei geflügelte Gestalten, die eine Gedenktafel zurechtrücken, auf die der preußische Adler und das Datum 1832 graviert sind, das Jahr also, in dem mit den Bauarbeiten begonnen wurde. Sie ist von Bauszenen flankiert: ein Bogen über einem Wölbgerüst aus Holz und eine Essenspause auf der Baustelle, während der die Arbeiter ihre Werkzeuge – Reißschiene und Maurerkelle – niedergelegt haben.

Diese Themen werden an den Türrahmen aus Terrakotta wiederaufgenommen und erweitert (Abb. 182–183). Noch einmal werden zwei Arten von Geschichte miteinander verknüpft: eine des Menschen und eine der Natur, womit angesprochen ist, daß die Architektur immer ein Kompromiß zwischen den materialistischen Gesetzen der Wissenschaft und den historischen Gesetzen der menschlichen Zivilisation ist. Die Portale, die 1834 in der Akademie ausgestellt wurden, interpretierte Kugler in seiner frühen Biographie über Schinkel als dialektisches Paar. Der Eingang zur Schule stellt die Baukunst in ihrer Bedeutung als schöne Kunst dar, während der Zugang zur Bauverwaltung die Baukunst in ihrer Bedeutung als Wissenschaft und Technik zeigt.

Beide Türen stehen unter der Ägide der klassischen Mythologie. So sind die Stirnseiten der Segmentbögen mit mehreren geflügelten Genien der Baukunst verziert, die aus Akanthusblättern hervorkommen, und von größeren Tafeln eingerahmt, die die Geschichten von Orpheus und Amphion erzählen, deren Leiern angeblich Wände höher werden ließen. Nach Kugler stellt die Szene den Geist des Ruhms dar, der dem erfinderischen Architekten einen Lorrbeerkranz bringt, während die Stadtgötter den Maurermeister krönen, womit erneut die innige Verbindung zwischen Architektur und Konstruktion anerkannt wird. Die Geschichte am Portal der Bauakademie ist also die Schwelle zur architektonischen Ausbildung. Das Portal dient heute in unversehrter Form als Eingang zu einem Restaurant in der Nähe des ursprünglichen Standortes des (1961 abgerissenen) Gebäudes.

Ebenso wie das Eintreten ins Alte Museum die Geschichte der bildenden Künste rekapituliert, werden die architektonischen Formen als Parallele zur Geschichte der natürlichen Formen gezeigt. An der Außenseite der Türrahmung sind die klassischen Ordnungen der Baukunst in einer Reihe von Paarungen dargestellt: die dorische Ordnung ist mit Herkules und die ägyptische Lotosordnung mit einem Pharao verbunden; zwei junge Mädchen, die auf ihren Köpfen Körbe mit Pflanzen tragen, verkörpern die ionische und die korinthische Ordnung; und schließlich erscheint Kallimachos, wie er das korinthische Kapitell erfindet und buchstäblich die

181 Schinkel, Bauakademie, Berlin, 1831–36. Stich der Relieftafeln aus Terrakotta unter den Fenstern.

182 (folgende Seite, links) Schinkel, Bauakademie, Berlin, 1831–36. Stich der Eingangstür, mit Terrakottatafeln an Rahmen und Bronzetüren, auf denen die Köpfe berühmter Baumeister dargestellt sind, und ein Schnitt mit den Terrakottatafeln in der Türlaibung.

183 (folgende Seite, rechts) Schinkel, Bauakademie, Berlin 1831–36. Stich der Tür zur Oberbaudeputation mit Terrakottatafeln am Rahmen.

Form aus der Natur hervorruft (Abb. 183), neben einer jungen Frau, die auf einer Steinmauer sitzt und ein Senkblei herunterhängen läßt.

Die Geschichte der Natur erscheint parallel dazu auf den untersten Tafeln der äußeren Rahmung. Ein Strauß aus Blättern und Disteln eröffnet das organische Thema, das an den Tafeln der Laibungen innerhalb des Türportals fortgesetzt wird. An den Laibungen kehren die Pflanzenformen nicht so wieder wie beim herkömmlichen Ornament, sondern als Stengel, Knospe und Blütenkelch. Als erster brachte Paul Ortwin Rave diese Tafeln mit Goethes Werk »Die Methamorphose der Pflanzen« und mit seiner Suche nach der Urplanze als Kern für das Verständnis der natürlichen Welt in Verbindung.[30] In seinem 1790 erschienenen Buch behauptete Goethe, daß sich die bisherige Geschichte der Natur auf oberflächliche Taxonomien der Form und nicht auf das, was er den »inneren Haushalt« der organischen Form nannte, berufen habe. Er beschrieb die Morphologie der inneren Entwicklung einer jeden Pflanze und glaubte, daß es Abschnitte in der Entwicklung der Pflanze gäbe, die, wenn man sie genau beobachtete, die trotz aller verwirrenden Vielfalt einheitliche Entstehung und Form der natürlichen Welt offenbaren könnte. Dazu mußte man vor allem die Veränderungen des Blattes untersuchen, das nach Goethes Ansicht die innere Energie der Pflanze enthielt und somit deren Fähigkeit, ihre eigene charakteristische Gestalt vom Samenkorn bis zur vollen Blüte zu entfalten, ein Prozeß, der in sechs unterschiedlichen Stadien ablief. Wie Rave gezeigt hat, sind auf Schinkels Portalen genau die Pflanzen dargestellt, die im Mittelpunkt der botanischen Experimente Goethes standen, darunter Rosen und Nelken sowie die in der Geschichte der Baukunst so bedeutende Akanthuspflanze.

Aber Schinkels Interesse beschränkte sich nicht nur auf die botanische Theorie. Goethe war bestrebt, die Natur als einheitlich und richtungsweisend zu betrachten. Durch die Transmutationsgesetze wollte er zeigen, wie die Natur einen Teil aus einem anderen zeugt und uns so durch die Abänderung einer einzigen Ordnung die verschiedenartigsten Formen liefert. Die Parallele zu Schinkels eigener Vorstellung von der Geschichte der Architektur hätte nicht deutlicher sein können. Goethe betrachtete die Morphologie als allumfassend. Sie wirkte mit bei der Entstehung und Umwandlung aller Dinge, einschließlich der Mineralien, Wolken, Tiere, Farben und selbst der menschlichen Kultur. Schinkel drückte das so aus: »Die Architectur ist die Fortsetzung der Natur in ihrer constructiven Thätigkeit. Diese Thätigkeit geht durch das Naturprodukt Mensch.«[31]

Es ist sehr wahrscheinlich, daß die Farbharmonien der Bauakademie auf Goethes »Farbenlehre« und seiner Überzeugung beruhten, daß Rot im Prisma »alle anderen Farben«[32] enthüllte. Aber Goethes Theorien erhielten Ende der 1820er Jahre durch Alexander von Humboldts aufwühlende Vorträge über den »Kosmos« eine ganz neue Bedeutung. Humboldt vertrat die Meinung, daß das Studium der Natur und das Studium der Geschichte in der Suche nach der Wahrheit miteinander verbunden seien. Die Auswirkungen, die das Studium der Natur auf die Entwicklung des menschlichen Verstandes hatte, seien grenzenlos, und weder die Geschichte noch die Natur könnten unabhängig voneinander erforscht werden. Die an den Portalen dargestellte Geschichte der Natur und die der Menschheit waren nicht einfach Allegorien, sondern der Schlüssel zu der Weise, wie dieses aufsehenerregende einmalige Gebäude aus der Natur der verwendeten Materialien und tektonischen Formen und der Geschichte ihrer Benutzung durch vergangene Zivilisationen abgeleitet worden war. Wie die Natur sollte Schinkels Bauwerk jenes »Samenkorn« sein, das, wie Adler 1869 schrieb, »weitere organische Entfaltung verspricht«.[33]

Ebenso wie Adler Schinkel als einen Baumeister von außergewöhnlichem Genie gefeiert hatte, so gedachte Schinkel der Persönlichkeiten, deren Namen die Geschichte seines Berufes begleiten. In die Bronzetüren der Bauakademie wurden Medaillons der Köpfe jener Baumeister gegossen, die auf der Suche nach den höchsten architektonischen Formen bahnbrechend gewesen waren. Sie waren ebenfalls paarweise dargestellt, wobei die klassische neben der deutschen Tradition stand: Iktinos, Vitruv, Michelangelo und Palladio auf der einen Seite, Erwin von Steinbach, Albrecht Dürer und Andreas Schlüter auf der anderen. Schlüter war der Architekt der ersten Bauwerke in der neuen Spreelandschaft – des Schlosses und des Zeughauses –, zu der Schinkel ebenfalls seinen Beitrag geleistet hatte.

Von den Eckfenstern seiner Dienstwohnung im dritten Stock der Bauakademie konnte Schinkel auf die Stadtlandschaft blicken, die er umgestaltet hatte, ein Panorama, das von der Vielfalt und der wesentlichen Einheit der Architektur und vom Wandel kultureller Formen sprach. Hier begann Schinkel ein umfassendes architektonisches Lehrbuch auszuarbeiten, das durch seinen Tod unvollendet blieb. Und hier, in der Oberbaudeputation, hängte Schinkel 1836, als das Gebäude eröffnet wurde, Gillys Entwurf für das Denkmal Friedrichs des Großen auf, mit dem dazugehörigen Auftrag, aus der Geschichte neue tektonische Formen und Bauwerke als Mittel zur Neugestaltung der Form und der Erfahrung der Stadt zu schaffen. Schinkel hatte diesen Auftrag erfüllt.

184 Schinkel, Bauakademie, Berlin, 1831–36. Ausschnitt der noch erhaltenen Tür (zur Schule).

FÜNFTES KAPITEL

»Nichts weiter als ein schöner Traum«: die Projekte aus Schinkels Spätzeit

185 Schinkel, Plan für Schloß Orianda, Krim, 1838. Gesamtansicht.

186 Schinkel, »Über den architektonischen Charakter«, Seite mit Anmerkungen und Skizzen für »Das architektonische Lehrbuch«, um 1820.

»Die Geschichte hat nie frühere Geschichte copirt und wenn sie es gethan hat, so zählt ein solcher Act nicht in der Geschichte, die Geschichte hört gewissermaßen in ihm ganz auf. Nur das ist ein geschichtlicher Act, der auf irgend eine Weise ein Mehr, ein neues Element in die Welt einführt, aus dem sich eine neue Geschichte erzeugt und fortspinnt.«[1]

Schinkel schrieb diese Zeilen 1830 im Vorwort zu seinem Werk »Das architektonische Lehrbuch«[2], in dem das Material enthalten ist, das er in fast zwei Jahrzehnten zusammengetragen hatte. Dieses Zitat umschreibt den Geist, in dem die Bauakademie geschaffen wurde, und die Lehre, nach der Schinkel im letzten Jahrzehnt seines Lebens verstärkt strebte. Obwohl er an der Einzigartigkeit der griechischen Architektur und Kultur als Modell für die Moderne festhielt, sah er den historischen Wandel inzwischen unter einem anderen Gesichtspunkt, der die Möglichkeit einer rein stilistischen Nachahmung verneinte. Wer Architektur oder ein Handwerk studiere, müsse zunächst die Dynamik der Form erlernen, die im Laufe der Zivilisationsgeschichte die unterschiedlichsten künstlerischen Ausdrucksweisen hervorgebracht habe. Diese Dynamik beruhe auf einer einzigen Logik, die in Gesetzen verankert sei und sich zugleich ständig verändere, so wie es Alexander von Humboldt für die Natur und Wilhelm von Humboldt für die Sprachwissenschaft dargelegt hatte. Der historische Wandel in Natur, Sprachentwicklung oder Architektur werde durch eine begrenzte Anzahl fester Prinzipien gelenkt. »Historisch handeln«, schrieb er in den Anmerkungen zu seinem Lehrbuch, »ist das welches das Neue herbei führt und wodurch die Geschichte fortgesetzt wird. Es wäre vielleicht, die höchste Blühte einer neuen Handlungsweise der Welt wenn die schöne Kunst voran ginge, etwa so wie das Experiment in der Wissenschaft der Entdeckung vorher geht.«[3]

Was für Schinkel konstant blieb, war die Verknüpfung der drei Hauptdeterminanten der architektonischen Form – Material, Konstruktionstechnik und die zugrundeliegende künstlerische Idee. Sie wurden, wie er es im »Lehrbuch« ausdrückte, zur Beziehung zwischen dem »Trivialbegriff des Gegenstandes« und den »artistische(n) poetische(n) Zwecke(n)«, also zwischen dem praktischen und dem höheren Zweck des Gebäudes. Schinkel ging es nicht um den Vorrang des einen gegenüber dem anderen, er wollte aber die Beziehung zwischen den beiden entwickeln, zwischen der Wahrheit und ihrer Ausdrucksform.[4] Wie an den wenigen Bildtafeln deutlich wird, die er tatsächlich für die Herstellung von Stichen vorbereitete (Abb. 186–187), sollte die Unterweisung in der Dialektik von Material und Konstruktion für jeden angehenden Architekten Voraussetzung sein. Hier wurden architektonische »Spezies« als Produkte ihrer zugrundeliegenden »Skelette« skizziert, Räume, die von einer Art Spannweite und Bedachung umschlossen wurden, die aus einem Konstruktionssystem aus Pfosten und Sturz oder Bogen und Gewölbe hervorgegangen war (Abb. 188). Aber Schinkel listete die zugrundeliegenden formalen Prinzipien von Stilen nicht einfach nur auf. Die Serien führten vielmehr schnell zu Spekulationen über neue architektonische Formen, über das Wesen der konstruktiven und materiellen Wahrheit, aus der sich eine neue Architektur entfalten könnte. Die baulichen und visuellen Sequenzen, die in so unterschiedlichen Projekten wie Gillys Denkmal Friedrichs des Großen (Abb. 1) und den Eingängen der meisten öffentlichen und privaten Gebäude Schinkels – vor allem des Alten Museums (Abb. 62) und des Gärtnerhauses in Charlottenhof (Abb. 144–145) – angewandt worden waren, sollten nun ausgewertet werden, um die neuen Baustoffe der preußischen Industrie mit den neuen Bedürfnissen des öffentlichen Lebens unter einem »wohlwollenden Monarchen« zu konfrontieren.

Schinkels Untersuchungen, die in zahlreichen Skizzen für sein »Lehrbuch« festgehalten sind, zeigen sein Interesse daran, neue Lösungen zur Überbrückung der Spannweiten zu entwickeln, was umgekehrt neue Konstruktionsprinzipien und Raumtypen hervorbringen würde.[5] Diese Untersuchungen befaßten sich hauptsächlich mit zwei Formen: dem breiten über große Weiten gespannten Flachgewölbe, das im allgemeinen in Backstein ausgeführt wurde (Abb. 189), und die Einbeziehung von Gußeisen in die klassische Konstruktion aus Pfosten und Sturz, wodurch mehrere hybride Trägerformen entstanden, die für noch größere Spannweiten geeignet waren (Abb. 190). Während so seine Untersuchungen auf den ersten Blick in einen klassischen und einen mittelalterlichen Modus getrennt scheinen, blieben sie für Schinkel parallele Überlegungen zum progressiven Historismus. In den 1830er Jahren nahm auch die Zahl der von ihm experimentell verwendeten Materialien zu. Backstein und Holz, die traditionellsten Baustoffe, wurden schließlich als Träger einer eigenen Formensprache erkannt, so wie auch Gußeisen, Gußzink und Terrakotta verwendet wurden, wenn auch vornehmlich zur Entwicklung eines ornamentalen Vokabulars.

Als die Bauakademie und die große bewegliche Kuppel aus Eisen und Kupfer der Sternwarte,[6] die er für Alexander von Humboldt entworfen hatte, nahezu fertig waren, arbeitete Schinkel an einem anderen großen Gebäude zur Bildung und Forschung im Zentrum der Hauptstadt, einer neuen königlichen Bibliothek (Abb. 191). Der Barockbau aus den 1770er Jahren an der Westseite des Opernplatzes nahe der Straße Unter den Linden sollte durch eine neue brandsichere Konstruktion ersetzt werden, die eine wachsende Sammlung (die Anweisungen des Kultusministeriums nannten 500 000 Bände) sollte.[7] Der im Februar 1835 eingereichte

NB
statt weitläuftige
philosophische Begründung
soll hier das reine Gefühl
bei unmittelbarer An-
schauung in Anspruch
genommen werden,
um Resultate
zu erhalten.

Die architektonischen Verhältnisse beruhen auch ganz allgemein [auf] statische[n] Gesetze[n], werden aber erst [illegible] bedeutend durch die Beziehung und Analogie der persönlichen Existenz des Menschen sowohl als der ihm ähnlich gebildeten u. organisirten Wesen der Natur. Denn immer die statischen Gesetze mechanischen Gesetze zum Grunde liegen, [illegible] der Individuum [illegible], für seine Bewegung [illegible] sinnlich ausgesprochen, als durch Athem und Mit-Gefühl befriedigt. Zb.: Wenn wir bei Fig A [illegible] Verhältniß [illegible] Sicherheit überzeugt sehen, indem er sieht wie bei beiden Öffnungen die Mauern gemüthlich durch die Breite der Pfeiler zwischen denselben gesichert wird, wie über u. unter den Öffnungen volle Masse zum Zusammenhalten vorhanden ist;

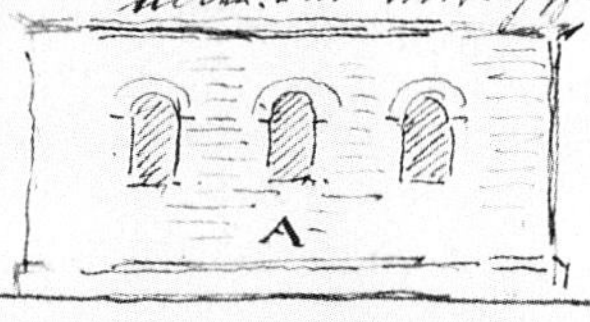

– Wie wird bei Fig B nicht das Gefühl der [illegible], indem die kleinen Pfeilerchen durch Überwölbung u. der großen Masse die darauf liegt viel zu [illegible] ist, und diese Construction unmöglich scheint, wenn nicht die große Mauermasse zur Seite der Öffnungen [illegible].

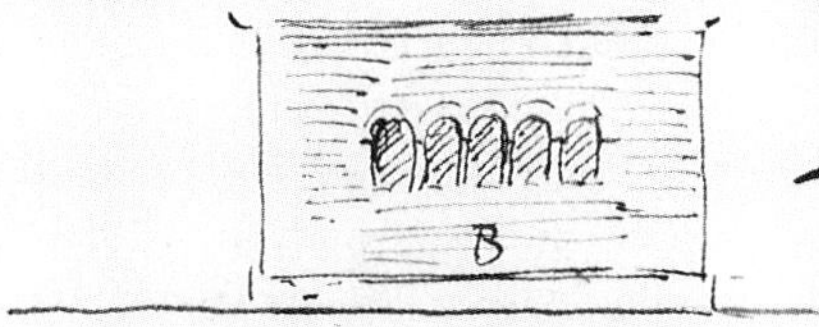

– Wie fühlt man, daß Fig C den Charakter der Leichtigkeit hat, indem die leeren Räume der Öffnungen im Verhältniß der Masse sehr bedeutend und überwiegend sind, die Massentheile [illegible] Pfeiler [illegible] zu diesem [illegible] und die ganze [illegible] gesichert erscheint.

– Wie sieht man nicht bei Fig. D den Ausdruck der Ruhe, indem [illegible] mit Anwendung der Schwere-Gesetze die Masse durch die Kraft einer [illegible] theils seitwärts auf d. Pfeiler, aber [illegible], vermöge [illegible] über die großen Öffnungen hinweg schwingt, diese Bewegung in d. Form [illegible] Halt [illegible] Form [illegible] Masse [illegible] und [illegible] d' an entgegengesetzte Richtung wirkend [illegible] entgegenstehen und dadurch das Gleichgewicht herstellen.

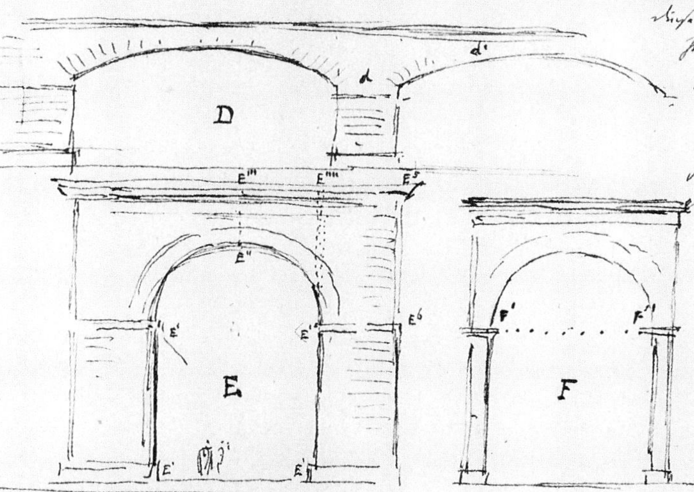

– Wie fühlt man bei Fig E die Empfindung einer geschickten und sicheren Massen-Vertheilung [illegible] geschaffen wird, wo die [illegible] Form E'E'E' [illegible] die gewöhnlichen Halbkreisform E'E''E' [illegible] Weite [illegible] füllen läßt. Wo die [illegible] Massen [illegible] gesichert sind, daß der [illegible] E'E''E'''E4 an dem doppelt [illegible] E'E'''E5E6 [illegible] Widerhalt hat [illegible].

– Wie fehlt in F nicht das Gefällige der Massen-Verhältnisse und [illegible] Verankerung F'F' nöthig wird.

– Fig G [illegible] Ausstreuung [illegible] Wirkung [illegible] Ruhe [illegible].

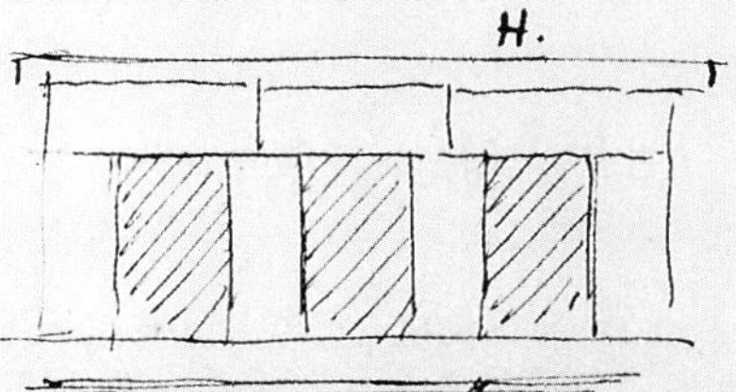

H.

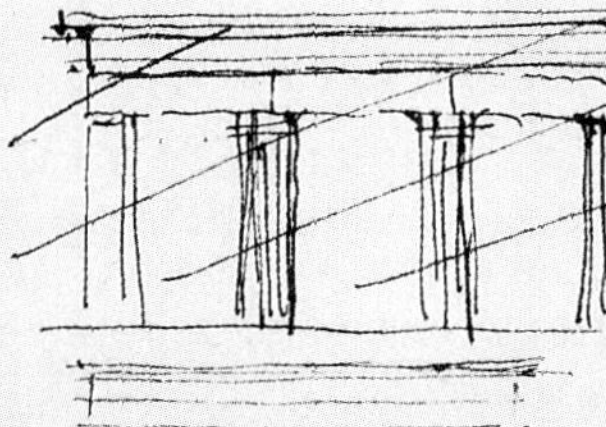

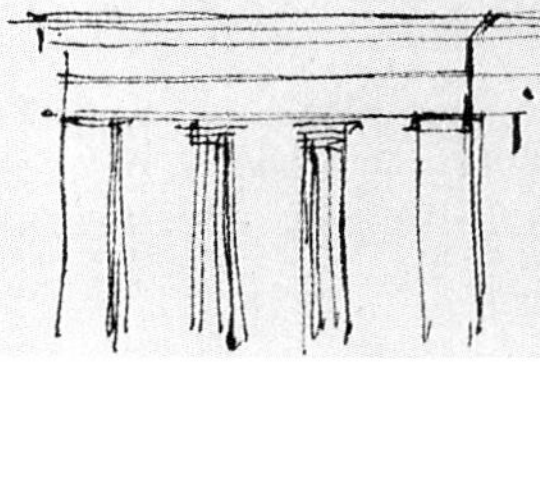

– Fig H die [illegible] Ruhe welche [illegible] Schwere-Gesetze [illegible] Masse wirksam.

– Fig I dasselbe welches sich aus dem Charakter der Schwere hervorhebt.

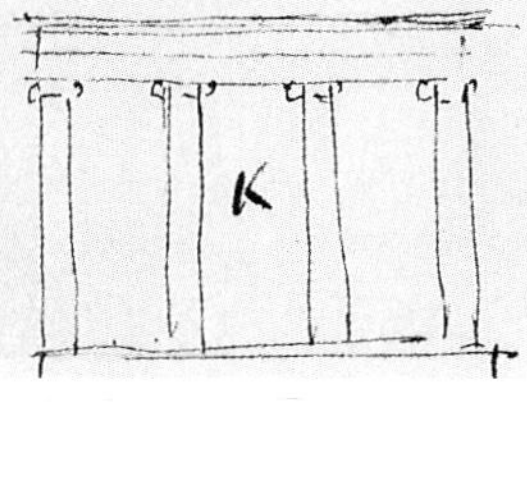

– Fig K welche den Charakter des [illegible] gewinnt, [illegible] Verhältniß,

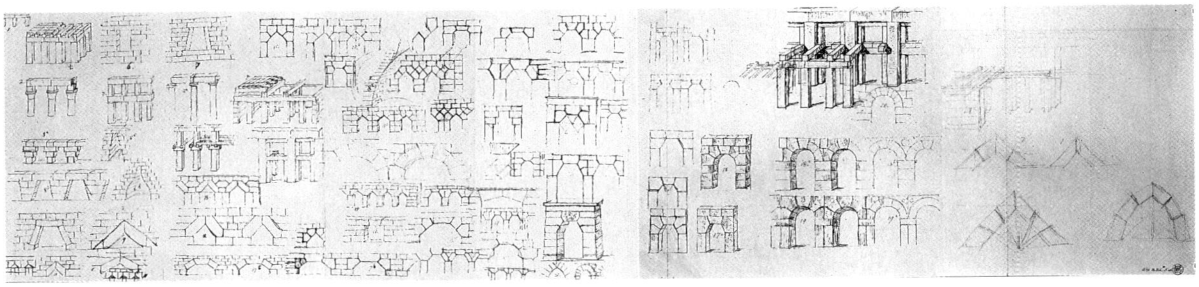

187 Schinkel, »das Lange Blatt« für den Einführungskurs in »Das architektonische Lehrbuch«, um 1825.

188 Schinkel, Vorblatt für »Das architektonische Lehrbuch«, um 1826-27. Wandkonstruktion mit Segmentbögen, mit Flachbögen, mit Fünfzentrenbogen und mit Fünfzentrenbögen, die einen Abschluß mit Fächergewölbe bilden.

189 Schinkel, Vorblatt für »Das architektonische Lehrbuch«, um 1831. Aus Segmentbogen (Loggia, Fenster, Gebäudefassade) entwickeltes Bauteil und Plan für einen Glockenturm für den Berliner Dom.

190 Schinkel, Vorblatt für »Das architektonische Lehrbuch«, Anfang der 1830er Jahre. Aus Fachwerkfeldern aus Holz und Eisen zwischen Säulenstützen entwickeltes Bauteil, einschließlich Skizzen für einen großen Versammlungssaal mit Seitenschiffen.

191 *Schinkel, Plan für eine königliche Bibliothek, Berlin, 1835. Perspektivische Ansicht.*

Entwurf kommt seinen Idealplänen für eine architektonische Form am nächsten, die sich allein aus den Notwendigkeiten einer Gewölbekonstruktion großen Maßstabs aus Backstein ergab und die er auf Skizzen in seinem Lehrbuch entwickelte. Innerhalb eines kolossalen Gerüstes aus formgepreßten Arkaden sollten die einzelnen Geschosse wie die Bretter eines Bücherschrankes zurückversetzt angeordnet werden; so sollte die Funktion in der allgemeinen »Gestalt« des Baus deutlich zum Ausdruck gebracht werden. Alle dekorativen Motive sollten aus Backstein bestehen und ein noch komplexeres polychromes Programm als in der Bauakademie enthalten. Sie wären der Ausgangspunkt für eine ganze Schule der öffentlichen Architektur aus Backstein im Berlin des 19. Jahrhunderts.[8] Das Innere war ebenso rationell wie zweckmäßig. Schinkel verzichtete auf den von Büchern umgebenen traditionellen Lesesaal zugunsten eines Regalsystems, das die Lesebereiche, Büros und Büchermagazine innerhalb des rasterartig gegliederten Raumes unterteilte. Es schien die Verkörperung einer Vorstellung zu sein, die Schinkel in den Anmerkungen zu seinem »Lehrbuch« mehrfach wiederholte: »In der Architectur muß alles wahr sein, jedes Maskiren, Verstecken der Construction ist ein Fehler. Die eigentliche Aufgabe ist hier jeden Theil der Construktion in seinem Charakter schön auszubilden. In dem Wort – schön – liegt die ganze Geschichte, die ganze Natur, das ganze Gefühl für Verhältnisse… Jede vollkommene Construktion in einem bestimmten Material hat ihren ganz entschiedenen Charakter und würde in keinem anderen Material auf die gleiche Weise, vernunftgemäß ausgeführt werden können… In einer stylvollen Architectur sei daher jede, aus bestimmtem Material erzeugte Construktion rein in sich selbst abgeschlossen und vollendet.[9]

Schinkels Suche nach jener »rein in sich abgeschlossenen und vollendeten« Form blieb jedoch eng verknüpft mit der städtischen Umgebung des Gebäudes und den Erfahrungen seiner Benutzer. Die kolossalen offenen Außenarkaden wurden von den geschlossenen Formen der Treppentürme an den Ecken begrenzt, die dem Gebäude eine mittelalterliche Anmutung verliehen. Das Innere konzentrierte sich auf eine große offene Wendeltreppe, die den zentralen Innenhof ausfüllte und ihn mit jedem der vier umliegenden Bereiche verband. Am Entwurf dieses Projektes arbeitete Schinkel mit Unterbrechungen, bis ihn seine Krankheit 1840 schließlich zwang, das Zeichnen und Entwerfen aufzugeben. Als er im darauffolgenden Jahre starb, blieben das Schicksal der Bibliothek und die Wahl des Standortes unentschieden.

Die 1830er Jahre waren für Schinkel wiederum ein Jahrzehnt der historischen und archäologischen Forschung. Seine in die Tiefe gehenden Studien und hypothetischen Rekonstruktionen der Villen des Plinius, der frühchristlichen Basilika und der mittelalterlichen Burgen am Rhein sind allgemein mit der romantischen Nostalgie seines königlichen Förderers, des Kronprinzen und späteren Königs Friedrich Wilhelm IV., in Verbindung gebracht worden, der in den Augen vieler Schinkel zunehmend zum nüchternen Historismus und zum politischen Konservatismus hinzog. Tatsächlich kann jedes dieser Forschungsfelder mit Lieblingsprojekten des Kronprinzen in Zusammenhang gebracht werden: die Erweiterung seines Landsitzes in Charlottenhof, sein Auftrag, den Berliner Dom als frühchristliche Basilika umzugestalten, sein intensives Interesse, einen christlichen Staat und ein protestantisches Bistum in Jerusalem zu errichten und schließlich die Pläne zur Vollendung des Kölner Doms und zur Restaurierung von Burg Stolzenfels am Rhein. Ausgeführt wurden jedoch nur die Restaurierungsprojekte am Rhein, bei denen die Architektur benutzt wurde, um die losen Bande zu den Preußen angegliederten Gebieten zu festigen. Die übrigen Projekte blieben auf dem Papier.[10] Sie waren jedoch mehr als bloße archäologische Übungen. Schinkel betrachtete seine historischen Forschungen als Ergänzung seiner Erprobung einer neuen technologischen Syntax in den Skizzen für sein »Lehrbuch«. Geschichte und Erfindung, Archäologie und Technik schlossen sich für ihn nicht aus, sie waren vielmehr voneinander abhängig. Die Forschungsgebiete trafen zusammen in zwei seiner romantischsten Projekte, die am Ende seines Lebens in Farblithographien als »Werke der Höheren Baukunst« veröffentlicht wurden.[11] Es waren die Pläne eines Palastes für den griechischen König auf der Akropolis in Athen (1833) und sein phantastischer Entwurf eines Palastes für Zarin Alexandra von Rußland auf einer Klippe über dem Schwarzen Meer (1838).

Prinz Otto, der zweite Sohn König Ludwigs von Bayern, kam im Februar 1833 in Athen an, um den griechischen Thron zu besteigen, der auf einem europäischen Kongreß zur Lösung der griechischen Unabhängigkeitskriege eingerichtet worden war. Zuvor hatte sein älterer Bruder, Maximilian, einen Briefwechsel mit Schinkel über Fragen des Stils in der Architektur begonnen. Im Dezember 1832 sandte er Schinkel eine Liste von Fragen: »1. Ob es überhaupt ein Ideal der Baukunst gebe oder nicht. 2. Ob es für Griechenland eines gebe und welches es sey. 3. Welche nahmhaft zu machenden Werke es über diesen Gegenstand gebe.« Schinkel antwortete ebenso umgehend wie knapp. Er ging sofort auf den Kern des Problems von universellen und relativen Maßstäben in der Architektur ein, das mit dem Austausch von Flugblättern und kritischen Anmerkungen aufgekommen und durch Heinrich Hübschs provokative Schrift »In welchem Stil sollen wir bauen?« ausgelöst worden war. Schinkel wies die Auffassung zurück, es könne in der Architektur verschiedene Ideale geben, und meinte, »daß das Ideal in der Baukunst nur dann völlig erreicht ist, wenn ein Gebäude in allen einzelnen Theilen und im Ganzen seinem Zweck so wohl in geistiger als auch in phisischer Rücksicht vollkommen entspricht«. Aber er wies auch jegliche Auffassung von einem zeitlosen Ideal zurück und trat stattdessen für eine Historisierung der idealen Ausdrucksform ein, die stets vom historischen Wandel und den Bedingungen unterschiedlicher Standorte abhängig war und von diesen gestaltet wurde. Er wies auf die primäre Herausforderung der zeitgenössischen Architektur hin, so wie er sie verstand: »Könnte man altgriechische Baukunst, in ihrem geistigsten Prinzip festhaltend, auf die Bedingungen unserer neuen Weltperiode erweitern, worin zugleich die harmonische Verschmelzung des Besten aus allen Zwischen-Perioden mit dieser liegt, so mögte man sich der Lösung der Aufgabe vielleicht am ersten genähert haben.« Unter Hinweis auf seine Hoffnung, ein Schloß für den jungen bayerischen König von Griechenland zu entwerfen, bemerkte er, »dazu gehört aber Genie, welches sich niemand erringen kann, sondern was dem Beglückten vom Himmel unbewußt zu theil wird.«[12]

Kein Ort hätte für Schinkel geeigneter sein können als die Akropolis selbst, die Schinkel als »einen der leuchtendsten Punkte in der Weltgeschichte« bezeichnete[13] und die er gegen heftigen Widerstand verteidigte. Schinkel, der die Akropolis keineswegs als die Verkörperung eines überzeitlichen Ideals aus dem goldenen perikleischen Zeitalter sah, erklärte, daß der Bauplatz ihn vor allem wegen der dort sichtbaren kontinuierlichen Geschichte angezogen habe, die noch ergänzt werden könne. Schinkel wählte für die neuen Gebäude das Ostende der Akropolis und ließ die Ruinen des Parthenons, der Propyläen und des Erechtheions unberührt. Er entwickelte einen eingeschossigen Komplex, der um eine Reihe von Hofräumen angeordnet war, so daß die alten Bauwerke und der Palast zusammen eine neue Silhouette bildeten (Abb. 192–194). Die Umgebung der alten Bauwerke sollte mit Gärten neu gestaltet werden, einschließlich eines großen tiefliegenden Hippodroms, das Schinkel den Schriften des Plinius entnommen hatte und das die malerische Ordnung der alten Akropolis mit den Propyläen des neuen Palastes verbinden sollte. Der für den Palast gewählte Typus der antiken römischen Villa hatte den Vorteil, daß er mehrere Hofräume für das Protokoll des Palastlebens mit einer Struktur verband, die an das Gelände und den Bauplatz angeglichen werden konnte, so daß der Blick ständig auf die monumentalen historischen Überreste, auf die moderne Hauptstadt und die Berge in der Ferne fiel. Darüber hinaus wahrte die alte römische Villa die Privatsphäre der Mitglieder der königlichen Familie und erleichterte der Allgemeinheit den Zugang zu den kulturellen und administrativen Räumen. In Anlehnung an Gillys frühere Entwürfe, die die Entwicklung innerhalb der griechischen Architektur sichtbar machten (Abb. 1), behandelte Schinkel die Grundmauern als pelasgisches Mauerwerk, um die langen offenen Kolonnaden der Fassaden zu tragen, die die Grundrisse der römischen Villen mit der Form der griechischen Stoa kombinierten. Obwohl seine Kapelle die Gestalt eines Tempels mit einem übergiebelten Portikus hatte, wurde sie mit gestreiften Marmor verkleidet, was auf die spätere byzantinische Baukunst in Griechenland verwies, ein System der Mehrfarbigkeit, die Schinkel – fasziniert von der kürzlichen Entdeckung von Farbe an alten griechischen Bauwerken durch Hittorff, Cockerell und andere – auf die meisten Teile des Komplexes ausdehnte. Der eindrucksvollste Raum im Inneren war die große

192 Schinkel, Plan für einen Palast auf der Akropolis, Athen, 1834. Perspektivische Ansichten.

Schinkel 1834.

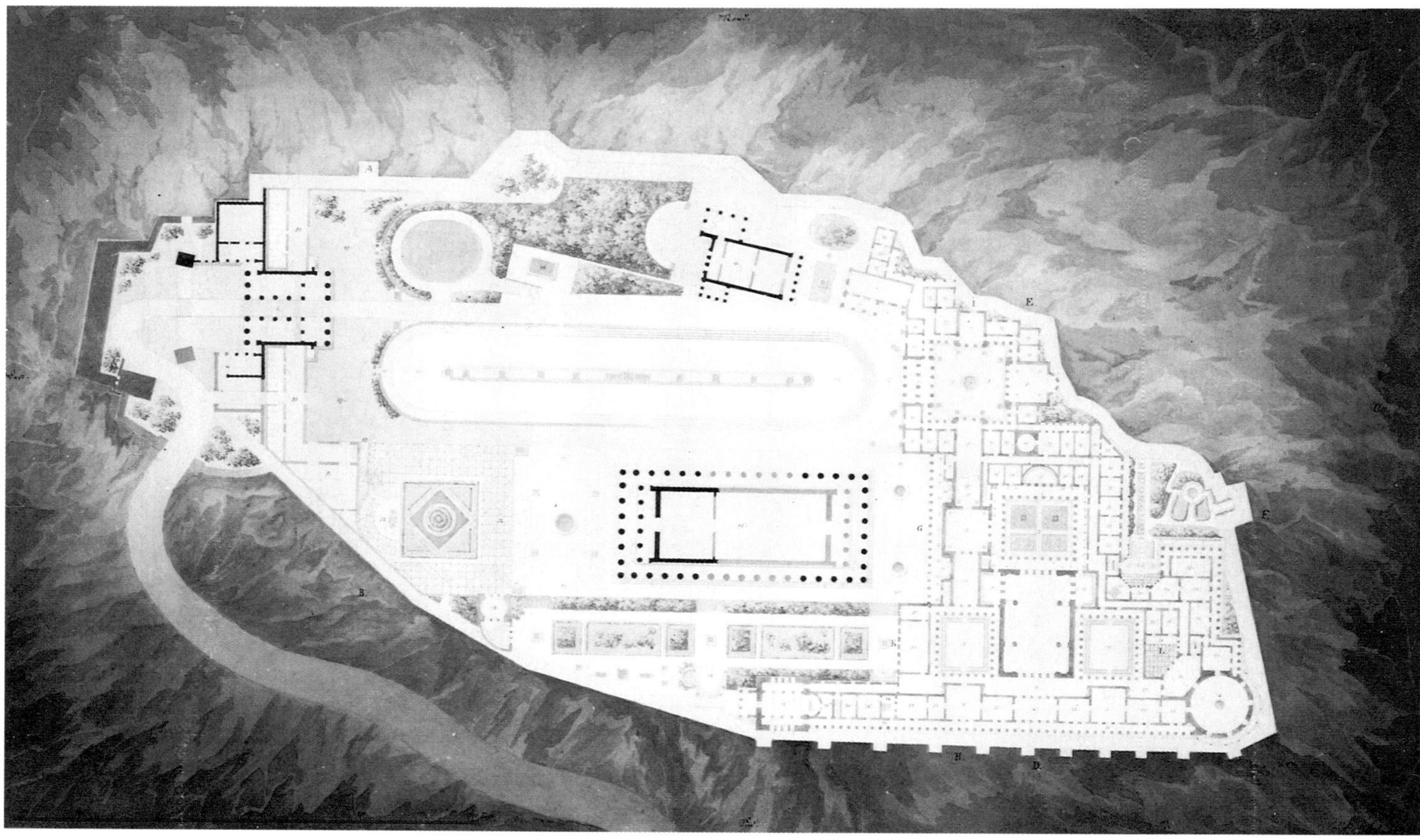

193 Schinkel, Plan für einen Palast auf der Akropolis, Athen, 1834. Grundriß von Gebäude und Grundstück.

194 Schinkel, Plan für einen Palast auf der Akropolis, Athen, 1834. Innenansicht der Eingangshalle, mit Blick nach außen auf den Gartenhof.

195 Schinkel, Plan für Schloß Orianda, Krim, 1838. Schnitt von Belvedere und Podium mit perspektivischer Ansicht des »Museums der Krim und der Kaukasischen Provinzen«.

Empfangshalle in der Mitte des Palastes. Schinkel zeichnete eine Perspektive, auf die er besonders stolz war (Abb. 194). Die Zeichnung enthielt keinen Hinweis auf einen Thron oder ein zeremonielles Zentrum, sondern richtete den Blick nach draußen, auf das Geflecht von Gebäude, Gärten und mediterranem Himmel, Ansichten, nach denen Schinkel in den privaten und öffentlichen Räumen des gesamten Palastentwurfes strebte. Die Empfangshalle wird von einer würdevollen offenen Balkendecke beherrscht, die Schinkel an mittelalterlichen Gebäuden Englands bewundert hatte. Die weit spannenden Dachträger waren so offen wie möglich geplant. Sie zeigten antike Motive, und die neuesten Farbtheorien zur antiken Baukunst fanden begeisterte Anwendung. Diese Dachträger ruhten auf langen senkrechten Trägern mit diagonalen Streben, die Träger wiederum auf riesigen monolithischen Marmorsäulen. Die Anordnung war eine außergewöhnliche Mischform, gespeist aus den unterschiedlichsten Quellen, von den Hadrianstempeln (wie der Venus-Tempel) auf dem Forum Romanum bis zu mittelalterlichen Holzdecken und schließlich zu seinen eigenen tektonischen Taxonomien aus dem »Lehrbuch«.

Als Leo von Klenze, der Münchner Hofbaumeister, im Herbst 1834 nach Athen geschickt wurde, um die für die neue Hauptstadt vorgeschlagenen Projekte zu begutachten, war Schinkel der erste, der sich einem Kollegen beugte, der die lokale Situation und den Bauplatz aus eigener Anschauung kannte. »Aus meinem letzten Schreiben werden Sie deutlich ersehn haben, wie sehr ich meinen Entwurf für ein königliches Schloß auf der Acropolis in Athen nur als eine Gefälligkeits-Sache für unseren Kronprinzen betrachtete und selbst gegen Sie aussprach, daß der ganze Gedanke nichts weiter war als ein schöner Traum.«[14] Während Schinkel den Auftrag wohlwollend den Bayern überließ, war die Akropolis keineswegs nur ein Mitsommernachtstraum eines Architekten, wie Klenze behauptet hatte.[15] An dem Ort, den Schinkel als Vorbild für die moderne deutsche Kultur idealisierte, hatte er das Bild eines neuen Griechenland definieren wollen, das, wie Margarete Kühn gezeigt hat, zur griechischen Intelligenz jener Zeit letzten Endes in Widerspruch stand,[16] das aber sowohl dem bayerischen als auch dessen Schwager, dem preußischen Kronprinzen, Schinkels Überzeugung demonstrierte, daß die historische und wissenschaftliche Forschung stets im Dialog mit der Suche nach einem modernen Baustil stehen müsse.

Während der Palast schließlich in einer ganz anderen und weniger herausfordernden Form von Klenzes Rivalen, Friedrich von Gärtner, gebaut wurde, bat der spätere bayerische König Schinkel auch in den nächsten zehn Jahren immer wieder um seine Meinung zu Baustil und Baupolitik. Selbst bevor er einen Wettbewerb organisierte, der inzwischen in der Geschichte des Eklektizismus im 19. Jahrhundert als verrufen gilt,[17] hatte Maximilian auf der Suche nach einem neuen Baustil Schinkel erneut eine Liste von Fragen vorgelegt, die von der Freiheit angeregt waren, mit der Schinkel den Entwurf der Akropolis behandelt hatte. Im Dezember 1839 schrieb er in einem Brief: »Um einen solchen hinzustellen, könnte sehr förderlich seyn, daß man das Schönste im Verhältnis aus vorhandener Architectur zusammen faßte und in dieser Reinheit hinstellte, daß man das Naive und Ursprüngliche griechischer Kunst vorzüglich darinnen charakterisierte oder das Erhabene, Vielgestaltige einer Mittelalter-Kunst darin eintreten ließe, oder gar, daß man sich von dem einseitigen Begriff lossagte, jeder dieser Stylarten allein und ganz gesondert sein Gewicht zu lassen.«[18]

Schinkels Antwort war seine letzte auf das historistische Dilemma, das ihn seit seiner ersten Begegnung mit Gillys Denkmal Friedrichs des Großen beschäftigt hatte: »Jedes Kunstwerk muß ein neues Element bei sich haben, ohne ein solches, wenn es auch in einem bekannten schönen Styl gearbeitet ist, kann es weder für den Schöpfer noch für den Beschauer ein wahres Interesse erzeugen. Dies neue Element ist es was ihm das Interesse für die bestehende Welt gibt, welches das Mehr in dem Bestehenden heraus treten läßt und dadurch das Bestehende mit einer neuen Farbe verschmilzt und den Reitz eines lebendigen Geistes darüber ausgießt.«[19]

Zu diesem Zeitpunkt hatte Schinkel einen letzten Plan gezeichnet, der ein utopischer Traum auf Papier bleiben sollte: einen großen Palast für die Schwester des Kronprinzen, die 1825 Zarin von Rußland geworden war. Auf einer Klippe über dem Schwarzen Meer, die er nur aus Stichen und Zeichnungen kannte, stellte Schinkel sich einen Palast vor, der sowohl eine malerische Ergänzung des Ortes als auch der Inbegriff dessen war, was die Zarin anstrebte, nämlich ihren Untertanen einen kulturellen Anreiz zu bieten. Die Zarin, die von der Landschaft mit Lorbeer- und Orangenbäumen bezaubert war, hatte das Grundstück im Herbst 1837 vom Zaren als Geschenk erhalten. Im folgenden Frühjahr schrieb sie an ihren Bruder, Kronprinz Friedrich Wilhelm, und bat ihn um Pläne für ein kleines Landhaus »in der Art von Siam«, womit sie die Bezeichnung des Prinzen für Charlottenhof meinte.[20] Die Entwürfe, die Schinkel sandte, zeigten nur wenig Ähnlichkeit mit der einfachen *maison de plaisance,* die der Zarin auf ihrer Reise nach Potsdam 1829 so gefallen hatte.

Schinkel entwarf ein Gebäude, das aus dem landschaftlichen und historischen Charakter des Ortes erwuchs (Abb. 195–196). Nicht nur das Haus nutzte den Panoramablick über das Meer, wie die über dem Mittelmeer gelegene Laurentinische Villa des Plinius, auch die Landschaft war nun in das Haus

MUSÉE DE LA CRIMÉE ET DES PROVINCES CAUCASIENNES

dans le soubassement du temple au milieu du château d'Orianda, résidence d'été de Sa Majesté impériale l'Impératrice de la Russie en Crimée.

196 *Schinkel, Plan für Schloß Orianda, Krim, 1838. Perspektivische Ansicht der Terrasse über dem Meer.*

selbst integriert mit einem großen offenen Gartenhof, in dem sich auf einem hohen Sockel ein ionischer Tempel erhob. Die Räume waren so angeordnet, daß sie Blicke nach außen auf die offene Landschaft und nach innen auf den intimeren überschaubaren Garten freigaben.

Diese letzte Hommage für Gillys Traum eines Denkmals Friedrichs des Großen wurde hier übersetzt im Sinne von Schinkels zunehmend vergeistigtem historistischen Verständnis von architektonischer Form und seinem Interesse an der aktuellen Erforschung der historischen Dynamik kultureller Entwicklungen. Denn der Kaukasus war, in Margarete Kühns Worten, zum »mythischen Mittelpunkt des westlichen Asien« geworden.[21] Schinkels Entwurf ist eine Antwort auf die Untersuchungen Karl Ritters, Alexander von Humboldts und anderer in Berlin, die die Frage nach der Rolle der Krim bei der Verschmelzung der griechischen und der orientalischen Kultur aufgegriffen hatten. Nach Humboldts Ansicht im »Kosmos« hatten die Griechen hier durch Reisen über die Grenzen des Mittelmeeres hinaus erstmals ihre Vorstellung und Kenntnis vom Universum ausgedehnt, eine Horizonterweiterung, die sich in den zahlreichen Mythen widerspiegelt, deren Schauplatz der Kaukasus ist, vor allem die des Prometheus, der eine so bedeutende Rolle in Schinkels Dekorationen für die Stoa des Alten Museums spielt.[22] Fast dreitausend Jahre lang war die Krim der Punkt gewesen, an dem Orient und Okzident aufeinandertrafen. Die Formen in Schinkels Entwurf rührten von diesem Zusammenspiel her. Wie in einem beeindruckenden Querschnitt des großen Tempelsockels festgehalten, ist das Gebäude für die Zarin in der Topographie des Ortes und in seiner Geschichte fest verankert. Schinkel porträtierte Rußlands Anspruch auf ein Erbe der klassischen Welt. Sein rein ionisches Tempel-Belvedere erhebt sich auf einem breiten Unterbau, der ein Museum der Krim und ihrer kaukasischen Provinzen beherbergen sollte, ein gewaltiges Panorama der reichen Altertümer und der Kultur dieser Gegend. Die massiven Stützen des Unterbaus tragen eine Reihe gestufter Konsolsteine, eine den Griechen bekannte einfache Form der Gewölbebildung, wie die neuere archäologische Forschung in der Gegend ergeben hatte.

Schinkel hoffte, das Gebäude mit den letzten technischen Errungenschaften ausstatten zu können, wie sorgfältig eingepaßte großflächige Glasscheiben, die in die Kannelierung der ionischen Säulen eingesetzt waren, und den halbkreisförmig eingebundenen Tholos auf der Plattform, die über das Schwarze Meer ragte (Abb. 196). Obwohl die Zarin den Entwurf als unpraktisch beklagte und sich nach Schinkels Tod an Andrej Stakenschneider wandte, einen Architekten aus Sankt Petersburg, der das Gebäude zwischen 1842 und 1852 errichtete, gibt es Hinweise in Schinkels Korrespondenz, daß dieses Haus auch als schöner Traum ersonnen war. Indem er ihn gemeinsam mit dem großartigen Entwurf für den Palast auf der Akropolis veröffentlichte, machte Schinkel die beiden Entwürfe zum architektonischen Manifest für die größten Möglichkeiten der Architektur.[23] Sie enthielten zahlreiche Vorschläge für historische Theorien und Entwürfe der nächsten Generation; Anklänge davon sind in Projekten wie August Stülers Neuem Museum in Berlin zu finden.

In den 1830er Jahren war Schinkel häufig krank, und er reiste oft für lange Zeit nach Bad Kissingen und Marienbad zur Kur. Am 7. September 1839 kehrte er nach einem dieser langen Aufenthalte nach Berlin zurück. Der folgende Tag, der letzte, bevor ihn ein Schlaganfall für die letzten zwei Jahre seines Lebens ans Bett fesselte, ist in Gustav Waagens Biographie von 1844 festgehalten. Am Morgen empfing er Karl Bötticher, dessen Theorien über die griechische Tektonik und Ornamentik zur Entwicklung von Schinkels Ideen beigetragen hatten. Am Nachmittag ging er durch Berlin und besuchte seinen alten Freund C. D. Rauch. Er sprach mit dem Bildhauer über seine Fortschritte an dem großen Reiterstandbild Friedrichs des Großen, das Gillys Traum von einer öffentlichen Gedenkstätte endlich verwirklichen würde.

Nachdem er sich von Rauch verabschiedet hatte, ging Schinkel an dem künftigen Standort des Denkmals Unter den Linden vorbei und überquerte den Pariser Platz, wo er vor kurzem die Florentiner Fassaden des Stadtschlosses für Fürst Redern vollendet hatte, und durchschritt das Brandenburger Tor, um einen Spaziergang durch den spätsommerlichen Tiergarten zu machen. Zufällig traf er seinen Freund Carl Gropius, der nun Inspektor des Staatstheaters war, und vertraute ihm seinen Traum von einem letzten Panorama an, mit dem er die Panoramen, die sie gemeinsam vor fast dreißig Jahren geschaffen hatten, zu einem Abschluß bringen wollte, »in einem großen Panorama von 90 Fuß im Durchmesser die Hauptdenkmäler der verschiedensten Länder, von Asien, Ägypten, Griechenland, Rom und Deutschland im Mittelalter, mit einer jeweils entsprechenden Naturumgebung, zu vereinigen.«[24] »So war es einer seiner letzten Gedanken, die geistige Cultur verschiedener Zeiten und Völker, welche er so häufig vereinzelt in der Form der Kunst ausgesprochen hatte, in ein großes Ganze, welches die interessantesten Gegensätze und Vergleichungen gewährt haben würde, auf eine malerische Weise zu vereinigen«, wie Waagen seinen Bericht schloß.[25] Schinkel starb am 12. Oktober 1841, mit einer Vision von Architektur, die dem Plan zugute kam, von dem so viele Intellektuelle seiner Zeit träumten, der Kontrolle über Form und Fortschritt der Zeit.

Anmerkungen

EINLEITUNG

1 Theodor Fontane: Wanderungen durch die Mark Brandenburg. Bd. 1: Die Grafschaft Ruppin. Sämtliche Werke, Bd. 9. München 1959 – 1975, 107

2 Zur Übersicht über das Lebenswerk siehe meinen Artikel in: Burlington Magazine 145 (1993), 360 – 362

3 nach Max Lenz: Geschichte der Königlichen Friedrich-Wilhelms-Universität zu Berlin. 2 Bde., Halle 1910, 1. Bd., 78

ERSTES KAPITEL

1 Der Baumeister Leo von Klenze war einer seiner Schüler. Dreißig Jahre später erwies er dem Denkmal Friedrichs des Großen Reverenz mit seiner Walhalla, einem von Ludwig I. von Bayern ersonnenen Nationaldenkmal. Zu von Klenzes Nachbildungen siehe Jörg Traeger: Der Weg nach Walhalla: Denkmallandschaft und Bildungsreise im 19. Jahrhundert. Regensburg 1987, 59. Zu Schinkels eigenem späteren Werk über verschiedene Entwürfe für das Denkmal Friedrichs des Großen siehe Paul Ortwin Rave: Schinkel Lebenswerk, Berlin III. Berlin und München 1962, 297–315

2 Gustav Friedrich Waagen: Karl Friedrich Schinkel als Mensch und Künstler: die erste Biografie Schinkels im Berliner Kalendar von 1844. Berlin 1844. Neudruck hrsg. von Werner Gabler. Düsseldorf 1980, 317

3 James Stuart und Nicholas Revett: The Antiquities of Athens. Bd. 1. London 1762; und J.D. Leroy: Les Ruines des plus beaux monuments de la Grèce, considérées du côté de l'histoire et du côté de l'architecture. Paris 1758

4 Johann Joachim Winckelmann: Gedanken über die Nachahmung der Griechischen Werke in der Malerei und Bildhauerkunst. Dresden 1756

5 Le Camus de Mezières: Le Génie de l'Architecture; ou le rapport de cet art avec nos sensations. Paris 1780. Ausschnitte dieses Textes sind 1789 in Übersetzung in einer der ersten deutschen Architekturzeitschriften erschienen, Gottfried Huth: Allgemeines Magazin für die bürgerliche Baukunst.

6 Zu Gillys Skizzen siehe A. Rietdorf: Wiedergeburt der Architektur. Berlin 1940. Zur Bedeutung von Festen für die Veränderung des menschlichen Verhaltens siehe Boissy d'Anglas: Essai sur les Fêtes Nationales suivi de quelques idées sur les Arts, 1797, der Gillys Entwurf sehr nahesteht. Mona Ozouf: La fête revolutionaire, 1789–1799, Paris 1976 ist die beste Analyse der Beziehung zwischen städtischen »Bühnenbildern« und menschlichem Verhalten und politischen Anschauungen.

7 Marvin Carlson: Goethe and the Weimar Theater. Ithaca 1978, 28 ff.

8 Viele davon sind reproduziert in Alan Balfour: Berlin: The Politics of Order, 1737–1989. New York 1990, 24–25

9 Alfred Freiherr von Wolzogen, Hrsg.: Aus Schinkels Nachlaß: Reisetagebücher, Briefe und Aphorismen. Bd. 1. Berlin 1862–64. Nachdruck Gottfried Riemann, Hrsg.: Karl Friedrich Schinkel: Reisen nach Italien. Tagebücher, Briefe, Zeichnungen, Aquarelle. Berlin 1979, 123

10 Siehe Johann Albert Eytelwein: Nachricht von der Errichtung der Königlichen Bauakademie zu Berlin. Berlin 1799. Nachdruck in Harold Hammer-Schenk, Hrsg.: Kunsttheorie und Kunstgeschichte des 19. Jahrhunderts in Deutschland. Bd. II: Architektur, Texte und Dokumente. Stuttgart 1985, 21–29

11 Zum Hintergrund von Gillys Gesellschaft siehe Berliner Museum: Friedrich Gilly, 1772–1800, und die Privatgesellschaft junger Architekten. Ausstellungskatalog, Berlin 1984. Zum Hintergrund von Leroys Schule siehe Barry Bergdoll: Léon Vaudoyer: Historicism in the Age of Industry. New York 1994, 1. Kapitel

12 In Schinkels italienischen Reisetagebüchern gibt es mehrere Hinweise darauf, daß Steinmeyer seine Schuldscheine während seiner Reise nach Italien abwickelte.

13 Riemann (Hrsg.:) Karl Friedrich Schinkel: Reisen nach Italien. 1979, 120.

14 Waagen: Karl Friedrich Schinkel als Mensch und Künstler, 325

15 Friedrich Gilly und Friedrich Frick: Schloß Marienburg in Preußen. Berlin 1799

16 Karl Friedrich Schinkel: Brief an David Gilly. Nachdruck in Riemann: Karl Friedrich Schinkel: Reisen nach Italien, 118

17 Riemann: Karl Friedrich Schinkel: Reisen nach Italien, 29

18 Wolzogen: Aus Schinkels Nachlaß. Bd. 1, 165

19 Riemann: Karl Friedrich Schinkel: Reisen nach Italien, 92–93

20 Riemann: Karl Friedrich Schinkel: Reisen nach Italien, 122

21 Schinkel: Brief an seinen Vetter, Valentin Rose, Dezember 1804. Nachdruck in Riemann: Karl Friedrich Schinkel: Reisen nach Italien, 126

22 Riemann: Karl Friedrich Schinkel: Reisen nach Italien, 87

23 Städtische Panoramen waren der Gegenstand, mit dem Barker die Kunstform erstmals nach London brachte. Siehe Helmut Börsch-Supan: Die Anfänge des Panoramas in Deutschland. In: Zentral-Institut für Kunstgeschichte, Hrsg.: »Sind Briten hier?«: Relations Between British and Continental Art 1680–1880. München 1981, 26–44, und Silvia Bordini: Storia del Panorama: La visione totale nella pittura del XIX secolo. Rom 1984

24 Kurt Forster: »Schinkel's Panoramic Planning of Central Berlin«, Modulus 18, 1983, 62–77

25 Berlinische Nachrichten, 29. Dezember, 1808. Aus Helmut Börsch-Supan: Karl Friedrich Schinkel: Bühnenentwürfe, Stage designs, Bd. 1. Berlin 1990, 29

26 Erich Drach: Ludwig Tiecks Bühnenreformen. Berlin 1909

27 Paul Ortwin Rave: Schinkel Lebenswerk, Berlin I: Bauten für die Kunst, Kirchen, Denkmalpflege. Berlin und München 1941, 79–87

28 Rave: Schinkel Lebenswerk, Berlin I, 79–87

29 Albert Boime: Art in an Age of Bonapartism, 1800–1815. Chicago 1990, 402

30 Wolzogen: Aus Schinkels Nachlaß, Bd. 3, 157

31 August Wilhelm von Schlegel: Berliner Vorlesungen. Hrsg. J. Minor. Berlin 1884. Die Reden wurden 1801 in Berlin gehalten.

32 Zu Schinkels Malereien siehe: Karl Friedrich Schinkel: Architektur, Malerei, Kunstgewerbe (Ausstellungskatalog. Verwaltung der Staatlichen Schlösser und Gärten und Nationalgalerie). Berlin 1981

33 Georg Friedrich Koch: »Karl Friedrich Schinkel und die Architektur des Mittelalters«, Zeitschrift für Kunstgeschichte 29, 1966, 177–222

34 Siehe Michael Lewis: The Politics of the German Gothic Revival: Auguste Reichensperger. New York 1993

ZWEITES KAPITEL

1 Humboldt, Wilhelm von: Ästhetische Versuche. Braunschweig 1799, 42

2 Leitzmann, Albert: Sechs ungedruckte Aufsätze über das klassische Altertum von Wilhelm von Humboldt. Leipzig 1896, 211–212

3 Leitzmann, Albert: Sechs ungedruckte Aufsätze, 214

4 Sydow, Anna von: Wilhelm und Caroline von Humboldt in ihren Briefen. Berlin 1906–1916, Brief vom 13.10.1809

5 Humboldt, Wilhelm von: Geschichte des Verfalls und Unterganges der Griechischen Freistaaten. in: Leitzmann, 175–176

6 Karl Wilhelm Ferdinand Solger: Erwin: Vier Gespräche über das Schöne und die Kunst. München 1971. Nachdruck der von Wolfhart Henckmann in der Reihe Theorie und Geschichte der Literatur der Schönen Künste herausgegebenen Berliner Ausgabe von 1907

7 Gustav Müller: Solger's Aesthetics: A Key to Hegel; in: Corona: Studies in Celebration of the Eightieth Birthday of Samuel Singer. Durham, N.C. 1941

8 Zur Diskussion und Illustration dieser Gebäude siehe viertes Kapitel

9 Karl Friedrich Schinkel: Sammlung Architektonischer Entwürfe. Berlin 1819–40, Text zu Tafel 4

10 Schinkels Plan sollte man mit den französischen Vorschlägen aus der Revolutionszeit vergleichen, die Champs-Elysées mit Statuen berühmter Männer zu flankieren. Zu Schinkels Dekorationen siehe Rave: Schinkel Lebenswerk, Berlin III, 260–264

11 Peter Springer: Schinkels Schloßbrücke in Berlin: Zweckbau und Monument. Frankfurt am Main 1981

12 Die Neue Wache wurde 1930/31 von Heinrich Tessenow vollkommen umgebaut in eine Gedenkstätte für die Toten des Ersten Weltkriegs. 1950 wurde sie erneut umgestaltet.

13 Rave: Schinkel Lebenswerk, Berlin III, 160

14 Zu einer ausführlichen Besprechung siehe viertes Kapitel

15 Dieses Projekt von 1817 ist veröffentlicht in Peter Goralczyk: Der Platz der Akademie. Berlin 1987, 143–144

16 In den 1980er Jahren wurde das Theater in ein Konzerthaus umgebaut. Die heutigen Schinkelschen Innenausstattungen haben nichts mit der ursprünglichen Gestaltung oder dem ursprünglichen Maßstab der Innenräume zu tun. Siehe Manfred Prasser: Zum Wiederaufbau des ehemaligen Schauspielhauses als Konzerthaus am Platz der Akademie der Künste. Architektur der DDR 30 (1981), 94–100

17 Rave: Schinkel Lebenswerk, Berlin I, 94

18 Schinkel: Sammlung Architektonischer Entwürfe. Text zu Tafel 15

19 J. W. von Goethe: »Prolog zu Eröffnung des Berliner Theaters im Mai 1821«. In: Goethes Poetische Werke, Vollständige Ausgabe, Bd. 3. Stuttgart 1953, 1265

20 Siehe viertes und fünftes Kapitel

21 Rave: Schinkel Lebenswerk, Berlin I, 90

22 Humboldt, Wilhelm von: Briefe an eine Freundin (Charlotte Diede). Berlin 1921, Brief von Ende Mai 1826

23 Sydow, Anna von: Wilhelm und Caroline von Humboldt in ihren Briefen. Berlin 1906–1916, Brief vom 10.7.1818

24 Wilhelm von Humboldt: Geschichte des Verfalls und Unterganges der griechischen Freistaaten. Berlin 1806, 178–179

25 Siehe Humboldt, Wilhelm von: Über die Verschiedenheit des menschlichen Sprachbaus und ihren Einfluß auf die geistige Entwicklung des Menschengeschlechts. Einleitung zu: Über die Kawisprache auf der Insel Java. 3 Bde., 1836–1840

26 Schinkel war bereits 1824 in Pompeji und kannte diese Bänke zweifellos aus den Beschreibungen in Mazois Buch über Pompeji sowie von J. Ph. Hakkerts Gemälde in Goethes Sammlung in Weimar

27 Mein Bericht basiert auf Rave: Schinkel Lebenswerk, Berlin I, 14–44. Wahrscheinlich unterstützten der Kronprinz und auch Hardenberg die Entscheidung Schinkels, wenn sie ihn nicht sogar dazu veranlaßten

28 Hirt hatte seine Forderungen nach der Rückkehr der königlichen Sammlungen aus Paris im Jahre 1815 wiederholt. Siehe Alois Hirt: Über die diesjährige Kunstausstellung…in Berlin. Berlin 1815

29 Zu weiteren Einzelheiten siehe Schinkels Bericht in seiner Sammlung Architektonischer Entwürfe, 41, und in Rave: Schinkel Lebenswerk, Berlin I, 23 ff.

30 Eberlein: »Schinkel und Boisserée: Aus der Geschichte der Berliner Museen zu Schinkels 150. Geburtstag am 13. März 1931«. Berliner Museen 52 (1931), 39–45

31 Das Gebäude hieß anfangs Neues Museum, doch ist es als Altes Museum bekannt, da Stüler 1834/35 das Neue Museum baute.

32 Rave: Schinkel Lebenswerk, Berlin I, 24 ff.

33 Der Satz in Schinkels Sammlung Architektonischer Entwürfe enthält zwei Wörter mit mehrfacher Bedeutung: »Vor dieser Wand bildet sich ein schöner Platz zur Aufstellung von Monumenten.«

34 Diese Beziehungen sind heute nur sehr schwer verständlich, denn der Ort wurde zerstört, zuerst durch den Bau des übermäßig großen Doms durch Raschdorff 1893, dann durch den Abbruch des Schlosses 1951. Gegenwärtig gibt es Diskussionen über den Wiederaufbau des Schlosses, und im Herbst 1993 wurde eine maßstabgerechte Attrappe aus Gerüsten und Segeltuch errichtet, um die räumliche Wirkung zu zeigen.

35 Nach Schinkels Besuch in Paris 1826 sandten ihm Percier und Fontaine ein Geschenk aus der Stichsammlung Musée de la Sculpture antique et modern... par le Cte. De Clarac (Paris 1826). Siehe Erik Forsmann: Karl Friedrich Schinkel: Bauwerke und Baugedanken. München 1981, 114

36 Rave: Schinkel Lebenswerk, Berlin I, 24 ff.

37 Zur Diskussion dieses Themas siehe Theodor Ziolkowski: German Romanticism and Its Institutions. Princeton University Press, Princeton 1990, 355–372

38 Zu seiner Verteidigung des Projektes siehe Rave: Schinkel Lebenswerk, Berlin I, 32–37

39 Zu Schinkels Verteidigung des Projektes siehe Rave: Schinkel Lebenswerk, Berlin I, 34

40 Zitiert von Friedrich Stock in »Schinkel und Waagen über die Aufgaben der Berliner Galerie« (1828), in seinen »Urkunden zur Vorgeschichte des Berliner Museums«, Jahrbuch der Preußischen Kunstsammlungen 51 (1930), 206

41 Zu einer ausführlichen Diskussion siehe Steven Moyano: Karl Friedrich Schinkel and the Administration of Architectural Aesthetics in Prussia, 1810–1840. Ph.D. diss., Northwestern University 1989, 2. Kapitel

42 Siehe u.a. Heinrich Dilly: »Hegel und Schinkel«, in: Welt und Wirkung von Hegels Ästhetik. Annemarie Gethmann-Siefert und Otto Poggeler (Hrsg.): Hegel Studien. Bd. 27. Bonn 1986, 103–116

43 Humboldt, Wilhelm von: Geschichte des Verfalls und des Unterganges der Griechischen Freistaaten. Berlin 1806, 174–175

44 Wolzogen: Aus Schinkels Nachlaß. Bd. 2, 207

45 Dies wurde vor kurzem ausgeführt in Françoise Forster-Hahn und Kurt Forster: Art and the Course of Empire in Nineteenth-Century Berlin. Art in Berlin 1815–1989. High Museum, Atlanta 1989, 49

46 F. W. J. Schelling: The Philosophy of Art. University of Minnesota Press, Minneapolis 1989

47 Insbesondere die von Louis Catel erhobenen Einwände in: Grundzüge einer Theorie der Bauart Protestantischer Kirchen. Berlin 1815. Zu einer Zusammenfassung dieser Diskussion siehe K.E.O. Fritsch: Kirchbauten des Protestantismus. Berlin 1893, 154

48 Rave: Schinkel Lebenswerk, Berlin I, 168 ff.

49 Heinrich Gentz: Beschreibung des neuen Königlichen Münzgebäudes. Rede des Baumeisters bei der Einweihung des Hauses. In David Gilly (Hrsg.): Sammlung nützlicher Aufsätze und Nachrichten die Baukunst betreffend 1 (1800), 14 ff.

50 Forsmann: Karl Friedrich Schinkel: Bauwerke und Baugedanken. 132

51 Nähere Einzelheiten über die Freundschaft und Zusammenarbeit zwischen Beuth und Schinkel siehe viertes Kapitel.

52 Rave: Schinkel Lebenswerk, Berlin I, 245 ff.

53 Über die Glaubenspolitik der 1820er und 1830er Jahre siehe viertes Kapitel.

54 Rave: Schinkel Lebenswerk, Berlin I, 250

55 Zur Geschichte des Standorts und einer guten Photosammlung siehe Balfour: Berlin: The Politics of Order

56 Schinkel: Sammlung Architektonischer Entwürfe. Text zu Tafel 30

57 Zum Brunnen, später Elisenbrunnen genannt, siehe E. Brües: Schinkel Lebenswerk, Rheinland. Berlin und München 1968, 81–91; und Schinkel im Rheinland. Ausstellungskatalog, Düsseldorf: Stadtmuseum Düsseldorf 1991, 62–64

58 Schinkel: Sammlung Architektonischer Entwürfe. Text zu Tafeln 79–83

DRITTES KAPITEL

1 Zu einer Diskussion über Tegel siehe zweites Kapitel

2 Zu Schinkels Arbeit auf dem Grundstück siehe Hans Kania und Hans-Herbert Möller: Schinkels Lebenswerk, Mark Brandenburg. Berlin und München 1960, 23–30

3 Zu Humboldts Bemerkung und genauen Plänen der verschiedenen Bauphasen des Gebäudes siehe Hartmann Manfred Schärf: Die klassizistischen Landschloßumbauten Karl Friedrich Schinkels. Berlin 1986, 66–78

4 Zu Wörlitz siehe Reinhard Alex: Schlösser und Gärten um Wörlitz. Leipzig 1990

5 Zum Gabain-Haus siehe Rave: Schinkel Lebenswerk, Berlin III. 203–208

6 Zu einer Untersuchung von Schinkels Proportionsplänen siehe Schärf: Die klassizistischen Landschloßumbauten

7 Goerd Peschken: Karl Friedrich Schinkel: Das architektonische Lehrbuch. Berlin und München 1979, 19

8 Schinkel: Sammlung Architektonischer Entwürfe. Text zu Tafel 66

9 Zitat aus Karl Friedrich Schinkel: Architektur, Malerei, Kunstgewerbe. 170–171

10 1822 kam Reptons Sohn, John Adey Repton, selbst nach Glienicke, und bot seinen Rat an. Zu Reptons Reise und seinen Ratschläge siehe Karl Friedrich Schinkel: Architektur, Malerei, Kunstgewerbe. 119–121

11 Siehe Joseph Rykwert: On Adam's House in Paradise: The Idea of the Primitive Hut in Architectural History. New York 1972. 2. Ausgabe Cambridge, Mass. 1981

12 Zu den Vorschlägen des Kronprinzen siehe Ludwig Dehio: Friedrich Wilhelm IV. von Preußen; ein Baukünstler der Romantik. Berlin und München 1961

13 Im Park stehen noch zahlreiche spätere Gebäude von Schinkels Schülern und Anhängern, die hier nicht alle behandelt werden können. Zu einer ausführlichen Diskussion siehe Schloß Glienicke: Bewohner, Künstler, Parklandschaft. Berlin 1987. Außerdem sind in diesem Buch zahlreiche Beispiele des »Panoramaporzellans« enthalten, darunter Teeservice, die für den Gebrauch auf Glienicke hergestellt worden waren.

14 Siehe Dehio: Friedrich Wilhelm IV. von Preußen

15 Zu Schinkels Reise 1824 nach Pompeji siehe Riemann: Karl Friedrich Schinkel: Reisen nach Italien. 193

16 Es ist interessant, daß das griechische Wort *kosmos* sowohl Ornament als auch Ordnung bedeutete. Zu von Humboldts Vorlesungen siehe Hanno Beck: Alexander von Humboldt. Bd. 2. Wiesbaden 1961, 80–85

17 Zu Schinkels Entwürfen für das Naturforscherfest im Schauspielhaus siehe Rave: Schinkel Lebenswerk, Berlin III. 363–364. Das von Albert Schadow entworfene Palmenhaus auf der Pfaueninsel wurde 1880 durch einen Brand zerstört. Es ist auf einem Gemälde von Karl Blechen in der Nationalgalerie in Berlin festgehalten.

18 Alexander von Humboldt, Brief an Goethe. Zitat aus Friedrich Muthmann: Alexander von Humboldt und sein Naturbild im Spiegel der Goethezeit. Zürich 1955, 16

19 Blau-weiße Motive sind überall in Charlottenhof zu finden, vor allem an den Fensterläden, als Hinweis auf die bayerische Herkunft der Kronprinzessin.

20 Alexander von Humboldt: Kosmos. Entwurf einer physikalischen Weltbeschreibung. Stuttgart 1845, xvi.

21 Man denke an die Bauten von Nash in England oder von Dubut, Percier und Fontaine, Bernier oder Crucy in Frankreich.

22 Siehe Eva Börsch-Supan: Berliner Baukunst nach Schinkel. 1840–1870. München 1977

23 Schinkels zahlreiche Umbauten und kleine gotische Gebäude in der Mark Brandenburg können hier nicht behandelt werden. Viele von ihnen sind nach der Öffnung des früheren ostdeutschen Territoriums wieder zugänglich. Das bedeutendste ist Schloß Petzow von 1828; siehe Kania und Möller: Schinkel Lebenswerk, Mark Brandenburg. 64–69.

VIERTES KAPITEL

1 Sie hatten sich bereits mehrere Jahre zuvor getroffen, als beide die letzte Klasse des Gymnasiums besuchten.

2 Siehe Hans Joachim Wefeld: Christian Peter Wilhelm Beuth: Wegbereiter der Ingenieurausbildung, in: Die Technische Fachhochschule Berlin im Spektrum Berliner Bildungsgeschichte: anläßlich der 750-Jahr-Feier Berlins. Berlin 1988, 79

3 Technische Deputation für Gewerbe: Vorbilder für Fabrikanten und Handwerker. Berlin 1821–37

4 Dieser Brunnen, der ursprünglich für den Innenhof der Gewerbeschule entworfen worden war, wurde in den zweiten Teil der Serie aufgenommen, Tafel 33. Er ist neugedruckt in Karl Friedrich Schinkel: Architektur, Malerei, Kunstgewerbe. 347.

5 Peter Beuth: Einführung zu Vorbilder für Fabrikanten und Handwerker. Technische Deputation für Gewerbe.

6 Forsmann: Karl Friedrich Schinkel: Bauwerke und Baugedanken. 200

7 Riemann, Gottfried: Karl Friedrich Schinkel: Reise nach England, Schottland und Paris im Jahre 1826. München 1986, 12

8 Die Beziehung zwischen dem Conservatoire des Arts et Métiers und Beuths Gewerbeschule, insbesondere die Publikation »Vorbilder für Fabrikanten und Handwerker«, bedarf einer näheren Untersuchung. Zur Geschichte des Conservatoire des Arts et Métiers siehe Barry Bergdoll: Léon Vaudoyer. Fünftes Kapitel.

9 Siehe Hermann Lebherz: Schinkel and Industrial Architecture, in: Architectural Review 184 (August 1988), 41–46

10 Schinkel, Brief an Susanne Schinkel aus Liverpool, 19. Juli 1826; abgedruckt in Reinhaurd Wegner: Schinkel Lebenswerk, Die Reise nach Frankreich und England im Jahre 1826. Berlin und München 1990, 187

11 Schinkel, Brief an Fontane, 20. Oktober 1826; Archives Nationales, Paris; zitiert in Wegner: Schinkel Lebenswerk, Die Reise nach Frankreich und England. 191–192

12 Zur Dokumentation über das Kaufhaus siehe Rave: Schinkel Lebenswerk, Berlin III. 125–129

13 Schinkel: Sammlung Architektonischer Entwürfe. Text zu Tafeln 113–114; siehe auch Rave: Schinkel Lebenswerk, Berlin III. 216–222

14 Zu einer ausführlichen Diskussion der Liturgiegeschichte siehe Helga Nora Franz-Duhne und Ursula Röper-Vogt: Schinkels Vorstadtkirchen: Kirchenbau und Gemeindegründung unter Friedrich Wilhelm III. in Berlin. Berlin 1991, 19–39

15 Franz-Duhne und Röper-Vogt: Schinkels Vorstadtkirchen. 19–39

16 Siehe M. H. Port: Six Hundred New Churches: The Church Building Commissioners 1818–56. London 1961

17 Siehe Schinkel: Sammlung Architektonischer Entwürfe. Tafeln 20 und 21

18 Heinrich Hübsch: In welchem Style sollen wir Bauen? Karlsruhe 1828

19 Siehe Norbert Knopp: Schinkels Idee einer Stilsynthese, in: Werner Hager und Norbert Knopp (Hrsg.): Beiträge zum Problem des Stilpluralismus. München 1977

20 Zitiert in Mackowsky: Karl Friedrich Schinkel: Briefe, Tagebücher, Gedanken. 194

21 Vergleiche, z. B., den schematischen Plan für die neue Zollverwaltung auf dem Grundstück des Museums in der Sammlung Architektonischer Entwürfe, Tafel 42, mit dem Plan auf Tafel 150. Zur vollständigen Dokumentation über das Packhof-Gebäude siehe Rave: Schinkel Lebenswerk, Berlin III. 107–124

22 Ein früher Bericht über den Entwurf und den Bau des Gebäudes wurde in der ersten deutschen Architekturzeitschrift, »Allgemeine Bauzeitung«, veröffentlicht, die 1836 in Wien erstmals publiziert wurde: Emil Flaminius: Über den Bau des Hauses für die allgemeine Bauschule in Berlin. In: Allgemeine Bauzeitung 1. 1836. 3–5, 9–13, 18–24, 25–26.

23 James Fergusson: History of the Modern Styles of Architecture. London 1862. 3. Ausgabe. Überarbeitet von Robert Kerr, Bd. 2. New York 1891, 207

24 Franz Kugler: Karl Friedrich Schinkel: Eine Charakteristik seiner künstlerischen Wirksamkeit, in: Kleine Schriften und Studien zur Kunstgeschichte, Bd. 3. Berlin 1842; Neudruck. Stuttgart 1854, 327

25 Zitiert in Friedrich Adler: Die Bauschule zu Berlin von C. F. Schinkel (1869); neugedruckt in Julius Posener (Hrsg.): Festreden Schinkel zu Ehren, 1846–1980. Berlin 1981. 101–102

26 Siehe, z. B., Julius Posener: From Schinkel to the Bauhaus. New York 1972, und Sir Nikolaus Pevsner: Schinkel, in: Journal of the Royal Institute of British Architects 59. Januar 1952, 89–96. Außer dem Portal, das jetzt als Eingang zur Gaststätte »Schinkel-Klause« hinter der Friedrichswerderschen Kirche in der Nähe des ursprünglichen Standorts dient, gibt es noch Teile im Märkischen Museum in Berlin.

27 Schinkel: Sammlung Architektonischer Entwürfe. Text zu Tafel 115–122

28 Schinkels Verpflichtung zu Ornamenten aus Terrakotta ist klar, denn in seiner Sammlung Architektonischer Entwürfe befassen sich beim Alten Museum und bei der Bauakademie jeweils vier Tafeln ausschließlich mit den Ornamenten.

29 Friedrich Adler: Die Bauschule zu Berlin von C. F. Schinkel (1869); neugedruckt in Posener (Hrsg.): Festreden Schinkel zu Ehren. 102

30 Paul Ortwin Rave: Genius der Baukunst. Berlin 1944, 43–44

31 Peschken: Karl Friedrich Schinkel: Das architektonische Lehrbuch. 35

32 J. W. von Goethe: Farbenlehre. Weimar 1810

33 Adler: »Die Bauschule zu Berlin von C. F. Schinkel«. 102

FÜNFTES KAPITEL

1 Peschken: Karl Friedrich Schinkel: Das architektonische Lehrbuch. 149

2 Dieses Material ist gesammelt in Peschken: Karl Friedrich Schinkel: Das architektonische Lehrbuch. Siehe auch Technische Deputation: Vorlegeblätter: Grundlage der praktischen Baukunst, Erster Teil: Maurerkunst in 22 Musterblättern, Entwürfe zu Wohngebäude in XX Tafeln nach Zeichnungen des Königlichen Ober-Bau-Direktors Herrn Schinkel und Zweiter Teil: Vorlegeblätter für Zimmerkunst in 37 lithographischen Tafeln. Berlin 1835

3 Peschken: Karl Friedrich Schinkel: Das architektonische Lehrbuch. 71

4 Die Beziehung zwischen dieser Anschauung und Karl Böttichers späterer Entwicklung der Unterscheidung zwischen Kernform und Kunstform in seiner Die Tektonik der Hellenen (Berlin 1849–52) muß noch untersucht werden. Bötticher entwickelte seine Theorie während seiner Tätigkeit als Professor an der Bauakademie. Die beste Zusammenfassung seiner Ansichten findet sich in Frank-Lothar Kroll: Das Ornament in der Kunsttheorie des 19. Jahrhunderts. Hildesheim 1987, 19–27

5 Siehe Goerd Peschken: Technologische Ästhetik in Schinkels Architektur. Zeitschrift des deutschen Vereins für Kunstwissenschaft 22 (1968), 45–81

6 Zur Sternwarte siehe Rave: Schinkel Lebenswerk, Berlin III. 66–76. Das Gebäude, das genau nördlich des Belle-Alliance-Platzes (heute Mehring-Platz) stand, wurde 1937 zerstört.

7 Zum Entwurf der Bibliothek siehe Rave: Schinkel Lebenswerk, Berlin III. 24–37

8 Siehe Manfried Klinkott: Die Backsteinbaukunst der Berliner Schule. Von K. F. Schinkel bis zum Ausgang des Jahrhunderts. Berlin 1988

9 Peschken: Karl Friedrich Schinkel: Das architektonische Lehrbuch. 115

10 Zu Schinkels Nachbildung der Villa des Plinius siehe Helen H. Tanzer: The Villas of Pliny the Younger. New York 1924, 77–78, 124–129, und Maurice Culot und Pierre Pinon: La Laurentine et l'Invention de la Villa Romaine. Paris 1982, 132–133. Veröffentlicht in Architektonisches Skizzenbuch (1841). Zum Landhaus in Charlottenhof siehe Schinkel: Sammlung Architektonischer Entwürfe. Tafeln 173 und 174. Zu Schinkels Arbeit am Heiligen Grab siehe Margarete Kühn: Schinkel Lebenswerk: Ausland: Bauten und Entwürfe. Berlin und München 1989, 289–311. Zu Schinkels Arbeit am Kölner Dom siehe Brües: Schinkel Lebenswerk, Rheinland. 302–369, und U. Rathke: »Die Rolle Friedrich Wilhelms IV. von Preußen bei der Vollendung des Kölner Domes«, in Kölner Domblatt 47 (1982), 127–160

11 In zwei Teilen veröffentlicht, der erste über das Projekt auf der Akropolis mit zehn Tafeln, zuerst herausgegeben in Berlin 1840–42, der zweite über Schloß Orianda mit acht Tafeln, zuerst herausgegeben 1845–48, nach Schinkels Tod. Beide Teile wurden in späteren Ausgaben 1850, 1861–62 und 1878 gemeinsam neu herausgegeben. Ein vollständiger Neudruck mit einer Einleitung von Kurt Forster erscheint im Frühjahr 1994 bei Ernst & Sohn, Berlin.

12 Prinz Maximilian, Brief an Schinkel, und Schinkel, Brief an Prinz Maximilian, 24. Januar 1933; neugedruckt in Kühn: Schinkel Lebenswerk, Ausland. 4. Zu Schinkels Briefwechsel mit Maximilian und einer vollständigen Analyse siehe auch Eberhard Drüeke: Der Maximilianstil: Zum Stilbegriff der Architektur im 19. Jahrhundert. Mittenwald 1981, 15–19

13 Schinkel, Brief an Prinz Maximilian, 9. Juni 1834; neugedruckt in Kühn: Schinkel Lebenswerk, Ausland. 5

14 Schinkel: Brief an Klenze, 29. November 1835; vollständig zitiert in Kühn: Schinkel Lebenswerk, Ausland. 35

15 Oswald Hederer: Leo von Klenze: Persönlichkeit und Werk. München 1964, 147. Zur späteren Geschichte deutscher Pläne und Entwürfe in Athen siehe J. Tavlos: Neoclassical Architecture in Greece. Athen 1967, und Yannis Tsiomis (Hrsg.): Athènes Ville Capitale. Athen 1965

16 Siehe Kühn: Schinkel Lebenswerk, Ausland. 39–41

17 Siehe Drüeke: Der Maximilianstil, und August Hahn: Der Maximilianstil in München: Programm und Verwirklichung. München 1982

18 Prinz Maximilian, Brief an Schinkel, 17. Dezember 1839; neugedruckt in Kühn: Schinkel Lebenswerk, Ausland. 42

19 Schinkel, Brief an Prinz Maximilian, 9. Januar 1840; neugedruckt in Kühn: Schinkel Lebenswerk, Ausland. 42

20 Dehio: Friedrich Wilhelm IV. von Preußen. 64

21 Kühn: Schinkel Lebenswerk, Ausland. 68

22 Alexander von Humboldt: Kosmos, Bd. 2, 144–145

23 Karl Friedrich Schinkel: Werke der höheren Baukunst. Potsdam 1848–50

24 Waagen: Karl Friedrich Schinkel als Mensch und Künstler. 420

25 Waagen: Karl Friedrich Schinkel als Mensch und Künstler. 420

Ausgewählte Literatur

QUELLEN

Asklaksby, Truls. Arkitektene Christian Heinrich Grosch og Karl Friedrich Schinkel og byggingenav Det Kongelige Frederiks universitet i Christiania. Orve Ervik 1986

Behr, Adalbert, und Alfred Hotmann. Das Schauspielhaus in Berlin. Berlin 1984.

Bergdoll, Barry. Karl Friedrich Schinkel. In: Macmillan Encycopedia of Architects, hrsg. v. Adolf K. Placzek, Bd. 3, 694–97, New York 1982.

Bethausen, Peter. Karl Friedrich Schinkel. Berlin 1983

Bindman, David, und Gottfried Riemann (Hrsg.). Karl Friedrich Schinkel, »The English Journey«: Journal of a Visit to France and England in 1826. New Haven 1993

Blauert, Elke. Nicht mehr vorhandene Bauten Karl Friedrich Schinkels in Berlin und Potsdam. Berlin: Schinkelmuseum, 1991 .

Bloch, Peter. »Das Kreuzberg-Denkmal und die patriotische Kunst.« Jahrbuch der Stiftung Preußischer Kulturbesitz 11 (1973), 142–59.

Boetticher, Carl. Carl Friedrich Schinkel und sein Baukünstlerisches Vermächtnis. Berlin 1857.

Börsch-Supan, Helmut. Der Schinkel Pavillon im Schloßpark zu Charlottenburg. Berlin: Verwaltung der Staatlichen Schlösser und Gärten, ^{2}1976.

– Das Mausoleum im Charlottenburger Schloßgarten. Berlin: Verwaltung der Staatlichen Schlösser und Gärten, 1976.

– Karl Friedrich Schinkel: Bühnenentwürfe/Stage Designs. Berlin 1990.

Brües, E. Schinkel Lebenswerk, Rheinland. In: Rave/Kühn (Hrsg.). Schinkel Lebenswerk. Berlin/München 1968.

Buddensieg, Tilmann. »›Bauen wie man wolle…‹: Schinkels Vorstellung der Baufreiheit«. Daidalos 7 (1983), 93–102.

Carter, Rand. »Karl Friedrich Schinkel's Project for a Royal Palace on the Acropolis.« Journal of the Society of Architectural Historians 38. (1979), 34–46.

– »Ludwig Persius y el pasaje romantico de Potsdam«. Composicon arquitectonica art and architecture. (Oktober 1989), 115–60.

Crimp, Douglas. »The End of Art and the Origins of the Museum.« Art Journal 46, 4 (1987), 261–66.

Dehio, Ludwig. Friedrich Wilhelm IV. von Preußen: ein Baukünstler der Romantik. Berlin/München 1961.

Dilly Heinrich. »Hegel und Schinkel.« In Welt und Wirkung von Hegels Ästhetik, hrsg. v. Annemarie Gethmann-Siefert und Otto Poggeler, 103–16. Bd. 27 der Hegel Studien. Bonn 1986.

Ettinger, Leopold. »A German Architect's Visit to England in 1826.« Architectural Review 97 (1945): 131–34.

Flaminius, Emil. »Über den Bau des Hauses für die Allgemeine Bauschule in Berlin.« Allgemeine Bauzeitung I (1836): 3–5, 9–13, 18–24, 25–26.

Forsmann, Erik. Karl Friedrich Schinkel: Bauwerke und Baugedanken. München 1981.

Forster, Kurt W. »Schinkel's Panoramic Planning of Central Berlin.« Modulus 16 (1983), 62–77.

– Karl Friedrich Schinkel: Späte Projekte/Late Projects. 2 Bde. Berlin 1994.

Franz-Duhne, Nora, und Ursula Röper-Vogt. Schinkels Vorstadtkirchen, Kirchenbau und Gemeindegründung unter Friedrich Wilhelm III. in Berlin. Berlin 1991.

Gärtner, Hannelore (Hrsg.). Schinkel Studien. Leipzig 1984.

Goralcyzk, Peter. Der Platz der Akademie in Berlin. Berlin 1987.

Grisebach, August. Carl Friedrich Schinkel: Architekt, Städtebauer, Maler. Leipzig 1924.

Gropius, Martin. Karl Friedrich Schinkel: Dekorationen innerer Räume. Berlin 1869–72.

Kania, Hans, und Hans-Herbert Möller. Schinkel Lebenswerk Mark Brandenburg. In Rave/Kühn (Hrsg.). Schinkel Lebenswerk. Berlin/München 1960.

Karl Friedrich Schinkel: 1781–1841. Katalog. Berlin: Staatliche Museen zu Berlin 1980–81.

Karl Friedrich Schinkel: Architektur, Malerei, Kunstgewerbe. Katalog. Berlin: Verwaltung der Staatlichen Schlösser und Gärten/Nationalgalerie, 1981.

Karl Friedrich Schinkel: Werke und Wirkungen. Katalog. Berlin: Martin-Gropius-Bau, 1981.

Karl Friedrich Schinkel: Werke und Wirkungen in Polen. Katalog. Berlin: Martin-Gropius-Bau, 1981.

Kauffmann, Hans. »Zweckbau und Monument: Zu Friedrich Schinkels Museum am Berliner Lustgarten.« In: Eine Freundesgabe der Wissenschaft für Ernst Hellmut Vits, 135–66. Frankfurt 1963.

Klinkott, Manfried. Die Backsteinbaukunst der Berliner Schule. Von K. F. Schinkel bis zum Ausgang des Jahrhunderts. Berlin 1988.

Knopp, Norbert. »Schinkels Idee einer Stilsynthese.« In: Beiträge zum Problem des Stilpluralismus. Hrsg. v. Werner Hager und Norbert Knopp. München 1977.

Koch, Georg Friedrich. »Karl Friedrich Schinkel und die Architektur des Mittelalters.« Zeitschrift für Kunstgeschichte 29, 3 (1966), 177–222.

Kugler, Franz. »Karl Friedrich Schinkel: Eine Charakteristik seiner künstlerischen Wirksamkeit.« In: Kleine Schriften und Studien zur Kunstgeschichte. Berlin, 18–12. Reprint. Stuttgart 1954.

Kühlbacher, Sabine. »Le musée et le romantisme allemand: naissance d'une conscience nationale.« Archicrée 246 (1992), 74–78.

Kühn, Margarete. Schinkel Lebenswerk, Ausland: Bauten und Entwürfe. In: Rave/Kühn (Hrsg.). Schinkel Lebenswerk. Berlin/München 1989.

Kunst, Hans-Joachim. »Bemerkungen zu Schinkels Entwürfen für die Friedrich-Werdesche Kirche in Berlin.« Marburger Jahrbuch 19 (1974), 241–58.

– Schinkels neue Wache. Worms 1987.

Lebherz, Hermann. »Schinkel and Industrial Architecture.« Architectural Reviev 184 (1988), 41–46.

– »Schinkel in Inghilterra: la scoperta dell'edificia a scheletroi/Schinkel's Journey in England: The Discovery of the Skeleton Building.« Lotus International 59 (1989), 74–83.

Lemmer, Elaus J. (Hrsg.). Karl Friedrich Schinkel: Berlin: Bauten und Entwürfe. Berlin 1973.

Leyh, Georg. »Schinkels Entwurf für einen Neubau der Königlichen Bibliothek in Berlin.« Zentralblatt für Bibliothekswesen 48 (1931), 113–19.

Lipstadt, Hélène, und Barry Bergdoll. »Architecture as Alchemy: Karl Friedrich Schinkel.« Progressive Architecture (Oktober 1981), 72–77.

Lohde, Ludwig (Hrsg.). Sammlung von Möbel-Entwürfen erfunden von Schinkel. Potsdam ^{2}1852.

Lorck, Carl von. Karl Friedrich Schinkel. Berlin 1939.

– (Hrsg.). Deutschland in Schinkels Briefen und Zeich nungen. Dresden, 1937. 2. Ausg. Reisen in Deutschland. Essen 1956.

Lübbe, Hermann. »Wilhelm von Humboldt und die Museumsgründung 1830.« Jahrbuch Preußischer Kulturbesitz 17 (1981), 87–109.

Mackowsky, Hans. »Karl Friedrich Schinkel: Briefe, Tagebücher, Gedanken. Berlin 1922. Reprint. München 1981.

Moyano, Steven Francis. Karl Friedrich Schinkel and the Administration of Architectural Aesthetics in Prussia, 1810–1840. Ph. D. diss. Northwestern University, Evanston 1989.

– »Quality vs. History: Schinkel's Altes Museum and Prussian Arts Policy« Art Bulletin 72 (1990), 585–608.

Neumann, Max. Menschen um Schinkel. Berlin 1942.

Nungesser, Michael. Das Denkmal auf dem Kreuzberg von Karl Friedrich Schinkel. Berlin 1987.

Peschken, Goerd. Schinkels Bauakademie in Berlin: Ein Aufruf zu ihrer Rettung. Berlin/München 1961.

– »Schinkels nachgelassene Fragmente eines architektonischen Lehrbuchs.« Bonner Jahrbücher 66 (1966), 23–315.

– »Technologische Ästhetik in Schinkels Architektur.« In: Zeitschrift des deutschen Vereins für Kunstwissenschaft 22 (1968), 5–81.

– Karl Friedrich Schinkel: Das architektonische Lehrbuch. In: Rave/Kühn (Hrsg.). Schinkel Lebenswerk. Berlin/München 1979.

Pevsner, Sir Nikolaus. »Schinkel.« Journal of the Royal Institute of British Architects 59 (1952), 89–96. Reprint. »Karl Friedrich Schinkel.« In: Studies in Art Architecture and Design, Bd. 1, 174–95. London 1968.

Posener, Julius. From Schinkel to the Bauhaus. New York 1972.

– »Schinkel und die Technik. Die englische Reise.« In: Die Nützlichen Künste. Hrsg. v. Tielmann Buddensieg and Henning Rogge, 143–53. Berlin 1981.

– (Hrsg.). Festreden Schinkel zu Ehren: 1846–1980. Berlin 1981.

Pundt, Hermann G. Schinkel's Berlin: A Study in Environmental Planning. Cambridge, Mass. 1972.

Rave, Paul Ortwin. Schinkel Lebenswerk, Berlin I. In: Rave/Kühn (Hrsg.). Schinkel Lebenswerk. Berlin/München 1941.

– Genius der Baukunst. Berlin 1944.

– Wilhelm von Humboldt und das Schloß zu Tegel. Leipzig 1950.

– Schinkel Lebenswerk, Berlin III. In: Rave/Kühn Schinkel Lebenswerk. Berlin/München 1962.

– Karl Friedrich Schinkel. Berlin/München 1953. 2. Ausg., hrsg. v. Eva Börsch-Supan. München 1981.

Rave, Paul Ortwin, and Margarete Kühn (Hrsg.). Schinkel Lebenswerk. Bisher 16 Bde. Berlin/München 1939–.

Richardson, Albert E. »Karl Friedrich Schinkel.« Architectural Review 31 (1912), 60–79.

Riemann, Gottfried. »Frühe englische Ingenieurbauten in der Sicht Karl Friedrich Schinkels...« Forschungen und Berichte 13 (1971), 75–86.

– »Englische Einflüsse im architektonischen Spätwerk Karl Friedrich Schinkels.« Forschungen und Berichte 15 (1973), 79–104.

Riemann, Gottfried (Hrsg.). Karl Friedrich Schinkel: Reisen nach Italien. Tagebücher, Briefe, Zeichnungen, Aquarelle. Berlin 1979.

– Karl Friedrich Schinkel: Reise nach England, Schottland und Paris im Jahre 1826. München 1986.

Riemann, Gottfried und Christa Heese. Karl Friedrich Schinkel: Architekturzeichnungen. Berlin 1991.

Schärf, Hartmann Manfred. Die klassizistischen Landschloßumbauten Karl Friedrich Schinkels. Berlin 1986.

Schinkel, Karl Friedrich. Architektonischer Plan zum Wiederaufbau der eingeäscherten St. Petrikirche in Berlin, vom Geheimen Oberbauassessor Schinkel, mit 3 Kupfertafeln. Berlin 1811.

– Dekorationen auf den königlichen Hoftheatern zu Berlin. Berlin 1819–21.

– Sammlung Architektonischer Entwürfe. Berlin 1819–40. Amerikanische Ausgabe: Collection of Architectural Designs, hrsg. v. Kenneth Hazlett, Stephen O'Malley und Christopher Rudolph. Chicago/New York 1981.

– Werke der höheren Baukunst für die Ausführung erfunden Berlin 1840–48.

– Werke der höheren Baukunst. Potsdam 1848–50.

Schinkel im Rheinland. Katalog. Düsseldorf: Stadtmuseum Düsseldorf, 1991.

Schinkel in Potsdam: Ausstellung zum 200. Geburtstag 1781–1841. Katalog. Potsdam: Staatliche Schlösser und Gärten, 1981.

Schinkel l'architetto del Principe. Katalog. Venedig: Museo Correr, 1982.

Schloß Glienicke: Bewohner, Künstler, Parklandschaft. Katalog. Berlin: Verwaltung der Staatlichen Schlösser und Gärten, 1987.

Snodin, Michael (Hrsg.). Karl Friedrich Schinkel: A Universal Man. Katalog, New Haven 1981.

Springer, Peter. Schinkels Schloßbrücke in Berlin: Zweckbau und Monument. Frankfurt 1981.

Szambien, Werner. Schinkel. Paris 1989.

Vogt, Adolf Max. Karl Friedrich Schinkel. Blick in Griechenlands Blüte oder: Ein Hoffnungsbild für »Spree-Athen«. Frankfurt 1985.

Waagen, Gustav Friedrich. Karl Friedrich Schinkel als Mensch und als Künstler: die Erste Biografie Schinkels im Berliner Kalender von 1844, 305–428. Berlin, 1844. Reprint, hrsg. v. Werner Gabler. Düsseldorf 1980.

Watkin, David, und Tilman Mellinghof. German Architecture and the Classical Ideal 1740–1840. Cambridge, Mass. 1987.

Wegner, Reinhard »Die Einrichtung des Alten Museums in Berlin, Anmerkungen zu einem neu entdeckten Schinkel-Dokument.« Jahrbuch der Berliner Museen 31 (1989), 265–87.

– Schinkel Lebenswerk. Die Reise nach Frankreich und England im Jahre 1826. In: Rave/Kühn (Hrsg.). Schinkel Lebenswerk. Berlin/München 1990.

Wiederanders, Gerlinde. Die Kirchenbauten Karl Friedrich Schinkels. Berlin 1981.

Wolzogen, Alfred Freiherr von. Aus Schinkels Nachlaß: Reisetagebücher, Briefe und Aphorismen... 4 Bde. Berlin 1862–64.

– Schinkel als Architekt, Maler und Kunstphilosoph. Berlin 1864.

Zadow, Mario. Karl Friedrich Schinkel. Berlin 1980.

Ziller, Hermann. Karl Friedrich Schinkel. Leipzig 1897.

ANDERE WERKE

Aarsleff, Hans. From Locke to Saussure: Essays on the Study of Language and Intellectual History. Minneapolis 1982.

Arenhövel, W., und C. Schreiber (Hrsg.). Berlin und die Antike. Berlin: Schloß Charlottenburg, 1979.

Art in Berlin, 1815–1989. Katalog. Atlanta/Seattle 1989.

Balfour, Alan. Berlin: The Politics of Order 1737–1990. New York 1990.

Beck, Hanno. Alexander von Humboldt. 2 Bde. Wiesbaden 1959–61.

Brix, Michael, und Monika Steinhauser (Hrsg.). ›Geschichte allein ist zeitgemäß‹: Historismus in Deutschland. Giessen 1978.

Brodsky, Claudia. »Architecture and Architectonics: The Art of Reason in Kant's Critique.« The Princeton Journal, Thematic Studies in Architecture: Canon 103–17. New York 1988.

Covan, Marianne (Hrsg.). Humanist Without Portfolio: An Anthology of the Writings of Wilhelm von Humboldt. Detroit 1963.

Culot, Maurice, and Pierre Pinon. La Laurentine et l'invention de la Villa Romaine. Paris 1982.

Drüeke, Eberhard. Der Maximilanstil. Zum Stilbegriff der Architektur im 19. Jahrhundert. Mittenwald 1981.

Fontane, Theodor. Wanderungen durch die Mark Brandenburg. Stuttgart 1909–10.

Friedrich Gilly, 1772–1800, und die Privatgesellschaft junger Architekten. Katalog, Berlin Museum. Berlin 1984.

Germann, Georg. Gothic Revival in Europe and Britain: Sources, Influences and Ideas. Cambridge, Mass. 1973.

Günther, Harri. Peter Joseph Lenné: Gärten, Parke, Landschaften. Stuttgart 1985.

Habermas, Jürgen. The Structural Transformation of the Public Sphere. Cambridge, Mass. 1989.

Hammacher. K. (Hrsg.). Universalismus und Wissenschaft im Werk und Wirken der Brüder Humboldt. Frankfurt 1976.

Hegel, G. W. F. Aesthetics: Lectures on the Fine Arts. 2 Bde., hrsg. v. T. Knox. Oxford 1975–88.

Hein, Wolfgang-Hagen (Hrsg.). Alexander von Humboldt: Leben und Werk. Frankfurt 1985.

Holborn, Hajo. A History of Modern Germany 1648–1840. Princeton 1964.

Humboldt, Alexander von. Cosmos: A Sketch of a Physical Description of the Universe. 1844. Übers. v. E. C. Otte. New York 1863–64.

Iggers, Georg G. The German Conception of History: The National Tradition from Herder to the Present. Middletown. Conn. 1968.

Lammert, Marlies. David Gilly. Ein Baumeister des deutschen Klassizismus. Berlin 1964. Reprint. Berlin 1981.

Landfester, Manfred. Humanismus und Gesellschaft im 19. Jahrhundert. Untersuchungen zur politischen und gesellschaftlichen Bedeutung der humanistischen Bildung in Deutschland. Darmstadt 1988.

Muthmann, Friedrich. Alexander von Humboldt und sein Naturbild im Spiegel der Goethezeit. Zürich 1955.

Nerdinger, Winfried, Klaus Jan Philipp, und Hans-Peter Schwarz (Hrsg.). Revolutionsarchitektur: Ein Aspekt der Europäschen Architektur um 1800. München 1990.

Otto, Wolf Dieter. Ästhetische Bildung: Studien zur Kunsttheorie Wilhelm von Humboldts. Frankfurt 1987.

Schmitz, H. Berliner Baumeister vom Ausgang des 18. Jahrhunderts. Berlin 1914.

Schulze, Hagen. The Course of German Nationalism from Frederick the Great to Bismark 1763–1867. Cambridge, England 1991.

Selig, Helmut. »The Genesis of the Museum.« Architectural Review 141 (1967), 103–14.

Sheehan, James J. German History 1770–1860. Oxford History of Modern Europe. Oxford 1989.

Sweet, Paul Robinson. Wilhelm von Humboldt: A Biography. 2 Bde. Columbus, Ohio 1978–80.

Wefeld, Hans Joachim. »Christian Peter Wilhelm Beuth: Wegbereiter der Ingenieurausbildung.« In: Die Technische Fachhochschule Berlin im Spektrum Berliner Bildungsgeschichte: anläßlich der 750-Jahr-Feier Berlins, 45–100. Berlin 1988.

Ziolkowski, Theodore. German Romanticism and Its Institutions. Princeton 1990.

Register

Die hervorgehobenen Ziffern verweisen auf Abbildungsnummern, die übrigen Ziffern auf Seitenzahlen.

Adler, Friedrich 203, 205, 208
Agora, Athen 14
Agrigent 22
Ahlborn, Wilhelm, »Blick in Griechenlands Blüte« **37**
– »Gotische Kirche am Fluß« **33,** 40
Akademie der Schönen Künste, Berlin 68, 70 f., 80
Akropolis, Athen 9
Alexandra, Zarin von Rußland 217, 222
Altes Museum, Berlin **61, 62, 63, 64, 65, 66, 67, 68, 69, 70, 71, 72,** 31, 46, 64, 68, 70 ff., 80, 82 ff., 92, 96, 114, 149, 156, 177, 194 f., 203, 205, 212, 224
Amalienburg, Schloß Nymphenburg, München 137
»Ansicht von Wien« **7**
»Antike Stadt auf einem Berge« **11**
Aquileia 20
Ariost 148
Arnim, Achim von 31, 33, 68
Arnim, Bettina von 31, 33
Ätna 22
Augstein, Karl von 70
Augusta, Prinzessin von Preußen 167

Bauakademie (Allgemeine Bauschule), Berlin **157, 158, 179, 180, 181, 182, 183, 184,** 86 f., 172, 195, 201, 203, 205, 208, 212, 216
»Bauernhaus auf Capri« **8**
Befreiungsdom, Berlin, Entwurf **34,** 33, 40 f., 94
Behrend, Samuel 108
Behrens, Peter 8
Bélanger 153
Beuth, Peter Christian Wilhelm 92, 99, 172, 177, 180, 184, 201
»Blick in Griechenlands Blüte« **37,** 47
Bologna 20
Bopp, Franz 46
Börse, Paris 177
Bötticher, Karl 224
Brandenburger Tor, Berlin 12, 41, 174
Brentano, Clemens 9, 68
Brighton 177
Britisches Museum, London 73, 177
Brogniart 177
Brühl, Graf 28, 58 f.
Brunel 177
Bühnendekoration **17, 18, 19, 20,** 24, 28, 47, 58, 148
Burg Stolzenfels 9, 217
Büring, Johann Gottfried **122,** 137, 141

Capri 20, 108, 114
Catel, Louis, »Umgestaltung eines Theaters nach dem Prinzip eines Amphitheaters«, Entwurf **14**
Charlottenburg 104
Chiatamone 108
Cockerell 217
Conservatoire des Arts et Métiers, Paris 177
Cornelius, Peter 86
Covent Garden, London 177
Cremer, Johann Peter **85,** 96f.
Crivelli 83

Dante 148
»Das architektonische Lehrbuch«, Vorblatt **188, 189, 190**
»Das lange Blatt« aus »Das architektonische Lehrbuch« **187**
Delbrück, Johann 149
Delon, Vivant 70
Denkmal der Königin Luise, Gransee **28,** 33
Denkmal für die Befreiungskriege, Großbeeren **36,** 42
Denkmal für die Toten der Befreiungskriege, Berlin, Spandau **29,** 33
Deutscher Dom, Berlin 59, 86
Diorama 24, 26, 31
Dom, Berlin 46, 51, 71 f., 86, 216
Drake, Friedrich, Statue Schinkels **67**
Dresden 19, 73
Drury Lane, London 177
Dufourny, Léon 22
Dürer, Albrecht 208

Eichhorn 160
England 14, 156, 174, 177, 222
Englischer Garten, München 105
Englisches Reisetagebuch **162, 163**

Familiengrab Humboldt, Berlin **59,** 68
Feilner, Tobias Christoph 92, 184, 193
Feilnersches Wohnhaus, Berlin **167, 168,** 186
Fergusson, James 203
Ferrara 20
Fichte, Johann Gottlieb 9, 19 f., 22 ff., 26, 33, 46, 60
Flaminius, Emil 201
Florenz 20, 23
Fontaine, Pierre François Léonard 16, 22 f., 72, 137, 153, 177
Fontane, Theodor 8
Forum Romanum, Rom 19, 177, 222
Frankfurt 23
Frankreich 14, 19, 156, 174
Französischer Dom, Berlin 59, 86
Freydanck, Carl Daniel, »Blick auf Potsdam vom Stibadium in Schloß Glienicke« **119**
Friedrich der Große 12 f., 104, 137
Friedrich Wilhelm III. von Preußen 9, 33, 46, 54, 70, 96, 104 f., 177, 186
Friedrich Wilhelm IV. von Preußen 84, 87, 134, 137, 216, 222
Friedrich, Caspar David 24
Friedrichswerdersche Kirche, Berlin **74, 75, 77, 78, 79, 80, 81, 82, 83,** 46, 86 f., 90, 92, 94, 180, 184, 186, 195, 201

Gabain, C.A. 24, 108
Gärtner, Eduard »Die Bauakademie«, Berlin **158**
– »Ansicht der Klosterstraße«, Berlin **159**
– »Blick vom Dach der Friedrichswerderschen Kirche« **74, 75,** 86
Gärtner, Friedrich von 193, 222
Gentz, Heinrich **76,** 16, 87, 195
Genua 23
Gertrudenkirche, Berlin 96
Gessner Salomon, »La Promenade sur lèau« 149, 153
Getreidemarkt, Paris 177
Gewerbeinstitut, Berlin 148
Gilly, David 12, 15 f., 19 f., 23 f., 61, 70, 205
Gilly, Friedrich 12, 15 f., 19 f., 22, 51, 94, 177, 203, 217
– Denkmal Friedrichs des Großen, Berlin, Entwurf **1, 2,** 12, 14, 41, 59, 80, 156, 208, 212, 222, 224
– Nationaltheater, Berlin, Entwurf **3,** 26, 58
Glyptothek, München 73
Goethe, Johann Wolfgang von 9, 14, 26, 28, 33, 46, 59 f., 148, 167, 208
Gormann, Cornelius 203
Görres, Joseph von 40
»Gotische Kirche am Fluß« **33**
Gropius, Carl 24, 60, 224
Gropius, Wilhelm 24, 108
Gut Tilbein 24

Hallerstein, Karl Haller von 16
Handelskammer, Berlin 58
Hardenberg, Karl August von 9, 16, 42, 46, 64, 104 f., 108, 117, 126, 172
Hauptwache, Dresden 54
Hegel, Georg Wilhelm Friedrich 20, 48, 83
Herder, Johann Gottfried 148, 153
Hirt, Alois 12, 16, 68, 71, 80, 82 ff.,
Hittorff 217
Hübsch, Heinrich 193, 217
Humboldt, Alexander von 9, 31, 65, 68, 83, 126, 137, 148 f., 153, 156, 160, 172, 177, 208, 212, 224
Humboldt, Caroline von 47
Humboldt, Karoline von 68
Humboldt, Wilhelm von 9, 20, 31, 42, 46 f., 51, 60, 64 f., 68, 71, 83 f., 86 f., 104 f., 108, 126, 149, 153, 172, 212
Hummel, Johann Erdmann, »Die Granitschale im Berliner Lustgarten« **73,** 86
– »Mausoleum für Königin Louise« **27**
»Hündebrücke«, Berlin

Iffland, August Wilhelm 26, 28, 58 f.
Iktinos 208
Ingenieur-und-Artillerie-Schule 174
Istrien 20
Italien 19 f., 24, 114, 117
»Italienisches Haus auf Sizilien« **9**

Johnson, Philip 8

Karl von Preußen 117, 125 f., 134
Karlsbad 19
Kasernen der Lehr-Eskadron, Berlin **165,** 180
Keramik 184
Kirchenentwürfe für Oranienburg, Berlin **169, 170, 171, 172, 173, 174, 175,** 186 ff.
Kiß, August 51, 195
Klenze, Leo von 73, 222
Knobelsdorff, Georg von 51, 59, 137
Koch, Joseph Anton 20
Kölner Dom 9, 41, 216
Königliche Bibliothek, Berlin, Entwurf **191,** 212, 216
Königliche Oper, Berlin 51, 59
Konzertsaal der Singakademie, Entwurf 64
Kriegerdenkmal auf dem Kreuzberg, Berlin **35,** 42
Krier, Leon 8
Kronprinzenpalais 48
Kugler, Franz 203, 205
Kurhaus Aachen **85,** 96 f.

Lampeck 160
Landhaus Behrend, Berlin, Charlottenburg, Entwurf **92,** 108
Landhaus Gabain, Berlin, Charlottenburg, Entwurf **91,** 105
»Landschaft mit gotischen Arkaden« **12**
Langhans, Carl Gotthard, Nationaltheater (Schauspielhaus), Berlin **48,** 12, 26, 28, 58
Langhans, Karl Ferdinand 58
Le Camus de Mezière, Nicolas 14
Leipziger Platz, Berlin, Entwurf **84,** 12, 41, 94
Lenné, Peter Joseph 104 f., 108, 117, 125 f., 137, 141, 149, 167
– Plan zur Umgestaltung der Potsdamer Region **101**
Leroy, Julien-David 12, 16
Leuchtturm, Kap Arkona, Insel Rügen **161,** 180
Loggia dei Lanzi, Florenz 51
London 82, 174, 177
Louvre, Paris 23, 70, 72, 177
Ludwig I. von Bayern 217
Lugar, Robert 167
Luise, Königin von Preußen 19, 33, 149
Lustgarten, Berlin 70 f., 73, 84, 86, 201
Lusthaus an der Havel, Potsdam, Entwurf **100,** 114, 117

Mailand, Dom 23
Mammia-Grab, Pompeji 68, 108
Manchester 180
Marienburg 20
Mausoleum für Königin Luise, Berlin, Charlottenburg **25, 26, 30,** 33, 51,
Maximilian II. von Bayern 217, 222
Michelangelo 8, 208
Mies van der Rohe, Ludwig 8
Monreale 22
Monument des Thryssalos 61
Mozart, Wolfgang Amadeus 31, 148
Münze, Berlin **76,** 87, 195, 201, 205
Museo Pio-Clementino 72, 84
Museum mit Portikus, Entwurf **4,** 16, 70

Napoleon 23, 26, 40, 48, 174
Nash, John 22, 114, 177
Nationaltheater (Schauspielhaus), Berlin, Umgestaltung **15, 16**
Nazareth-Kirche, Berlin **176**
Neapel 108
Neapel 20, 108
Neu-Hardenberg 105
Neu-Hardenberg, Pfarrkirche **89,** 16, 104
Neubarth 105
Neue Wache, Berlin **38, 39, 40, 41, 42, 45, 46,** 46, 48, 54, 58, 68, 71, 73, 87, 174
Neues Palais, Sanssouci, Potsdam 149
Nikolaikirche, Potsdam **121,** 137, 167, 177, 186, 193
Notre Dame, Paris 23
Novalis 40

Oberes Belvedere, Wien 19
Odeon, Athen 97
Otto von Bayern (von Griechenland) 217

Padua 20
Paestum 19 f.
Palais Royal, Paris 177, 180, 184
Palast auf der Akropolis, Athen, Entwurf **192, 193, 194,** 217, 222, 224
Palermo **13,** 2, 24, 31
Palladio, Andrea 20, 208
Palmenhaus, Pfaueninsel, Berlin 148
Panorama 23 f., 26, 148, 224
»Panorama von Palermo« **13**
Pantheon, Rom 73, 82
Papworth 167
Paris 14, 23, 26, 82, 177
Pariser Platz, Berlin 174
Parthenon, Athen 14
Parthenon-Giebelfiguren (Elgin-Marbles) 64
Passage Feydeau 177
Percier, Charles 16, 22 f., 72, 137, 153
Persius, Ludwig **118, 120, 154, 155, 156,** 125 f., 134, 137, 141, 160, 167
Pestalozzi, Johann Heinrich 46
Petrarca 148
Petrikirche, Berlin, Entwurf **31, 32,** 40, 33, 86 f.
Pisa 23
Plinius der Jüngere 65, 137, 145, 148, 216 f., 222
Pompeji 177
Potsdamer Platz, Berlin, Entwurf **84,** 12, 94
Potsdamer Tor, Berlin 46
Prag 19
Price 105
Prinz-Heinrich-Palais, Berlin 48, 167
Prittwitz, Friedrich Wilhelm Bernhard von 16, 104
Pückler-Muskau, Hermann Fürst von 108

Quilitz 16, 104

Rabe, Friedrich 71
Radziwill, Prinz 19
Raffael 83, 149
Rauch, Christian David **45,** 51, 60, 64 f., 68, 83, 137, 203, 224
Repton, John 114, 105
Reuss-Schleiz-Köstritz, Heinrich XLIII. Graf von 16
Ritter, Karl 224
Rom 20, 23, 51, 64
Rother, Christian von 184

Sammlung Boisserée 71
Sammlung Giustiani 71
Sammlung Solly 71
Sanssouci 117
Savigny, Friedrich Karl von 46, 68
Schadow, Gottfried 86
Schauspielhaus am Gendarmenmarkt, Berlin **47, 49, 50, 51, 52, 53,** 28, 46, 58 ff., 61, 64 f., 80, 82, 92, 96, 99, 108, 141, 145, 148, 156, 180, 201
Schauspielhaus, Aachen 96 f.
Schelling, Friedrich 14, 19 f., 86
Schick, Gottlieb 20
Schiller, Friedrich 14, 59, 148
Schinkel, Susanne (geb. Berger) 31
Schlegel, August Wilhelm von 33, 40
Schleiermacher, Friedrich von 46, 68, 83 f.,
Schloß Babelsberg **116, 117, 154, 155, 156,** 134, 167
Schloß Charlottenburg, Berlin **22, 23, 24,** 31, 33, 108, 114, 172

Schloß Charlottenburg, Neuer Pavillon, Berlin **93, 94, 95, 96, 97, 98, 99,** 108, 114
Schloß Charlottenhof, Potsdam **88, 122, 123, 124, 125, 126, 127, 128, 129, 130, 131, 132, 133, 134, 136, 137, 138, 139, 140, 141, 142, 143, 144, 145,** 134, 137, 141, 145, 148 f., 153, 216, 222
Schloß Charlottenhof, Dampfpumpe, Potsdam 141
Schloß Charlottenhof, Gärtnerhaus, Potsdam **144, 145, 146, 147, 148, 149, 150, 151, 152, 153,** 167, 153, 156, 160, 212
Schloß Charlottenhof, Römische Bäder, Potsdam 156, 160, 186
Schloß Glienicke, Berlin **102, 110, 111, 119, 120,** 117, 126, 134, 137
Schloß Glienicke, Exedrabank, Berlin **120**
Schloß Glienicke, Große Neugierde, Berlin **112, 113, 114, 115, 116, 117,** 126, 134, 137, 167
Schloß Glienicke, Kasino, Berlin **103, 104, 105, 106, 107, 108, 109,** 117, 125 f., 134, 141
Schloß Glienicke, Pumpenturm, Berlin **118**
Schloß Köstritz, Entwurf **5,** 16
Schloß Neu-Hardenberg **6, 90,** 16, 104 f., 108, 117,
Schloß Orianda, Krim, Entwurf **185, 195, 196,** 217, 222, 224
Schloß Sanssouci, Neues Palais, Potsdam 137, 141
Schloß Sanssouci, Potsdam 104, 108, 137
Schloß Solitude, Stuttgart 137
Schloß Tegel, Berlin **54, 55, 56, 57, 58,** 64, 84, 104, 117, 153, 180, 184
Schloß, Berlin 48, 51, 60, 71 f., 73, 86, 114, 174, 195, 201, 208
Schloß, Dresden 54
Schloßbrücke, Berlin **43, 44,** 51, 71 ff.
Schlüter, Andreas 51, 208
Segesta 22
»Selbstporträt« Schinkel **10,** 22
Selinunt 22
Shetland-Inseln 177
Siena 20
Singakademie, Entwurf 193
Sizilien 19, 22, 108
Skell, Ludwig 105
Smirke, Robert 73
Solger, Karl Wilhelm Ferdinand 19, 47 f., 60, 80
Speer, Albert 8
Spontini, Gaspare 31
St. Elisabeth-Kirche, Berlin 193
St. Johannes-Kirche, Berlin 193
St. Paul-Kirche, Berlin 193
St. Philippe du Roule, Paris 177
Stakenschneider, Andrej 224
Standbild Bülow 51
Standbild General Scharnhorst **45,** 51
Stein, Heinrich von und zum 42, 46, 172
Steinbach, Erwin von 208
Steinmeyer, Gottfried 19
Steinmeyer, Gustave 19
Steinmeyer-Haus, Berlin 19
Stephansdom, Wien 19
Stirling, James 8
Strack, Heinrich **154, 155, 156,** 167
Straßburg 23
Stüler, August 193, 224

Tasso 148
Telford 177
Theater, Hamburg **86, 87,** 97, 99, 184
Themse-Tunnel, London 177
Thorvaldsen, Bertel, »Aurora« 148
– »Hoffnung« **59,** 68
– »Luna« 148
Tieck, Ludwig 9, 12, 19, 26, 59, 60 f.
Triest 20
Turm der Winde, Athen 65

»**Ü**ber den architektonischen Charakter« aus »Das architektonische Lehrbuch« **186**
Unger, Johann Friedrich Gottlieb 20, 24
Ungers, Oswald 8
Universität, Berlin 48, 51
Unter den Linden, »Kaufhaus«, Berlin, Entwurf **164, 166,** 180, 184
Unter den Linden, Berlin 51, 54, 58, 73, 174

Vaudoyer, A.L.T. 16
Venedig 20
Versailles, Trianon 108
»Versuch, die liebliche sehnsuchtsvolle Wehmut auszudrücken, welche das Herz beim Klange des Gottesdienstes aus der Kirche herschallend erfüllt« **21,** 31
Vitruv 208
Vivarini 83
Voltaire 137

Waagen, Gustav 19, 82, 84, 114, 149, 224
Wach, Wilhelm 60
Wackenroder, Wilhelm 12, 19
Weimar 23, 26
Werderscher Markt, Berlin 86
Wichmann, Ludwig 92, 184
Wieland, Christoph Martin 148
Wien 19, 73
Wilhelm von Preußen 134, 167
Wilhelmstraße, Berlin **160,** 174, 177, 180
Wimmel, Ludwig, Theater, Hamburg 99
Winckelmann, Johann Joachim 12, 14, 19, 46
Wolf, Friedrich August 46
Wörlitz 105
Wright, Frank Lloyd 8

Zeughaus, Berlin 48, 51, 71, 86, 208
Zitelmann, Joachim Ludwig 16
Ziza-Palast, Palermo 24
Zollverwaltung, Berlin **177, 178,** 194
Zwinger, Dresden 19, 54
Zwirner, Ernst Friedrich 41

128. - 9/94

Photonachweis

Alle Farbaufnahmen stammen von Erich Lessing. Die Ziffern geben die Abbildungsnummern an.

Archiv der Akademie der Künste, Berlin: 3

Barry Bergdoll: 6, 14, 80, 81, 89, 90, 118

The Getty Center for the History of Art and Humanities, Santa Monica: 185

KPM-Archiv, Schloß Charlottenburg, Berlin: 119

Landesbildstelle, Berlin: 76, 165, 167

Erich Lessing: 45, 176, 184

Sammlung Archtektonische Entwürfe (Berlin, 1819–40; reprint Collection of Architectural Designs, Chicago: Exedra Books; New York; Prineton Architectural Press, 1981); 35 (Tafel 22), 41 (1), 42 (2), 46 (4),49 (9), 50 (7), 51 (11), 52 (13), 53 (14), 57 (25), 58 (26), 61 (42), 66 (39), 69 (44), 70 (40), 71 (38), 72 (43), 78 (88), 79 (58), 82 (85), 83 (89), 84 (59), 85 (30), 86 (83), 87 (82), 88 (111), 92 (36), 100 (66), 102 (137), 107 (138), 110 (139), 122 (111), 123 (109), 124 (110), 127 (112), 144 (169), 148 (170), 149 (171), 150 (172), 154 (136), 157 (115), 160 (19), 169 (113), 169 (93), 170 (95), 171 (97), 172 (99), 173 (100), 174 (101 und 102), 175 (103), 177 (149), 178 (151), 179 (116), 180 (121), 181 (118), 182 (120), 183 (122)

Staatliche Graphische Sammlung, München: 192, 193

Staatliche Museen zu Berlin – Kunstbibliothek (© Bildarchiv Preußischer Kulturbesitz, Berlin Photos Jörg P. Anders): 17, 18, 19, 20

Staatliche Museen zu Berlin – Kupferstichkabinett (© Bildarchiv Preußischer Kulturbesitz, Berlin Photos Jörg P. Anders): 63, 186

Staatliche Museen zu Berlin – Kupferstichkabinett – Sammlung der Zeichnungen und Druckgraphik (© Bildarchiv Preußischer Kulturbesitz, Berlin): 1, 5, 7, 8, 9, 10, 13, 15, 16, 21, 25, 26, 31, 32, 34, 40, 48, 60, 64, 65, 77, 128, 162, 163, 164, 166, 187, 188, 189, 190, 191, 194, 195, 196

Staatliche Museen zu Berlin – Nationalgalerie (© Bildarchiv Preußischer Kulturbesitz, Berlin: Photos Jörg P. Anders): 11, 33, 37, 73, 159

Staatliche Schlösser und Gärten, Potsdam-Sanssouci: 101, 129

Verwaltung der Staatlichen Schlösser und Gärten, Berlin, Schloß Charlottenburg (Photos Jörg P. Anders): 12

Verwaltung der Staatlichen Schlösser und Gärten, Berlin, Schloß Charlottenburg, Eigentum des Hauses Hohenzollern, ehem. Hohenzollernmuseum, Schloß Monbijou (Photos Jörg P. Anders): 74, 75

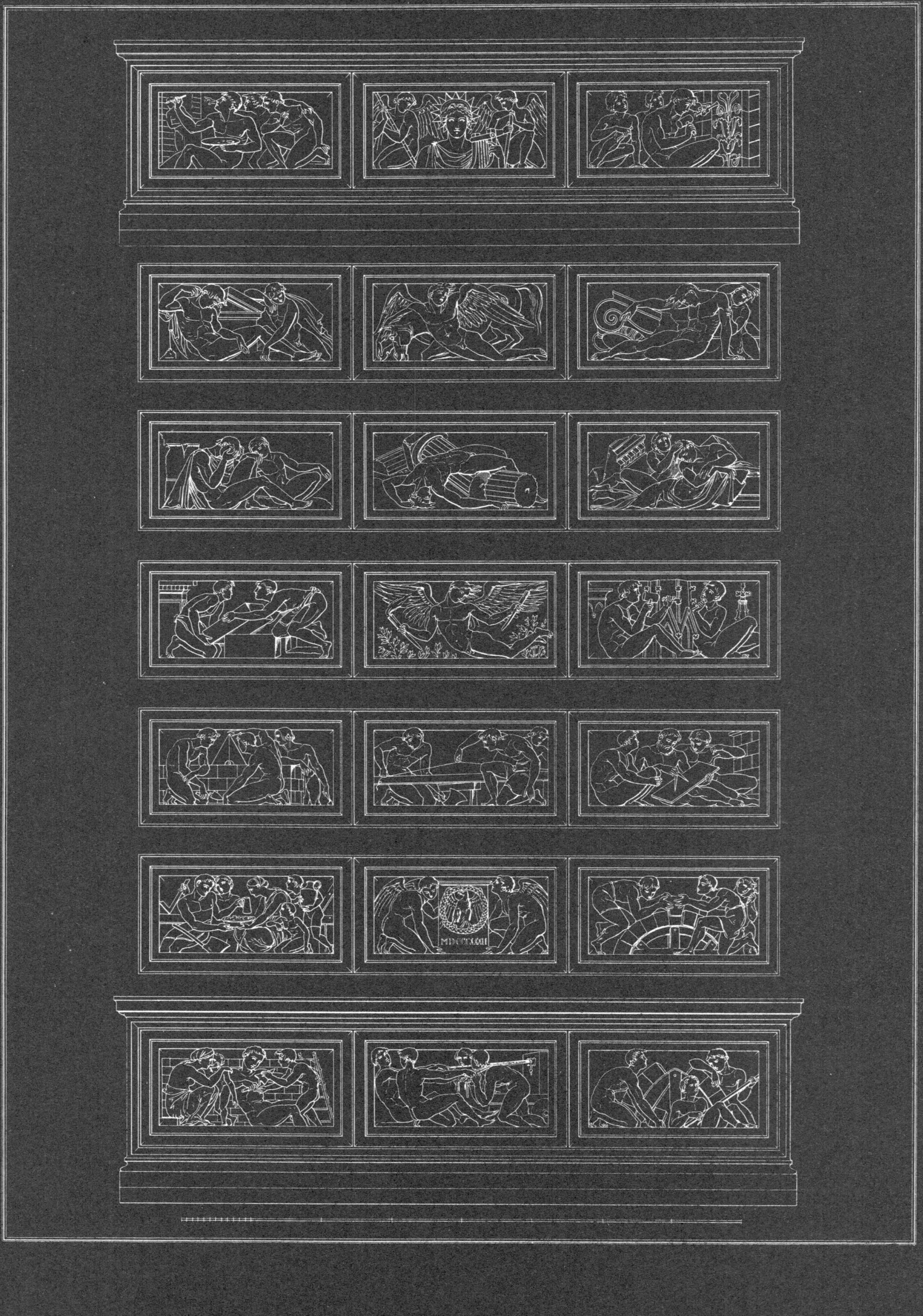